图书馆员能力提升
十四讲

中国图书馆学会 / 编

国家图书馆出版社

图书在版编目（CIP）数据

图书馆员能力提升十四讲 / 中国图书馆学会编 . 北京 ： 国家图书馆出版社 ， 2024.10. -- ISBN 978-7-5013-8160-9

Ⅰ．G251.6

中国国家版本馆 CIP 数据核字第 2024V5X132 号

书　　名	图书馆员能力提升十四讲	
编　　者	中国图书馆学会　编	
责任编辑	邓咏秋　张晴池	
封面设计	牟　川	

出版发行　国家图书馆出版社（北京市西城区文津街 7 号　　100034）
　　　　　（原书目文献出版社　北京图书馆出版社）
　　　　　010-66114536　63802249　nlcpress@nlc.cn（邮购）
网　　址　http：//www.nlcpress.com
排　　版　九章文化
印　　装　河北鲁汇荣彩印刷有限公司
版次印次　2024 年 10 月第 1 版　2024 年 10 月第 1 次印刷

开　　本　710×1000　1/16
印　　张　20
字　　数　303 千字
书　　号　ISBN 978-7-5013-8160-9
定　　价　118.00 元

本书编委会

主　编　王雁行

编　委　殷梦霞　吴　悦　邓咏秋

写在前面

　　图书馆，作为公民教育的终身学校，在建设全民终身学习的学习型社会、学习型大国进程中发挥着重要作用；图书馆员，作为图书馆的核心力量，其持续学习的能力直接影响着图书馆的服务效能。从小处着眼，图书馆继续教育为相关从业人员开展终身学习、增强职业技能、实现自我价值提供了通路坦途；从大局着想，它对于建设学习型社会和学习型大国亦有助力，亦具裨益。中国图书馆学会历来重视继续教育工作，开展对会员和图书馆工作者的继续教育和职业培训工作是学会的重要职能。

　　2020年，为消除新冠疫情带来的不利影响，中国图书馆学会积极利用专业优势、专家资源和新技术条件，创新服务方式，于当年世界读书日（4月23日）前后推出了"书香助力战'疫'，阅读通达未来——图书馆员业务能力提升"主题培训，开启了学会线上培训之先河，实现了继续教育服务的线上拓展。此后，中国图书馆学会线上培训业务迅速发展，几年间，学会围绕图书馆工作者职业能力建设、基层文化和旅游公共队伍建设、图书馆未成年人服务能力提升、阅读推广人、图书馆评估定级、革命文献与民国时期文献保护计划、古籍与文创、中西文古籍的装帧与修复、古书版本鉴定、中华传统文化经典解读、智慧图书馆建设与管理等选题，组织开展了数十场主题多元、内容丰富的线上培训活动，累计开设课程130余门，覆盖各级各类图书馆从业者6万余人。培训主讲教师或为享誉业界的名家巨擘，或为深耕于某一领域的专家学者。学会线上培训因其理念新、资源丰、水平高、覆盖广而深受广大参与者和业界的普遍好评。

聚沙成塔，集腋成裘。经过几年不懈努力，学会建立起了一支高水平专家师资队伍，积累了一系列优质课程资源。为更好地利用中国图书馆学会的培训资源，进一步扩大培训辐射面，助力我国图书馆员持续开展学习、实现业务能力不断提升，中国图书馆学会对近年来开展的业务培训进行了细致梳理，凝聚精华，选择部分业内知名专家的培训视频，转录成稿，并编撰成书。

本书内容涵盖公共文化政策解读、图书馆使命与价值、资源建设、信息组织、参考咨询、阅读推广、古籍保护、未成年人服务、图书馆新技术、智慧图书馆实践、图书馆建筑、服务效能、重大事件应急管理等多个专题，实现了理论与实践的深度融合，尝试向广大读者展示当下图书馆工作的多个剖面。本书可作为馆员继续教育配套用书，帮助新近进入图书馆行业的工作者快速了解图书馆工作概况及主要业务领域；可作为案头业务用书，为馆员日常工作提供指南与参考；亦可作为信手翻看的专业普及读物，为囿于业务一隅的馆员们打开了解图书馆其他工作领域的户牖。当然，我们更希望这本书能为塑造学习型馆员、建设学习型社会尽些许绵薄之力。

幸蒙各位专家慷慨授权，国家图书馆出版社鼎力支持，本书得以顺利出版，学会深表感谢。我们期冀这本凝聚众人心血的书册，能让广大读者在阅读的过程中，不断重温图书馆与图书馆员的核心价值，不断确认我们为之奋斗的平凡工作是推动人类进步的伟大事业。路漫漫其修远兮，吾辈当上下而求索。

中国图书馆学会
2024年1月

目 录

第一讲

新时代公共文化服务相关政策解读

——基于公共文化服务高质量发展路径的研究

康尔平

【主讲人简介】

康尔平　国家文化和旅游公共服务专家委员会委员，原辽宁省文化厅副巡视员。主要研究方向为公共文化服务政策法规研究。多次担任国家公共文化服务体系示范区创建评审，公共图书馆、文化馆评估组专家。先后在《中国图书馆学报》《中国文化报》《图书馆学刊》《图书馆研究与工作》《山东图书馆季刊》等期刊发表学术文章50余篇。曾获辽宁省社会科学优秀学术成果（论文）一等奖，两次获辽宁省委宣传部优秀调研报告一等奖。第七次全国县级以上公共图书馆评估定级标准研制专家组成员。

　　本讲座将以习近平文化思想和党的二十大精神为指引，以公共文化服务高质量发展路径研究为主线，通过理论与实践结合、政策与案例互鉴的方式方法，通俗解读大家所关注的新时代相关公共文化服务政策，力争做到读原著、学原文、悟原理、重实效。希望能对公共图书馆同人日后工作和自身素养提升有所帮助。

　　——概念提出。高质量发展是2017年党的十九大首次提出的新表述。新时代需要新的指南和治国方略，高质量发展正是适应我国新时代社会主要矛盾变化和全面建成小康社会、全面建设社会主义现代化国家的必然要求，表明中国经济开始由高速增长阶段转向高质量发展阶段。

——基本内涵。从民生角度看，高质量发展，就是能够很好满足人民日益增长的美好生活需要的发展，是体现新发展理念的发展。其内涵是：创新成为第一动力、协调成为内生特点、绿色成为普遍形态、开放成为必由之路、共享成为根本目的。

2021年3月8日，文化和旅游部、国家发改委、财政部联合下发了《关于推动公共文化服务高质量发展的意见》。该意见以习近平新时代中国特色社会主义思想为指导，把握时代发展新趋势，贯彻新发展理念，是国家三部门在正确研判公共文化服务发展态势基础上，推动公共文化服务高质量发展的一部重要纲领性文件，为各级文旅行政部门及公共文化服务机构提供了"十四五"乃至更长一段时间推动公共文化服务高质量发展的政策依据。

一、高质量发展的前提是要补短板、强弱项

（一）科学研判我国公共文化服务存在的不平衡与不充分

2018年9月21日，习近平总书记在中共十九届中央政治局第八次集体学习时曾做过这样的分析：同快速推进的工业化、城镇化相比，我国农业农村发展步伐还跟不上，"一条腿长、一条腿短"问题比较突出。我国发展最大的不平衡是城乡发展不平衡，最大的不充分是农村发展不充分。

习近平总书记指出的"不平衡""不充分"，同样也反映在公共文化服务体系建设上。下列数据可以充分说明这一点。

1.从公共文化相关统计数据看城乡发展不平衡

表1　全国县与区图书馆主要保障条件和服务效能数据馆均值比较

指标名称	年份	区图书馆	县图书馆	县区比 /%
机构数/个	2021/2019	1243/1137	1548/1570	—
从业人员/人	2021	16.09	9.26	57.57
建筑面积/平方米	2021	5517	2841	51.50

续表

指标名称	年份	区图书馆	县图书馆	县区比 /%
财政拨款/万元	2021	455.72	168.33	36.94
总藏量/万册	2021	35.01	15.14	43.25
流通人次/万人次	2019	27.13	11.08	40.84
外借册次/万册次	2019	18.48	8.16	44.16
举办活动场次/次	2019	55.7	31.1	55.84

注：数据源自《中国文化文物和旅游统计年鉴》，考虑疫情因素，服务效能指标流通人次、外借册次、举办活动场次使用2019年数据。

表2　全国乡镇与街道文化站主要保障条件和服务效能数据馆均值比较

指标名称	年份	街道文化站	乡镇文化站	街镇比 /%
机构数/个	2021/2019	7691/7217	40215/33530	——
从业人员/人	2021	3.88	2.63	67.68
建筑面积/平米	2021	1335.11	617.30	46.24
财政拨款/万元	2021	57.75	29.64	51.33
站均提供服务/次	2019	79.2	34.07	43.02

注：数据源自《中国文化文物和旅游统计年鉴》，考虑疫情因素，服务效能指标（站均提供服务）使用2019年数据。

近年来，国家一直在推动相关重点工程建设。《关于推进基层综合性文化服务中心建设的指导意见》《农家书屋深化改革创新　提升服务效能实施方案》《关于加大力度推动社会领域公共服务补短板强弱项提质量行动方案》《"十四五"公共文化服务体系建设规划》等，对公共文化服务存在的问题也做了基本研判，主要表现为：一是设施总量不足、布局不合理；二是条块分割、重复建设、多头管理等孤立分散的资源难以有效整合；三是体制机制陈旧老化、管理不规范、投入产出不成正比；四是面向基层的优秀产品供给不足，特别是内容健康向上、形式丰富多彩、群众喜闻乐见的文化产品种类和数量少；五是服务形式传统单一、内容不合群众口味、数字服务能力不高、非基本公共文化服务提供不足，社会力量的作用还没有充分发挥。

2.从公共文化相关统计数据看区域发展不平衡

表3　全国东中西部地市级图书馆主要保障条件和服务效能数据馆均值比较

指标	年份	东部	中部（与东部％）	西部（与东部％）
实际使用房屋建筑面积/平方米	2021	17544	13472（76.79）	8856（50.48）
总藏量/万册件	2021	137.69	70.21（50.99）	41.94（30.46）
财政拨款/万元	2021	2564	975.86（38.06）	771.24（30.08）
总流通人次/万人次	2019	113.29	60.52（53.42）	30.38（26.82）
外借册次/万册次	2019	82.90	38.63（46.60）	17.29（20.86）
举办活动场次/次	2019	231.47	140.63（60.76）	48.78（21.07）

注：数据源自《中国文化文物和旅游统计年鉴》，考虑疫情因素，服务效能指标（总流通人次、外借册次、举办活动场次）使用2019年数据。表中东部机构数为167，中部机构数为138，西部机构数为179。按照惯例，北京、天津、上海市辖区图书馆按地市级馆计算，本次评估重庆全部区县馆亦按地市级标准参评，故按地市级计算。

表4　全国东中西部县级图书馆主要保障条件和服务效能数据馆均值比较

指标	年份	东部	中部（与东部％）	西部（与东部％）
实际使用房屋建筑面积/平方米	2021	7025	3103（44.17）	2326（33.11）
总藏量/万册件	2021	46.58	17.42（37.40）	11.22（24.09）
财政拨款/万元	2021	498.84	171.8（34.44）	146.18（29.30）
总流通人次/万人次	2019	36.64	11.86（32.37）	7.49（20.44）
外借册次/万册次	2019	30.11	9.12（30.29）	5.41（17.97）
举办活动场次/次	2019	82.07	33.07（40.30）	25.37（30.91）

注：数据源自《中国文化文物和旅游统计年鉴》，考虑疫情因素，服务效能指标（总流通人次、外借册次、举办活动场次）使用2019年数据。表中东部机构数为638，中部机构数为1025，西部机构数为1029。

（二）加快城乡公共文化服务一体建设

2020年9月22日习近平总书记在教育文化卫生体育领域专家代表座谈会上强调指出，要推进城乡公共文化服务体系一体建设，优化城乡文化资源配置，完善农村文化基础设施网络，增加农村公共文化服务总量供给，缩小城乡公共文化服务差距。

1. 全链条推动城乡一体建设

城乡公共文化服务一体建设的目的就是要推动城乡公共文化服务网络、资源、内容融合发展、均衡发展，为城市与乡村居民提供大致均等的共享文化发展成果的机会，逐步缩小城乡差别，实现全体人民精神文化生活的共同富裕。补农村短板弱项应秉承"多、快、好"原则，农村没有但必需的应着力补齐，农村有但不足、不好的应着力补足、优化，否则城乡差别会日益加大。

全链条推动公共文化服务一体建设，应包括发展目标一体化、政策支撑一体化、建设规划一体化、实施标准一体化、资源保障一体化、覆盖人群一体化等。

2. 以标准化引领促进一体建设

一是全面落实国家基本公共文化服务标准，结合实际制定并适时调整地方实施标准及地市、县（市、区）服务目录。二是建立并完善各级公共文化服务机构建设和服务标准规范，健全公共数字文化标准规范体系，并根据工作实际适时调整。三是建立健全科学规范的评估标准体系，推动和创新公共图书馆、文化馆、乡镇文化站评估定级工作；鼓励地方通过绩效考核、经费分配、项目安排等方式，推动评估定级结果转化，加大奖优力度。标准化建设要适应高质量发展的要求，坚持尽力而为，量力而行，确保"内容无缺项、人群全覆盖、标准不攀高、财力有保障、服务可持续"。

3. 建好并巩固基层综合性文化服务中心

2015年，《国务院办公厅关于推进基层综合性文化服务中心建设的指导意见》下发，明确到2020年普遍建成集宣传文化、党员教育、科学普及、普法教育、体育健身等功能于一体，资源充足、设备齐全、服务规范、保障有力、群众满意度较高的基层综合性文化服务中心。建设中各地因地制宜，注重实效，创新发展，推出了一批具有示范引领作用、可资借鉴的优秀案例，如：

（1）浙江文化礼堂

2022年底浙江已建成文化礼堂20511个，实现500人口以上的行政村全覆盖。主要功能与特色为："五有"，即"有场所、有展示、有活动、有队伍、有机制"；"三型"，即"学教型、礼仪性、娱乐性"，功能完备，管理有序，共建共享。

（2）安徽农民文化乐园

该文化乐园打造了"一场、两堂、三室、四墙"，即"文化广场""讲堂、礼堂""文化活动室、图书阅览室、共享工程室""村史村情墙、乡风民俗墙、崇德尚贤墙、美好家园墙"。一堂多能，一室多用，一墙多展。

（3）湖南株洲"门前三小"

湖南株洲将公共文化服务延伸到村民家门前，迄今已建成千余个小广场、小书屋、小讲堂，即"门前三小"。主要功能特色为：按照10分钟路程、覆盖300人标准，因地制宜建设；吸纳老党员、老干部、老教师等文化志愿者参与管理，做到"天天能开放、时时有人管"。

（4）贵州毕节村级文化管理员全覆盖

通过制度设计，毕节市为全市每村配备一名文化管理员，市、县两级财政每年投入3500多万元，确保每人每月不低于800元的岗位补贴；3648个村全覆盖，做到"阵地有人管，活动有人抓"。

（5）陕西安康健全乡村文化理事会

一是完善制度。出台《关于开展乡村文化理事会试点工作的通知》《乡村文化理事会建设实施标准》《乡村文化理事会章程》等。二是明确责任。统筹村级公共文化服务资源配置，负责公共文化活动策划与组织实施，组织艺术培训、文艺演出、科学普及、普法教育和专题阅读等；组织开展优秀传统文化传承、群众文化艺术创作和文化交流。三是赋予权限。理事会有权在章程框架内根据村民意愿和实际需要制订年度计划、组织开展文化活动、购买公共文化服务产品，向上级文化主管部门或公共文化服务机构提出需求反馈。四是推动发展。2020年开始迄今，乡村文化理事会已推广到安康全市1882个村，实现了全覆盖；2022年组织乡村文化活动4100余次。

4.推动农家书屋改革创新、提质增效

2019年2月，中宣部等10部门联合下发《农家书屋深化改革创新 提升服务效能实施方案》。方案提出："做强做优一批示范书屋，规范提升一批标准书屋，整改完善一批问题书屋。"同时提出："共建共享，推动农家书屋与基层图书馆互联互通。"按照这一精神，基于构建现代公共文化服务体系的视角，农家书屋改革可从以下方面予以推进：一是创新体制。符合条件的农家书屋应纳入县级总分馆服务体系的管理，通过总馆主导下的文献资源统一采购、统一编目、统一配送、通借通还和人员的统一培训，开创农家书屋"聚人气、有活力、可持续"的生动局面。二是整合功能。发挥协调机制作用，探索推进农家书屋与基层综合性文化服务中心的功能融合，实现现有资源效能最大化，让闲置的场地用起来、资源活起来、人员忙起来、农民读起来。三是优化资源。应建立农家书屋资源保障机制与群众需求反馈机制，了解书屋资源缺不缺、缺什么，有效施策，精准对接，从根本上达到让农民群众"有书读、读好书、合口味"的目标。

二、高质量发展供给侧结构性改革是主线

2016年1月18日，习近平总书记在省部级主要领导干部专题研讨班上讲话时指出：我们提的供给侧改革，完整地说是"供给侧结构性改革"。供给侧结构性改革，重点是解放和发展社会生产力，用改革的办法推进结构调整，减少无效和低端供给，扩大有效和中高端供给，增强供给结构对需求变化的适应性和灵活性，提高全要素生产率。

习近平总书记的讲话科学阐明了"供给侧结构性改革"的精神实质、深刻内涵及目标任务，对在各领域加快推进供给侧结构性改革具有重大指导意义。

供给侧结构性改革，实质上就是改革政府公共政策的供给方式，使公共政策更好地与市场导向相协调，充分发挥市场在配置资源中的决定性作用。说到底，就是按照市场导向的要求来规范政府的权力，就是要处理好服务供给与需求的关系，在增强对需求变化的适应性和灵活性上下功夫，通过丰富供给主体、优化供给方式、提高供给质量，形成"需求牵引供给、供给创造需求"的高水平良性循环，让政府主导及社会力量参与的多元投入获得尽可能大的产出与效能。

（一）构建方便快捷的征询与供给渠道

1. 建立方便快捷的需求反馈渠道

一是依托各类公共文化服务平台建立高效便捷的常态化民意表达途径，及时准确把握不同区域、不同群体、不同时期的文化需求动态，摸清"有什么、缺什么"，研究"补什么、如何补"。二是利用大型活动及时了解需求。如东营市、新郑市、株洲市的戏曲进乡村，除通过媒体征求群众意见，形成年度目录，以文件形式下发外，每场演出结束后均向观众发放调查问卷，让观众对演出打分并对节目、送戏下乡时间和场次提出意见，实现了由"政府端菜"到"百姓点单"的转变。三是建立第三方参与对接机制。如成都市2018年7月开始招聘"公共文化服务体验师"，第一批85名，来自各行各业，普遍具有良好的专业素养、敏锐的洞察力和扎实的文字功底。这些体验师经培训持证上岗，深入各级各类公共文化服务场馆并参与活动，在规定时间内撰写500至2000字不等的体验报告或日志，不仅要说出各项服务的好与不好，还要说出为什么、如何改进。为激发体验师的工作积极性和责任意识，成都市文化馆按照《文化志愿者保护办法》推出了相关奖励机制。

2. 搭建超市式公共文化服务配送平台

（1）重庆公共文化物联网

重庆公共文化物联网将全地区公共文化资源整合为6大类，提供服务产品1.3万余个，配套完善的运行管理机制，改变了传统服务供给模式，实现了向"精准滴灌""点单式"服务的转变，让公共文化服务真正根植于基层群众的文化需求，可称得上公共文化服务供需对接的省域样板。

（2）上海东方公共文化配送服务平台

该平台由市文化和旅游行政部门牵头，市群艺馆负责搭建的市、区、街（镇）三级公共文化资源配送网络，汇集文艺演出、电影、讲座、展览、活动、培训等资源3万多项。市级财政每年投入公共文化资源配送专项经费6500万元，95%按各区县人口比例平均分配，预留5%向远郊和大型居住社区所在区县倾斜。据统计，配送平台项目点单率高达80%。

（3）公共文化产品交易平台

粤港澳大湾区公共文化和旅游产品采购会、上海市及长三角地区公共文化和旅游产品采购大会、全国公共文化和旅游产品云上采购大会等平台创造集推荐、展示、交流、交易于一体的新型展会模式，汇集全国公共文化服务、文化与科技融合产品、公共文化和旅游决策咨询服务、公共文化设施运营和管理、传统文化保护与传承项目，建立了区域和全国最大最权威的公共文化和旅游产品资源总库。

（二）进一步完善县级总分馆制建设

县级总分馆制建设是新时代我国公共文化服务体制与机制的重大创新，是构建现代公共文化服务体系不可或缺的重要内容，是推进城乡公共文化服务一体建设最基本的抓手。推动总分馆制建设可以起到如下作用：一是加快县域公共文化服务网络化建设，形成互联互通的公共文化服务体系，有效推动更多更好的文化资源向基层尤其是农村倾斜。二是深度整合公共文化服务设施、经费、产品、人员等存量资源，促进公共文化服务效能的全面提升。三是进一步完善公共文化服务标准体系，形成县级文化馆、图书馆总分馆的建、管、用标准规范，以标准化促进均等化水平的稳步提升。四是促进公共文化与网络技术的融合，助推数字文化馆、数字图书馆建设，为基层群众提供方便快捷的公共数字文化服务与体验。五是吸引更多社会力量与资源参与公共文化服务和管理，形成投入主体多元化、服务主体多元化、监管主体多元化的新格局。

目前，总分馆制建设成效显著，但仍存在一些问题。例如，不同地方在总分馆体系建设、功能发挥、标准化建设、统筹管理等方面仍存在一定差距。同时，受经济发展水平制约，有的县级图书馆自身建设水平较低，难以承担总馆重任。因此，应从以下方面予以关注和加强。

1.补齐总分馆制建设中的短板弱项

一是已经实施总分馆制的地方，重在总结经验、完善优化、创新发展，进一步提质增效。二是尚未实施但基本具备条件的地方，要借鉴成功经验，积极探索和选择适合本地实际的总分馆建设模式。三是暂不具备建设条件的地方，应因地施策，通过统筹协作等方式搭上总分馆制建设这班"车"。

2.强化总分馆制建设中的质量监管

总分馆制建设说到底，是把分散独立的设施孤岛连接起来，通过总馆的带动，使原本沉寂、闲置的设施活起来、人员动起来、功能强起来、空间美起来。我们强调"做强总馆"，目的是要带动分馆。提升总分馆体系服务效能，首先要保证总分馆建设质量，预防和避免建设质量上的低端化和"先天不足"。通过总馆对分馆卓有成效的一体化统筹，整合县域内的公共阅读资源，实行总馆主导下的文献资源统一采购、统一编目、统一配送、通借通还和人员的统一培训。强化质量监管，一是在实现目标上应完善功能，解决设施互联、资源共享、服务联动、城乡一体的问题；二是在建设管理中要强化过程，有方案、有保障、有总结、有考核、有评估。

3.实现总馆对分馆的零距离业务指导

业务指导是总馆对分馆实施管理的重要环节，如：

（1）浙江嘉兴文化员下派制度。向省级中心镇和5万人以上的人口大镇所在分馆下派至少1名文化下派员。

（2）重庆大渡口业务副馆长派驻轮岗制度。由总馆选派8名业务骨干兼任分馆业务副馆长，每人每周下基层指导不少于2天。

（3）江苏张家港分馆馆长助理制度。由文化行政部门会同总馆为每个镇（街）分馆选聘、配置分馆馆长助理1名，原则上两年一个派遣周期。

（4）广东东莞业务派驻制度。与需要业务指导的镇（街）建立"业务派驻式"关系，总馆向分馆派驻人员担任业务副馆长。

4.为基层分馆数字文化服务赋能

文化和旅游部公共服务司和财务司《2020年中央补助地方公共数字文化建设专项资金分配使用和监管工作落实方案》提出，要用3年时间实现县级图书馆全部接入国家数字图书馆推广工程网络。通过互开端口、互设界面等方式，实现数字图书馆与其他云平台互联互通和融合发展，实现资源在基层的统一揭示和便捷获取。

公共数字文化服务平台是总分馆体系最重要的一环，县级图书馆数字化平台应该具备信息发布、文献检索、数字文献阅览、视频阅览、读者服务等功能；基层分馆应实现无线网络覆盖，配备数字资源共享机、数字资源投影设备、客流统计设备等；规模小的村一级服务点可配置数字资源盒，基层群众可以通过电脑、网络电视、手机等多种方式获取资源。

市级文化云、数字图书馆建设一定要统筹考虑，以上带下，以城带乡，避免重复建设，构建互联互通、覆盖城乡的公共数字文化网络，最大限度为基层公共文化服务赋能。

5.探索建立总分馆区域分中心

文化和旅游部、发展改革委、财政部三部门《关于推动公共文化服务高质量发展的意见》明确指出："鼓励将若干人口集中、工作基础好的乡镇（街道）的综合文化站建设为覆盖周边乡镇（街道）的区域分中心。"这是国家层面在总结县级总分馆建设基础上对相关政策的完善与调整。

贵州省毕节市在推进县级两馆总分馆制建设中，依据国家相关建设标准，结合本地区实际，成功打造市级中心馆+县级总馆+区域性分馆+乡镇（街道）分馆+村（社区）服务点的"毕节模式"，取得了显著成效。其创新价值在于：优化了我国县级两馆总分馆制管理与服务结构，赋予部分经济条件较好、文化设施健全、发展势头强劲、交通相对便利、对周边街镇具有辐射带动影响的乡镇（街道）分馆"区域性分馆"承上启下的管理职能，不仅缓解了县级总馆"远水不解近渴"的问题，也大大提升了部分镇街分馆的管理与服务能级。

（三）积极稳妥推进新型公共文化空间建设

自2014年至今（2023年），"全民阅读"已连续十次写入国务院《政府工作报告》。2021年，《中华人民共和国国民经济和社会发展第十四个五年规划和2035年远景目标纲要》提出，要深入推进全民阅读，建设"书香中国"。同年，文化和旅游部、国家发展改革委、财政部联合下发的《关于推动公共文化服务高质量发展的意见》提出：创新打造一批融合图书阅读、艺术展览、文化沙龙、轻食餐饮等服务的"城市书房""文化驿站"等新型文化业态，营造小而美的公共阅读和艺术空间。

1.城市书房的定义与内涵

《温州市城市书房建设和管理办法》："本办法所称城市书房，是指由政府主导，社会力量参与，依托各级公共图书馆，采用自动化设备和无线射频技术，实现一体化服务，具备24小时开放条件的场馆型自助公共图书馆。"

《扬州市城市书房条例》："本条例所称城市书房，是指依托各级公共图书馆资源建立的，方便公众，免费提供阅读、文献信息查询、借阅等相关服务的新型公共文化设施。"

综上，城市书房的定义大致可以包括这样几方面要素：一是空间性质——新型公共文化设施；二是建设主体——政府主导，社会力量参与；三是资源提供与管理主体——各级公共图书馆；四是服务性质——免费开放。

关于"城市书房"的名称，可以这样理解：城市书房是对各地新型公共阅读空间的统称，不是标准化意义上的统一命名。各地在城市书房建设中，结合本地区地域特色及文化特色，有使用通用名称的，如"城市书房""智慧书房""24小时自助图书馆""城市书吧""城市书屋""城市主题书房""悦书房""悦书吧"等；有使用体现地方元素的名称，如上海浦东的"融书房"、上海嘉定的"我嘉书房"、济南的"泉城书房"、郑州的"郑品书舍"、南昌的"孺子书房"等；也有每个书房不同的个性化名称。

2.城市书房建设的作用与意义

（1）依法建设公共图书馆服务体系的成功实践。《中华人民共和国公共图书馆法》关于"县级以上地方人民政府应当根据本行政区域内人口数量、人口分布、环境和交通条件等因素，因地制宜确定公共图书馆的数量、规模、结构和分布，加强固定馆舍和流动服务设施、自助服务设施建设"的法律要求得到了充分落实。

（2）对于全民阅读和"书香中国"建设具有重要推动作用。温州市已建成的112家城市书房，累计接待读者1400余万人次，相当于温州市民人均年享受城市书房便捷的公共阅读服务1.5次（全国未发生新冠疫情的2019年，人年均享受县级以上公共图书馆阅读服务0.64次）。

（3）丰富了我国县级图书馆总分馆制建设理论与实践。大部分地区将城市书房管理纳入公共图书馆总分馆服务体系，纳入全市公共图书馆通借通还服务网络、数字图书馆服务网络。这无疑是对国家关于县级图书馆总分馆制建设政策设计的创新性落实。

（4）有效地解决了公共阅读服务"最后一公里"问题。作为打造"15

分钟阅读圈"的主体内容之一，城市书房以其方便快捷、智能高效、温馨舒适等特点，将公共阅读送到人们方便去、喜欢去、能够经常去的地方，送到大众家门口、身边，让公共阅读更好地融入百姓生活，提升了广大公众的幸福感、获得感。

（5）是对传统图书馆阅读功能与作用的创新发展。城市书房以温馨舒适的环境、智能化数字化服务手段，集免费阅读、文化活动、文化展示、文化休闲等多功能于一体，充分体现了现代公共文化服务体系的多样性、适配性，比传统图书馆更有温度、更有黏性、更有质感、更有沉浸感。

（6）为社会力量参与公共文化服务提供了新的平台。在建设上，很多城市书房是由社会力量出资兴建或提供场地、合作建设的；在运营上，一些城市书房是通过政府购买服务方式，由专业化公司承接运营的；在人员上，一些地方采取志愿者参与管理的方式，既解决了人员不足的问题，也促进了志愿服务精神的弘扬。

（7）大大提升了公共阅读数字化、智能化服务水平。很多地区城市书房设有智能门禁、自助办证、自助借还、自助上网、灯光自动控制、空调智能控制、远程监控、消防报警、数据汇总分析和故障自检及应急响应等设备与系统，整体提升了区域公共图书馆建设与服务水平。

3.城市书房的建设主体

《扬州市城市书房条例》明确规定：市、县（市）人民政府应当将城市书房建设纳入国民经济和社会发展规划。各级人民政府应当将城市书房建设、运行与维护经费列入本级财政预算。文化行政主管部门负责城市书房建设、运行和管理的综合协调、指导监督、考核评估等工作。发改委、公安、财政、自然资源和规划、住建、卫健、应急管理、消防救援等部门和单位，按照各自职责，协同做好有关工作。市、县（市）文化行政主管部门应当编制城市书房发展规划，报同级人民政府批准后实施。鼓励单位、个人通过免费提供场馆或捐赠资金、文献信息、设施设备等方式，参与城市书房建设。

4.城市书房的管理主体

《温州城市书房建设与管理办法》给出了答案：城市书房是温州公共

图书馆中心馆—总分馆服务体系的特色分馆，遵循统一领导、分级负责、属地管理原则，纳入全市公共图书馆通借通还服务网络、数字图书馆服务网络。城市书房建设遵循"统一选址标准、统一调配机制、统一监管机制、统一装修标准、统一信息系统、统一服务规范、统一标志设计"的原则（多元一体推进）。温州市图书馆承担中心馆职能，统筹、指导和协调全市城市书房业务。各市、县（市）图书馆承担总馆职能，负责本地区城市书房的统一业务管理。申请单位应履行属地管理职责，接受中心馆、总馆业务管理，按照城市书房服务规范开展日常管理工作。市文旅局每年对运行满一年的城市书房开展考核（监管职责），并对合格城市书房进行星级评定，设五星、四星、三星三个等级。

5.城市书房建设的基本标准

（1）选址条件。①温州市：一是书房位置。位于一楼临街、人口集中、交通便利、环境安静、市政配套设施条件良好的区域。二是周边环境。有公共卫生间，保安岗亭或派出所。三是与其他文化设施合建时，应当满足其使用功能和环境要求，并自成一区，设有专用出入口。②新乡市：一是新建。以位于广场、公园、环湖、A级景区、万人以上社区等地作为首选地址，并与周边环境相宜，打造有特色、有亮点、个性化，能彰显新乡形象，具有标志性的城市文化精神地标。二是改建。利用现有建筑进行改建，也可适当选择居住集中的大型社区、机关事业单位、学校和国有企业等闲置房屋，但原则上以一楼临街为主。三是共享。与新时代文明实践中心（站、所）、市民中心、青少年活动中心、博物馆、文化馆、美术馆、产业集聚区、乡村新型社区、酒店、商场、医院、车站、景区游客中心、新建小区售楼部等结合，设置一定面积的相对独立区域，用于城市书房建设。

（2）建筑面积。①扬州市、威海市、新乡市、黔南布依族苗族自治州：建筑面积一般（原则上）不少于100平方米。②温州市：城市书房总建筑面积宜为150—300平方米之间，座席10个。③鞍山市：使用面积原则上不低于300平方米，座席15个。④沈阳市：使用面积，城市书房不低于500平方米、书屋不低于100平方米。

（3）基础藏书。①黔南布依族苗族自治州：不少于3000册。②温州市：不少于8000册，年更新不低于50%。③鞍山市：藏书8000册以上，少儿图书800册以上。④威海市：图书配备1万册，每年更新图书不少于3000册。⑤沈阳市：藏书1万册以上，少儿图书1000册以上。书屋藏书1000册以上。

（4）服务人口。按照服务半径1.5千米，或服务人口5000人要求布点；"15分钟阅读圈"内不重复设点。这符合商务部等13部门《全面推进城市一刻钟便民生活圈建设三年行动计划（2023—2025）》的要求：在居民"家门口"（步行5—10分钟范围内），优先配齐购物、餐饮、家政、快递、维修等基本保障类业态，引进智能零售终端，让消费更便捷。在居民"家周边"（步行15分钟范围内），因地制宜发展文化、娱乐、休闲、社交、康养、健身等品质提升类业态，让消费更舒心。

6.因地制宜推进城市书房建设

一是要解决认识问题（为什么建书房），而且是决策层的认识，提高建设必要性、紧迫性，增强政府主导意识与责任感。二是纳入城市建设发展规划（谁来建书房），纳入本级财政预算；确立政府主导、社会参与的建设原则；城市书房建设是增量而非调剂。三是基于"15分钟文化圈"、基于方便读者利用、基于高效使用，务必把选址放在首要位置（为谁建书房）。四是科学化布局，标准化推进，常态化发展（怎样建书房）；建设的同时要考虑如何管理、如何利用的问题。五是城市书房建设应尽力而为、量力而行，不图大求多，布局合理就好。后续运营一定要有保障，用好书房是最终目的。

（四）促进公共文化服务融合创新发展

1.促进文旅公共服务融合发展

党的二十大报告提出，坚持以文塑旅、以旅彰文，推进文化和旅游深度融合发展。坚持"以文塑旅"，就是要用文化丰富旅游内涵、提升旅游品位，把更多文化内容、文化符号纳入旅游线路、融入景区景点，营造浓厚文化氛围。坚持"以旅彰文"，就是要用旅游带动文化传播，推动文化繁荣。

有一点需要明确的是，我们这里说的"文旅融合"，是公共文化服务与旅游公共服务的融合。有了这一基本认知，我们就可以找准文旅公共服务的契合处、连接点、"最大公约数"，按照职能所在，探索、尝试"文旅融合"了。

所谓公共文化服务，是指由政府主导、社会力量参与，以满足公民基本文化需求为主要目的而提供的公共文化设施、文化产品、文化活动以及其他相关服务。基本要求是：公益性、基本性、均等性、便利性。

所谓旅游公共服务，是以满足旅游者直接、非商业共同需要为主要目的，由政府为主体的非营利组织提供，由政府、企业、社会组织共同生产，具有公共性、公益性的旅游设施和服务的总称。基本特征是：公共性、普惠性、均等性、公益性、基础性。

（1）文旅公共服务设施功能相互融合。一是符合基本条件的公共文化设施融入旅游功能。可按照"景观化""成景观"思路，全面提升公共文化设施的颜值和品位，因地制宜打造具有地域特色，融环境、知识、趣味、娱乐、体验于一体的文化和旅游公共服务场馆，使其成为游客喜爱的地标性文化旅游目的地；可设置游客服务中心（服务点、咨询点），配置专（兼）职讲解员、招募旅游志愿者；提供文化旅游信息与旅游咨询服务；还应按照标准化要求，推动旅游厕所建设与管理。二是在旅游公共服务设施中融入公共文化功能。如在游客服务中心、旅游集散中心、旅游厕所等旅游公共服务设施建设中，更多地融入文化内涵和地域文化元素，通过"以文塑旅"提升旅游公共服务设施的文化品位，拓展公共文化传播渠道与空间。三是探索建设一体化基层文旅公共服务中心。在基层原有文化及旅游设施基础上，按照因地制宜融合发展的原则，打造具有浓郁风情和地方特色的乡村级综合性文旅服务中心，融公共文化服务、旅游信息服务、党员教育、科学普及、法律普及和体育健身、休闲等功能于一体，为当地群众与游客提供主客共享的文旅公共服务。

（2）文旅公共服务内容相互融合。一是提供与文化旅游相关的公共文化服务。可设置专题图书报刊、专题旅游导览等；组织旅游文化、民俗文化、自然与文化遗产展览、讲座、培训等；实施部分场馆错时、延时开放，为公众与游人提供"八小时以外"的文化体验。二是构建文旅融合的公共数字文化服务平台。可提供电脑端及App、微信公众号、抖音号等移动终端在内的多终端网上图书馆、网上博物馆、网上文化馆、网上美术馆、网上非遗馆等文旅公共服务。三是组织主题突出、特色鲜明、形式多样、丰富多彩的文化活动。利用传统节日、纪念日、假日等，通过大舞台、大讲台、大展台等方式，将传统节庆活动覆盖面拓展到旅游景区，丰富当地居民与游客的节日文化生活。四是营造嵌入式服务空间与场景。按照"种文化"思路和理念，在景区游客服务中心、旅游景点设置24小时自助书吧、公共数字文化服务驿站，配备文旅一体机、电子借阅机，设置电子图书二维码墙等，为居民和游客提供阅读服务、旅游信息服务以及相关休闲服务。

（3）文旅公共服务机制融合。浙江省乐清市图书馆"读万卷书、行万里路"文旅阅读活动提供了典型范例，详情如下：

核心内涵：搭建以阅读为基础的"读者·行者"双向转化机制和服务支撑平台，让读者可以在"读万卷书"中"行万里路"，在"行万里路"中"读万卷书"，引导社会公众更好地"读"起来、"行"起来。

机制建设：建立了以阅读积分、旅行积分、分享积分以及积分兑换奖励为核心内容的"阅读＋旅行"服务支撑体系和工作运行机制，实现了阅读和旅行的有效衔接和良性互动。一是在阅读积分方面，以图书馆总分馆服务网络为支撑，以个人图书借阅量和参加阅读分享活动为主要计分点，鼓励读者多读书、读好书。二是在旅行积分方面，建立由"阅读"向"旅行"延伸的积分兑换奖励制度，读者可凭借阅读积分，向签约参与合作的旅行服务机构（景区、旅行社、酒店、民宿）兑换，享受不同折扣或免费的旅行服务。三是在分享积分方面，读者阅读或旅行后，在媒体上发表文章或参与在图书馆举办的分享活动的，可获得相应的积分奖励。

资源保障：建立健全"政府主导、社会参与、多方合作、互利共赢"的多元参与合作运行机制，发动各类数字化旅行平台、电子书出版商、音频视频服务商、景区、酒店、民宿、文化学者、民俗专家、非遗传承人等广泛参与，让阅读和旅行变得更加多元、便捷，推动文化和旅游全方位、多角度深度融合。

活动支撑：先后举办了"乐清老城行""漫谈乐清古桥""带本好书去旅行""宣纸上的端午""与家长共读一本书""行走的意义""被遗忘的塞上江南""潜水达人谈深海旅行""乐清有条美丽的龙"等特色活动30余场。

积分回馈："中国旅游日"活动期间，对阅读积分排名前10位的，每人奖励雁荡山门票和雁荡山"飞拉达"体验券一套；对年积分800分以上的前30位优秀读者及各分馆推荐的10名优秀读者，每人奖励雁荡山、中雁荡山景区门票一套。

创新亮点：一是满足了人们"品质读书""品质旅游"的需求，为读者及行者的个人素养提升创造了条件；二是有效壮大了读者与行者群体，为文旅融合发展探索了新路；三是为促进全民阅读和旅游市场开发起到了引流作用，形成政府主导、社会参与的多元建设格局。

2.推动各类公共文化机构功能融合

文化和旅游部、发展改革委、财政部三部门《关于推动公共文化服务高质量发展的意见》提出，要推动公共图书馆、文化馆、博物馆、美术馆、非遗馆等建立联动机制，加强功能融合，提高综合效益。

各类公共文化机构功能融合，犹如抱团取暖。其中，功能融合是驱动力，联动机制是保障，综合效益是目的。通过功能融合，可以集聚有限的能量，共谋发展。一定意义上讲，功能融合取决于对各机构发挥功能所依托的各类资源的统筹协调（人、财、物），而有效的统筹协调则取决于管理公共文化机构的行政主管部门的决策与作为。对此，重庆市荣昌区四馆（文化馆、图书馆、美术馆、博物馆）联盟提供了成功范例。支撑四馆联盟的，是5个子联盟：

（1）设备资源联盟。由区文化委员会统筹，对四馆现有设施设备进行整合，统筹使用；对各馆新购置设备资源统筹调配使用。由区政府统筹，将区城管局管理的三个公园、三个广场统筹，提供给"四馆联盟"开展活动，免费使用。

（2）阅读资源联盟。由区文化委员会统筹，图书馆实施，分别在文化馆、美术馆、博物馆按照统一标准建设图书馆分馆，对外提供免费开放、通借通还。

（3）品牌活动联盟。由文化馆牵头，实现区域内文体场馆组织文化活动统一规划、互联互通。由图书馆牵头，实现了区域内文体场馆组织讲座的统一规划、互联互通。

（4）数字资源联盟。由区文化委员会牵头，图书馆组织实施，其余三馆配合，建立统一的荣昌数字文化平台——"四馆联盟"主题网站。由区委宣传部牵头,文化委统筹,文化馆组织实施,建立公共文化物联网荣昌区统一服务平台。

(5)人才资源联盟。由区文化委员会牵头,完成对区文联、文化委员会旗下各文艺协会以及四馆一站(文化站)现有专业艺术人才的调查统计,纳入统筹使用、培训规划,实施"四馆培训工程"。

四馆功能融合的创新点在于,其突破了各公共文化机构体制屏障,有机制,有保障;革除了各公共文化机构条块分割、各自为政的弊端;通过联盟及相关机制的建立,将原本分散的公共文化资源进行了整合集聚、统筹利用,迸发出更大的动力、更新的活力,实现了公共文化资源效能最大化,促进了公共文化服务共建共享、互联互通。

3.推动与新时代文明实践中心融合发展

2019年,文化和旅游部、中央文明办印发的《2019年文化和旅游志愿服务行动工作方案》提出,要以50个试点县(区)为重点,组织动员文化和旅游部门在职人员、乡土文化人才、退休文化工作者等,作为志愿者加入新时代文明实践志愿服务总(分)队,整合现有文化馆(站)、图书馆、博物馆以及歌舞团、戏剧团等基层公共服务阵地资源,建立文化服务平台,深入乡镇(村)文明实践中心站(所),广泛开展群众乐于参与、便于参与的文明实践活动,助推新时代文明实践中心建设。文化和旅游部《"十四五"公共文化服务体系建设规划》提出:"充分发挥县乡村公共文化设施、资源、组织体系等方面的优势,强化文明实践功能,推动与新时代文明实践中心融合发展。"很多地方结合本地区实际做了积极探索和尝试,取得了较好的成功经验。湖北省保康县乡镇文化站与新时代文明实践所融合发展便是其中有代表性的一例,其核心内容是阵地融合、人员融合、活动融合。

(1)阵地融合。实现"三通""六有":"三通"即体制贯通、平台打通、信息互通,统筹协调;"六有"即有固定场所、统一标识、专人负责、工作制度、工作经费、活动项目,以乡镇综合文化站、村(社区)综合性文化服务中心为主阵地,进一步提档升级,因地制宜成立文明实践所(站)。

(2)人员融合。一方面,在全市率先落实"县聘乡用"政策,为每个文化站配备1名带编制的工作人员，为每个村（社区）配备1名财政补贴的文化员。另一方面，在乡镇新时代文明实践所、村（社区）新时代文明实践站分别成立了文明实践志愿服务支队和小队，志愿者根据个人爱好和特长分别加入不同类型的志愿服务队，如文明宣讲、文明法治、文明风尚、文明环保、文明帮扶、文明融媒、文明演艺、文明礼教、文明健体、文明科普等，带头组织、参加志愿服务活动。

（3）活动融合。聚焦群众需求，按照公共文化服务"菜单化""点单式"供给模式，结合总分馆制建设，打造了乡镇、村综合文化服务中心建立志愿服务项目清单，实行"群众点单、中心制单、层层派单、志愿者接单"服务模式，推动资源下沉，点对点精准服务，志愿者"常下乡"，文化活动"常在乡"。

（五）吸纳社会力量参与公共文化服务

1.关于"社会力量"与"公共服务社会化"的理论支撑

（1）"社会力量"的定义。目前关于"社会力量"的界定，在学界大体上可分为两种：一种是指传统意义上的民间力量，认为"社会力量"即"民间"力量，包括企业、社团、非政府组织和个人等；另一种则是以公共文化机构为边界，即公共文化机构以外的组织和个人都属于"社会力量"，包括自然人、法人（党政机关、事业单位、党群团体、非营利组织、企业等），是一种广义的理解。从目前社会力量参与公共文化服务现状看，广义的理解更有包容性。

（2）"公共服务社会化"理论。在实际工作中，还有一个关键词，即"公共文化服务社会化"，经常会与"社会力量"交织在一起，有必要进一步梳理，以便于科学使用这两个概念。

"公共服务社会化"理论源于20世纪70年代末英美等国政府开始推行的新公共管理运动，主要理论基础是公共选择理论和管理主义（又称新公共管理理论）。公共选择理论强调竞争，认为竞争能够提高效率，通过竞争可以打破垄断，从而实现消费者主权与公众主权。管理主义最核心的思想是公共部门和私人部门的管理有共同的本质，可用私人部门的管理模式来改造公共管理。"公共服务社会化"的实质是政府为了提高效率，收缩公共服务范围，将原来由政府承担的一些公共服务职能（非主体责任）转移给非政府公共组织和私人部门（政府与非营利组织、社区或者公民合作，最主要的是第一种）。由此类推，公共文化服务社会化，也应该是将政府向公众提供公共文化服务的职能（非主体责任部分）由单一的政府承担转变成政府和社会共同承担，以此来提高管理水平、服务水平与效能。

2．"社会力量参与"与"公共文化服务社会化"的国家表述

表 5　中央文件中有关社会力量参与和社会化运营的相关表述

文件名称 （按发布时间排序）	社会力量参与相关表述	社会化运营相关表述
《中共中央关于全面深化改革若干重大问题的决定》（2013年11月15日）	鼓励社会力量、社会资本参与公共文化服务体系建设，培育文化非营利组织	引入竞争机制，推动公共文化服务社会化发展
中办、国办《关于加快构建现代公共文化服务体系的意见》（2015年1月15日）	鼓励和支持社会力量通过投资或捐助设施设备、兴办实体、资助项目、赞助活动、提供产品和服务等方式参与公共文化服务体系建设	创新公共文化设施管理模式，有条件的地方可探索开展公共文化设施社会化运营试点，通过委托或招投标等方式吸引有实力的社会组织和企业参与公共文化设施的运营
《国务院办公厅关于推进基层综合性文化服务中心建设的指导意见》（2015年10月2日）	鼓励支持企业、社会组织和其他社会力量，通过直接投资、赞助活动、捐助设备、资助项目、提供产品和服务等方式，参与基层综合性文化服务中心建设管理	率先在城市探索开展社等化运营试点，通过委托或招投标等方式吸引有实力的社会组织和企业参与基层文化设施的运营
《公共文化服务保障法》（2016年12月25日）	国家鼓励和支持公民、法人和其他组织兴建、捐建或者与政府部门合作建设公共文化设施	鼓励公民、法人和其他组织依法参与公共文化设施的运营和管理

从表5可以得出这样的结论：

（1）社会力量参与，可包括直接投资、兴办（合办）实体、赞助活动、捐助设备、资助项目、提供产品和服务、设施运营与管理，以及采取公益

创投、公益众筹等。

（2）社会化运营，主要指政府以委托或招投标等方式吸引有实力的社会组织和企业参与公共文化设施的运营，如委托管理、服务外包等政府购买服务部分，主要解决政府有设施、有经费，没有编制的问题。

二者包容性不同。"社会力量参与"应该是大一点的概念，包含了"社会化运营"；而"社会化运营"是"社会力量参与"的题中应有之义。"社会力量参与"与"社会化"虽然在实现目标上是一致的，但是体现着不同的政策导向。因此，在颁布地方性法规和政策性文件时，应严格对接国家相关法规政策，使用规范提法，避免混淆概念，造成政策性误导。

就"社会化运营"而言，政府仍是责任主体。目前的委托运营、服务外包，多适用于基层新增公共文化设施空间及大中型公共文化机构特殊岗位或适合政府购买服务的岗位（包括24小时书房、公共数字文化建设及其运营等）。尽管参与者是社会力量，但重要支撑是政府资金购买，仍然是政府主导的公共文化服务。引入社会力量，主要是为了解决编制不足或专业技术人员不足问题，而不是要将政府兴办的公共文化机构推向社会。

3.社会化运营应防止两种倾向

一是要防止推卸或弱化政府主体责任。公共文化服务社会力量参与或社会化运营，绝不意味着政府会减少公共文化财政支出；要防止任何一级政府、部门、机构以"社会化"为借口，推卸或弱化公共文化服务的主体责任，甚至将公共文化服务社会化发展异化为"以文养文、以文补文""以旅养文"，推向社会。二是要防止为了社会化而社会化。公共文化服务"委托经营"和"服务外包"，政府必须强化监管责任，进行全过程、全领域的监督与指导，保证其公益性质和社会效益；要防止将原本由政府举办的公共文化管理机构刻意转包出去，导致其偏离公益方向或使用不正当竞争手段，降低服务水准——这是违背中央精神的。

此处可参考北京石景山街道文化中心社会化运营案例：

对此，北京石景山街道文化中心社会运营案例给出了答案。

（1）问题导向。解决街道、社区基层公共文化设施管理不规范、发展不平衡、供给不充足等短板问题，引进专业机构运营街道综合文化活动中心和部分社区文化室。

（2）制度支撑。一是制定《关于街道、社区公共文化设施开展社会化运营工作的实施办法》《关于进一步推动基层公共文化设施社会化运营工作的实施意见》等政策文件。二是明确运营承接主体准入条件、承接服务主要内容、评标打分量化细则等标准，规范工作流程。三是建立警告、退出制度，将绩效考评成绩连续排名末位等情况列入合同终止条款。

（3）划定职责。区政府每年投入专项经费1500万元用于社会化运营。文化和旅游局承担制度研究、扶持培育、绩效评价、资源配送、业务指导、宣传推广等职责。街道办事处作为实施主体，负责政府采购的组织、设施设备保障、日常开放及安全生产监督管理、意识形态责任制审核把关、宣传推广、群众需求反馈的统筹实施等。各委办局在职责范围内开展相关工作等。

（4）扶持机制。一是将承接主体职工纳入地区文化干部培训体系，开展培训，鼓励职工报考专业技术职称。二是结合文化馆、图书馆总分馆制建设，统筹区级两馆加大优质文化资源配送力度。三是有序引导运营承接主体增强造血功能，开展配套餐饮服务、文创产品展卖、低票价小剧场演出等收费型惠民文化服务项目，实现社会化运营的持续发展。

（5）改革成效。9个街道综合文化活动中心全面实现社会化运营，每周开放时间平均达到70个小时，如：金顶街街道综合文化活动中心，针对不同群体设计了相应服务项目，日常策划开展了美食、品茶、跳蚤集市、课外辅导等多种类型的活动，晚间和周末多设置面向中青年群体的手工、培训、电影以及家庭亲子课程等。2019年全年共组织开展各类文化活动2963场次，接待7.5万人次。

4.吸纳社会力量参与公共文化服务

（1）加大政府购买公共文化服务的力度。一是筑牢资金保障，将政府购买公共文化服务的资金纳入财政预算，解决"钱从哪里来"的问题。二是优化承接主体，国家鼓励政府向公益二类购买服务，落实"钱往哪里去"的问题。三是监督考核，健全由购买主体、服务对象以及第三方共同参与的综合评审机制。

（2）推广运用PPP模式（政府和社会资本合作）。公共文化设施建设采取PPP模式，主要目的是为了缓解资金不足。在实践中一般是政府在场馆建设时引入社会资本，在后期的运营管理过程中，提供一部分可收益的资源，交由投资者运作。或者在未来若干年中，政府定期通过财政资金对社会资本进行补贴，以满足投资者获利的需求。这种方式多用于较大规模的公共文化设施建设。

（3）鼓励社会力量捐助公共文化事业。如捐建、共建各类公共文化设施，联合举办公共文化活动，参与公共文化设施维护，建立公共文化发展、奖励、培训基金等。鼓励各类文体设施向社会免费或优惠开放。如公共文化机构以外的组织、机构和个人兴办的各类体育场馆、健身器材、图书馆等，可免费也可视实际情况优惠开放。

（4）推动公共文化机构法人治理结构改革。一是建立以理事会为主要形式的法人治理结构；二是明确相关方责任；三是制定机构章程；四是规范管理运行；五是加强党的建设。例如温州市图书馆法人治理结构改革的主要措施：一是确保理事会成员多元性；二是下放部分管理权限，如人事管理、财务管理、干部考核等参与权；三是健全监管制度。温州市图书馆理事会的建立，解决了为什么成立理事会、理事会为谁说话的问题。

（5）提升文化志愿服务水平。《"十四五"公共文化服务体系建设规划》明确提出："构建参与广泛、形式多样、机制健全、灵活高效的文化志愿服务体系，完善文化志愿者注册招募、服务记录、管理评价和激励保障机制，加强文化志愿服务统计，提高志愿服务管理规范化水平。"提升文化志愿服务水平，可以从以下几方面着手：一是贯彻落实国务院《志愿服务条例》、文化和旅游部《文化志愿服务管理办法》，从实际出发，积极发展壮大文化志愿服务队伍。二是规范志愿服务管理，如建立服务组织、完善注册程序、规范活动记录、建立管理与激励机制等。三是创新发展文化志愿服务载体、内容、形式、活动，打造文化志愿服务品牌。四是强化文化志愿服务保障措施，积极争取政府及有关部门对文化志愿服务给予指导和支持。

（六）满足公民个性化、品质化文化需求

1. "基本公共服务"与"普惠性非基本公共服务"的国家表达

国家《"十四五"公共服务规划》明确指出，从服务供给的权责分类

来看，公共服务包括基本公共服务、普惠性非基本公共服务两大类。基本公共服务是保障全体人民生存和发展基本需要、与经济社会发展水平相适应的公共服务；由政府承担保障供给数量和质量的主要责任，引导市场主体和公益性社会机构补充供给。普惠性非基本公共服务是为满足公民更高层次需求、保障社会整体福利水平所必需但市场自发供给不足的公共服务；政府通过支持公益性社会机构或市场主体，增加服务供给，提升服务质量，推动重点领域非基本公共服务普惠化发展，实现大多数公民以可承受价格付费享有。为满足公民多样化、个性化、高品质的服务需求，一些完全由市场供给、居民付费享有的生活服务，可以作为公共服务体系的有益补充；政府主要负责营造公平竞争的市场环境，引导相关行业规范可持续发展，做好生活服务与公共服务的衔接配合。

2.权威部门解读普惠性非基本公共服务

国家发改委社会发展司司长欧晓理解读《"十四五"公共服务规划》时说："要推进基本公共服务标准体系建设、补齐基本公共服务短板、推动提升均等化水平，让各地享有的服务水平差距明显缩小。……要积极推动政府、社会、市场多元参与，围绕托育、学前教育、县域普通高中、养老、医疗、住房等六大领域，快速增加人民群众负担得起的普惠性服务供给。"

这里说的"普惠性"，就是人民群众普遍需求、负担得起、基本公共服务以外的非基本公共服务。就公共文化服务而言，广播电视播出传输覆盖设施，如有线电视、数字电视村村通工程，就属于完全公益性的基本公共文化服务设施，国家是建设主体。但有线电视、数字电视按月或按年收取收视费，则属于普惠性非基本公共文化服务，是普遍需求，但不是基本需求。政府部门应充分考虑人民群众是否"负担得起"的问题。

3.从免费开放政策看"三馆"的功能定位

2011年1月26日，文化部、财政部印发《关于推进全国美术馆公共图书馆文化馆（站）免费开放工作的意见》。根据该意见，我们可以得出：

（1）工作原则。即坚持公益，保障基本。免费开放作为政府的重要文化民生项目，免费提供的是与美术馆、公共图书馆、文化馆（站）职能相适应的基本公共文化服务，应由政府予以保障落实。同时，对于基本公共文化服务以外的文化服务项目①，要坚持公益性，降低收费标准，不得以营利为目的。

（2）基本内容。公共图书馆主要包括三方面：①公共空间设施场地。一般阅览室、少年儿童阅览室、多媒体阅览室（电子阅览室）、报告厅（培训室、综合活动室）、自修室等公共空间设施场地免费开放。②基本公共文化服务项目。文献资源借阅、检索与咨询、公益性讲座和展览、基层辅导、流动服务等基本文化服务项目健全并免费提供。③为保障基本职能实现的一些辅助性服务。如办证、验证及存包等，全部免费。

（3）具体措施。一是取消原有部分收费项目，如公共图书馆办证费、验证费、自修室使用费、电子阅览室上网费，公共图书馆存包费等。二是限期收回出租设施，不得以拍卖、租赁等任何形式改变公共文化设施用途，已挪作他用的限期收回。三是降低非基本服务收费。公共图书馆除基本公共服务外，为满足读者多层次、多样化的需求，开展了多种多样的公益性服务，如公共图书馆深度参考咨询服务（为读者收集专题信息，编写参考资料，或者进行代查、代译、复印书刊资料等服务）、赔偿性收费等，这些服务可以收取合理的费用。

在财政经费保障机制建立的前提下，各级公共图书馆应把主要精力用于开展基本公共文化服务。基本公共文化服务以外的公益性服务，要与市场价格有所区分，应降低收费标准，按照成本价格为群众提供服务。

4.广州市文化馆关于非基本公共文化服务收费的主要做法

2023年4月28日，广州市发改委发布《关于广州市文化馆收费有关问题的复函》。根据复函，广州市文化馆每周免费开放的累计时间不得少于56小时。同时，为保障市民的基本公共服务权益，根据《广州市基本公共文化服务标准》规定（2021年版），广州市文化馆免费提供11项基本公共文化服务。复函自2023年5月1日起施行，试行一年。

广州市文化馆开展非基本公共文化服务，有6项支撑性举措：一是明确了公共文化机构提供非基本公共文化服务的方向——更好地满足社会多

---

① 这里提到的"基本公共文化服务以外的文化服务项目"就是指"非基本公共文化服务"

层次文化需求，按照不营利原则制定收费标准见表6。二是规定了提供非基本公共文化服务的前提条件——确保免费开放时间（周56小时）及基本公共文化服务有效供给，并经市发改委批准。三是分别制定并公示了基本公共文化服务和非基本公共文化服务标准。四是限定并公示了基本公共文化服务以外的个性化、特色化非基本公共文化服务项目及收费标准（下调不限）。五是非基本公共文化服务提供时段安排在每天19—21时，既方便上班族参与，又不与基本公共服务项目发生冲突。六是及时向社会公开临时展览收费标准、成本预测（抄报市发改委）及经第三方会计师事务所审计的临时活动收入成本收支情况。

表6　广州市文化馆普惠性非基本公共文化服务项目收费标准

课　　程	课时 / 节	人均收费标准 / 元	每班人数 / 人
古　　琴	10	800	20
书　　法	10	800	25
中式插花	8	680	25
广　　绣	8	830	25
广　　彩	8	900	25
绘　　画	8	600	25

5.广州市文化馆开展非基本公共文化服务给我们的启示

一是公共文化服务机构提供非基本公共文化服务主要目的也是唯一目的，是补充基本公共文化服务的不足，更多更好地满足不同群体多样化、高端化、品质化、个性化的公共文化需求。之所以有收费，是因为这种服务不属于公共财政的主导责任，可尽力而为、量力而行，并不以营利为目的。二是列入改革试点或非基本服务的试行单位，应充分利用好改革创新契机，担负起先行先试责任，探索出符合国家法律法规、符合国情，有利于提升公共文化机构综合实力、有利于提升公共文化机构服务效能、有利于保障公民合法文化权益的成功经验。三是在改革或试行中一定要以"两法"为准绳，始终坚持"公益性、基本性、均等性、便利性"原则，切不可偏离了"二为"方向和"公益性"服务原则。四是改革或试行过程中，注重总结分析正反两方面经验，充分听取各方面的反映及意见，对是否可持续发展及时进行科学预测与评估，包括正式推行后将面临的机遇、挑战与困境，以及对区域公共文化事业乃至更大范围的正面及负面影响等，用符合政策法规及有说服力的实践成果夯实改革创新支撑点。

6.试行过程中应审慎对待可能出现的问题

一是改变或事实上改变公益一类性质，如转为公益二类，或比照公益二类政策。二是下达非基本公共文化服务项目完成指标或将其列入年度绩效考核及类似考评指标。三是以服务收入上缴额度抵销财政拨款，形成变相的"以文补文"或"以文养文"。四是允许将收入用于绩效分配，以刺激其开展非基本公共文化服务积极性。五是将属于免费的服务项目列入非基本服务项目，造成滥收费、违规收费现象。六是与免费开放的场地、人才资源、文化资源发生冲突或竞争。七是基本公共文化服务尚不达标的公共文化服务机构，开展非基本公共文化服务。

三、高质量发展必须注重统筹协调发展

高质量发展是经济社会发展到一定阶段的发展政策调整，难以用统一的量化标准进行衡量，但可以制定区域性规划或实施方案，确立相应衡量尺度（程度）目标。从公共文化服务体系建设角度，高质量发展至少应包括均等化的服务标准体系、法制化的政策制度体系、便捷化的设施空间体系、多元化的投入保障体系、高效化的公共服务体系、共享化的资源提供体系、民主化的运行管理体系、效能化的考核评价体系。

（一）供给侧——全面提升发展品质和效能

1.体现在制度与标准体系上

一是以《公共文化服务保障法》为统领，本着既满足人民美好生活需要、又符合我国国情的原则，建立健全覆盖不同层级、不同门类、不同内容、不同群体的，系统完备、科学规范、运行有效的公共文化服务制度体系，如基本公共文化服务指导标准、实施标准、公共文化服务目录等；并按照稳妥有序、论证充分的原则，在保持国家基本公共文化服务范围和标准总体稳定的基础上，结合经济社会发展情况，兼顾财政承受能力，适时进行动态调整。二是推动法律制度的贯彻落实，要保证公共文化法律制度有效、管用，推动公共文化治理体系与治理效能现代化，确保公民基本文化权益得到有效保障。必须建立并强化贯彻落实《公共文化服务保障法》的相关责任制度及一体化监督考评机制，以高质量的制度体系统领公共文化服务高质量发展。

2.体现在建设与服务保障体系上

一是筑牢政策底线。要发挥政府主导作用，保基本、兜底线、促公平；在顶层制度安排上，要像习近平总书记强调的那样，通过推进城乡公共文化服务体系一体建设，优化城乡文化资源配置，完善农村文化基础设施网络，增加农村公共文化服务总量供给，补齐短板，缩小城乡公共文化服务差距。按照《"十四五"公共服务规划》要求，2025年，基本公共文化服务实现目标人群全覆盖、服务全达标、投入有保障，地区、城乡、人群间的基本公共文化服务供给差距明显缩小，实现均等享有、便利可及。二是健全保障机制。公共文化服务经费保障、队伍保障要有力；协调机制要落地，形成主管部门牵头负总责、其他有关部门配合的齐抓共建格局。三是发展主体多元。广泛吸纳社会力量参与，形成投入主体多元、服务主体多元、管理主体多元、评价主体多元的发展格局。四是目标责任落实。将相关法律规范与政策要求融入规划中，落实在预算里，嵌入重大公共文化惠民项目。

3.体现在设施空间体系上

在遵循国家有关法律法规完善公共文化设施网络基础上，按照"因地制宜"建设原则，根据本行政区域内人口数量、人口分布、经济社会发展、环境和交通条件等因素，科学规划布局，构建以政府为主导、社会力量参与，以固定设施为根本，自助、数字、流动设施为枝干，突破物理空间、全域覆盖、布局合理、配置均衡、互联互通、便捷高效的城乡现代公共文化服务空间网络。

4.体现在效能监管考评上

按照"可获得、可量化、可对比、可核查"的原则，建立健全以效能为导向，融监督、统计、考评、奖惩于一体的立体式公共文化服务高质量发展监督考评机制，以客观数据监测及时反馈发展质量和效率，不断调整、优化政策，实现高质量稳步发展。如采用大数据即时监测平台、进行高质量发展指标评估、编写事业发展年报、采用第三方评价机构、进行绩效数据专题分析等。

（二）需求侧——获得感与幸福感显著增强

1.体现在权益保障上——大致均等

让公众真正享有公共文化知情权、参与权、选择权、监督权，通过供给侧的制度安排和标准保障，让不同地域、不同群体真正享受到大致均等的基本公共文化服务，公共文化服务有效覆盖"最后一公里"。即从现代公共文化服务体系的基本公共文化服务"目标均等化"，向基本公共文化服务"大致均等"迈进，逐步实现"大致均等"。

2.体现在服务效能上——既多又好

通过进一步完善公共文化服务体系、推进供给侧结构性改革，形成了政府主导、社会力量参与的高适配性的公共文化服务保障体系；公众可以按照自我喜好，通过"订单、点单、自选"等方式表达诉求，并能够最大限度得到满足；公众对公共文化机构的知晓度、对公共文化资源的获取率、对公共文化活动的参与度显著提升。

3.体现在资源获取上——方便快捷

公众可高效、便捷获取公共文化资源，享受公共文化服务，参与公共文化活动。如线下实体场馆打造15分钟文化圈、阅读圈、娱乐圈、健身圈等；线上虚拟场馆、配送平台互联互通，数字化智慧化图书馆、博物馆、文化馆、美术馆、非遗馆，人文地理、名胜古迹、旅游风景等应有尽有，一机在手，畅游天下。

4.体现在幸福指数上——满意度高

公众多样化、个性化、品质化需求得到了最大限度的适配，如公共文化资源的时效性、针对性更强了，中高端资源及"思想精深、艺术精湛、制作精良"的精品力作将占有更大比重。公共文化场馆将注入创新、协调、绿色、开放、共享的新发展理念，充分体现功能性、审美性、公共性的高度统一，给人以更多沉浸感、体验感、幸福感。公共文化展演、展览及培训活动将常态化、普及化，内容和形式接地气、有温度。

　　一定意义上说，需求侧既是供给侧结构性改革成果的分享主体，同时也是改革的最终评价主体。公共文化服务高质量发展，是满足人民日益增长的美好生活需要的发展；人民群众对公共文化服务的满意度与获得感，是检验公共文化服务高质量发展的终极标准。

（讲座时间：2023 年 9 月）

第二讲

图书馆的价值与使命

范并思

【主讲人简介】

范并思　华东师范大学教授，原信息管理系主任，曾任教育部高等学校图书馆学专业教学指导委员会委员。主要研究领域为图书馆学基础理论、公共图书馆理论、图书馆未成年人服务和阅读推广等。

本讲主题是"图书馆的价值与使命"，这在以前的图书馆在职专业培训和图书馆学历培训中都不涉及；但实际上，图书馆的价值与使命与图书馆的定义、类型、职能、历史一样重要，且现已成为图书馆学中非常受重视的命题之一。下面，我将分四个部分来讲"图书馆的价值与使命"。

一、概说

（一）图书馆成为一个专业的过程

专业（profession）是需要很强专业技能的职业。这种职业里的专业技术人员，被称为"专业人员"；这种职业的活动，被称为"专业服务"或"专业活动"。19世纪中后期，工业化国家中出现了最早被当作专业的职业，如医生、律师。专业的出现，对社会进步意义重大。专业出现之前，社会阶层固化严重，个体只有依靠家族和遗传才能获得社会地位；专业出现以后，社会底层群体也可以依托自身天赋与勤奋成为专业人员，获得较高的社会地位与薪酬收入。故而在近现代社会中，成为专业人员是普通人实现阶层跨越最有效、最可靠的途径。

从职业提升为专业，需要满足一定的标准。最早的专业标准由布兰代斯（D. Brandeis）提出，其内容包括：第一，专业不同于单纯依赖技能的职业，所需的专业知识一般要通过系统培训才能获得；第二，专业是主要为他人服务的职业，并不是为满足自己的兴趣而从事的职业；第三，专业人员的成功与否不以经济回报衡量，他们通过专业能力而获得社会尊重。之后，温特（F. Winter）对早期专业化理论进行了梳理，总结了专业的六个基本要素：①建立行业协会；②建立正规教育体系；③创造和维护专业知识体系，有一批核心学者；④制定专业人员的伦理规范；⑤培育面向特定人群的服务导向；⑥获得服务对象对专业地位的认可。

图书馆职业是一种服务性的职业，其基本职能是通过文献借阅、信息服务、阅读推广等服务方式，帮助社会公众学习、阅读、获取知识和信息。而19世纪末20世纪初，这一古老职业在老一代图书馆学家们的一系列努力下，最终成为一种专业。

图书馆学家们的一系列努力包括：①创建图书馆的协会；②创办大学图书馆教育；③研发图书馆的方法技术、建立图书馆的核心知识体系；④创建图书馆职业伦理以及图书馆的愿景、使命与价值。上述几点中，第4点出现略晚。这是因为在二战结束以前，图书馆人认为创建自己的职业伦理，尤其是对图书馆的愿景、使命和价值了然于心是习以为常、不言而喻的，便未对此多加关注。直到20世纪末图书馆面临信息技术的挑战而出现职业发展危机，图书馆的价值与使命才引起图书馆人的高度关注。

（二）作为专业人员的图书馆员

图书馆的从业人员并不等同于图书馆的专业人员，图书馆从业人员中很多不从事图书馆专业活动，或不具备专业能力。一般而言，接受过大学图书馆专业的教育与图书馆行业组织的专业培训，认同图书馆的基本理念、掌握图书馆专业技能的人，才能成为图书馆的专业人员。

图书馆专业人员的专业性体现在：具备图书馆学研究能力，运用图书馆专业知识服务社会；认同图书馆专业理念，用图书馆价值与伦理思考和解决图书馆面临的问题；掌握图书馆专业技能，能够科学、高效、优质地为读者提供图书馆服务。

图书馆专业有很多非常基本的理论，这些理论奠定了图书馆行业基本的价值导向。其中较为著名的图书馆学理论有杜威（M. Dewey）的"三最原则"、阮冈纳赞（R. Ranganathan）的图书馆学五定律（又译为图书馆五法则），等等。

杜威是美国图书馆协会（ALA）创始人，也是美国图书馆学创始人。他提出的"三最"原则是："以最小的成本，为最多的人，提供最好的阅读。"这一原则是ALA创建时的座右铭（现已不是）。1987年ALA百年之际，协会还重申了这条座右铭。

印度图书馆学家阮冈纳赞是欧美以外图书馆学家中的名家之一。他提出的图书馆学五定律对现代图书馆学具有深远影响。这五个定律为：第一定律，书是为了用的；第二定律，每个读者都有他的书；第三定律，每本书都有它的读者；第四定律，节省读者的时间；第五定律，图书馆是一个生长的有机体。

（三）公共图书馆的法理精神

图书馆是一个收集、整理、保存文献资料，并且向读者提供利用的科学、文化、教育机构，这是我们对图书馆的基本认识。

公共图书馆的出现标志着古代图书馆过渡到了现代图书馆，公共图书馆法理精神是现代图书馆事业的基础。公共图书馆的法理精神是什么？就是在法理上认可公共图书馆不仅是一个机构，也是一种社会制度，这一制度保障了公民公平获取知识和信息的权利。公共图书馆的建立意味着社会信息保障制度的建立。在这方面，西方图书馆学家有很多相关研究著作，如穆里森（J. Murison）的《公共图书馆：起源、目的和作为社会制度的意义》、马丁（L. Martin）的《作为社会制度的美国公共图书馆》等。

（四）作为社会保障制度的公共图书馆制度与其合理性

人类建立社会保障制度的历史悠久。每一项社会制度的建立，都是运用公共资金为公众提供一类基本服务。公共资金是全体纳税人的资金，什么样的行业可以建立起社会保障制度，需要全社会探讨或立法辩论。在探讨公共资金运用的法理基础的过程中我们会发现，虽然保障制度的根本利益是面向大多数人的，但真正使用者并不一定是大多数人。例如建筑的无障碍通道、人行道上的盲道等，虽然实际使用者很少，但建设的目的是要保障视障人群也能进入建筑、往来通行。

在人类社会创立的一系列公益性的社会保障制度中，有一个极为美妙的制度：公共图书馆制度。任何一个在现代社会中生活的人，出于安抚心灵、维护尊严、支持个人发展等诸多原因，都需要随时获得知识与信息。但总有一些人因个人、家庭或社会的原因不具备自由获取知识和信息的条件，为了保障全体公民获取知识和信息的权利，国家和地方政府建立了公共图书馆制度。

公共图书馆制度建立后，需要从法理基础来论证它的合理性：首先，公共图书馆收藏着内容丰富的、人类社会创造的知识信息财富，这些知识和信息经过了有序化的整理，以最便于获取的方式呈现在公众面前；其次，公共图书馆的藏书，读者借出去、还回来，是反复使用的，这就使公共资源的利用效率大大提升；再次，公共图书馆的藏书、空间、设施设备对全社会普遍开放，免费服务，这样就实现了保障公民信息权利的目的；最后，公共图书馆建立了多元化、包容的服务体系，使图书馆的资源和服务可以走进社区，走到人们的身边，使人们可以享受就近的、便捷的知识信息服务。这样看来，公共图书馆制度无疑是非常合理的制度。

（五）传播公共图书馆制度的《公共图书馆宣言》

公共图书馆制度需要立法保障，公共图书馆的立法历程从1850年英国建立《公共图书馆法》开始。《公共图书馆法》所确定的立法精神，是真正的现代图书馆精神。英国图书馆学家爱德华兹（E. Edwards）是这部法律的推动者，爱德华兹努力的意义，就是使图书馆成为社会的公共信息中心，使社会大众可以通过公共图书馆这样一种机构或制度，获取他们参与社会管理以及促进自身发展所需的知识与信息，从而使图书馆事业从达官贵人、社会精英的事业，真正变成人民的事业。

联合国成立以后，很快成立了联合国教科文组织。联合国教科文组织意识到需要建立和发展一种制度，以保障所有人公平地获取知识和信息的权利，于是在1949年首次颁布了《公共图书馆宣言》。《公共图书馆宣言》颠覆了普通民众对公共图书馆就是"借借还还"的简单认识。从管理层面上看，《公共图书馆宣言》超越了1850年的英国《公共图书馆法》的认识水准，更好地阐述了公共图书馆的制度意义。

（六）公共图书馆精神的挑战

从社会角度看，其他类型的图书馆是一个机构，而公共图书馆是一种制度，它的出现代表了社会信息保障制度的形成。

1994年《公共图书馆宣言》修订版颁布以后，人类社会进入了信息时代。互联网和数字技术的发展，使公众获取各类信息的途径扩展、便利度提升，社会公众对从公共图书馆获取知识与信息的需求急剧下降。在这种背景下，2018年国际图联（IFLA）再次启动《公共图书馆宣言》修订工作，2022年联合国教科文组织与国际图联合作颁布了《公共图书馆宣言》修订版。新版《公共图书馆宣言》对公共图书馆精神进行了进一步阐释，是我们认识图书馆价值与使命的重要文献。

二、图书馆自身对价值和使命的认识

（一）图书馆、图书馆员的使命（Mission）

"Mission"这个词，可以译成"任务"。比如1994年简体中文版《公共图书馆宣言》中，就把"Mission"译成了公共图书馆的"任务"。但是在图书馆机构，或者图书馆学会的声明、宣言一类的正式文件中，一般将"Mission"译为"使命"。比如《IFLA战略2019—2024》中的译文："我们的使命：激发、参与、启用和连接全球图书馆领域。"

到底什么是"使命"？现在理论界一般都采用彼得·圣吉（Peter M. Senge）《第五项修炼》里对"使命"的解释：组织基本理念包含愿景、使命、核心价值三个内容，这三个内容分别回答了追寻什么、为何追寻、如何追寻这三个关键性问题。

与图书馆使命最有关联的，是图书馆员的使命。2011年兰克斯（D. Lankes）为图书馆员描述了"新图书馆学图景"，该图景描绘了一个分层次、全方位的"新图书馆学"内容体系，而处于该图景最顶层的就是图书馆员的使命。兰克斯认为图书馆员的使命是通过促进他们所在社区的知识创造以改善社会。

（二）使命声明

图书馆的使命，一般会通过使命声明来表达。不论是公共图书馆、学校图书馆、学术图书馆或者其他类型的图书馆，都可以通过一个指导性的使命声明来定义图书馆的目的，描述图书馆的服务对象。使命声明可以拓展到愿景声明。愿景声明确定了实现使命声明以后图书馆是什么模样，并有助于图书馆实现其价值和服务目标。图书馆的使命声明为图书馆的所有工作提供指导。

（三）图书馆使命

1949年版《公共图书馆宣言》中，有小节标题为"公共图书馆应当提供什么"（Missions of the Public Library），有人译为"公共图书馆的使命"。该宣言的1994年修订版首次提出了公共图书馆的12条使命（国际图联中文版中译为"任务"），2022年修订版修改为11条。

世界各地部分图书馆的使命如下：

美国威斯康星公共图书馆的使命："为所有年龄和背景的人提供免费和开放的各种资料和服务。"

加拿大温哥华公共图书馆的使命："图书馆是一个供所有人发现、创造和分享知识和信息的免费场所。"

美国圣何塞公共图书馆的使命："通过促进终身学习和确保社区的每个成员都能获得大量思想和信息以丰富生活。"

澳大利亚科夫斯港图书馆（Coffs Harbour Library）的使命："我们通过激励和支持终身学习、读写能力、创造力和文化表达来寻求、分享和创造知识，从而将人们聚集在一起。"

加拿大橡树湾高中图书馆（Oak Bay High School Library）的使命："我们致力于确保学生毕业时成为有能力和道德的信息技术用户，具有强烈的求知欲和对阅读、学习和独立思考的终身热爱。"

（四）图书馆的价值

图书馆的价值也可以说是图书馆的积极作用，其中包括图书馆对社会、社区的积极作用，图书馆对文化、科学、历史的积极作用，图书馆对个人发展的积极作用。2018年颁布的《中华人民共和国公共图书馆法》中论及图书馆的价值——"保障公民基本文化权益，提高公民科学文化素质和社会文明程度，传承人类文明，坚定文化自信"，这是我国对图书馆价值的权威定义。

（五）图书馆核心价值（Core Value）及其意义

为实现图书馆的价值，图书馆人必须坚持一些理念，这就是图书馆人的价值观。其中最主要的价值观，我们称为图书馆核心价值。

图书馆的核心价值是图书馆界对自己的责任或使命的一种系统说明，表达的是图书馆人的基本理念。这种基本理念，以及对理念的说明，一般由图书馆行业组织或图书馆理事会的文件发布。图书馆核心价值要以科学、精练的语言表述，并在图书馆界取得一种共识。

建立图书馆核心价值是极具意义的事情。美国图书馆协会对建立图书馆核心价值的意义有一个简要的说明："现在图书馆事业的基础，建立于核心价值之上，核心价值能够定义、告知并引导我们的专业实践。"

这表明图书馆核心价值有两个重要意义：

第一，定义图书馆事业的内核，告诉人们图书馆是做什么的。如果没有这种定义与告知，人们可能无法理解图书馆事业，不能有效地支持图书馆事业的发展。

第二，引领图书馆人走向未来。如果没有图书馆核心价值，当遇到社会环境变化、遇到信息环境变化的时候，图书馆人可能就会迷茫，不知如何有效面对。

愿景、使命与核心价值，这是图书馆行业最关注的三个内容。核心价值与使命不同，使命一般是一句话，核心价值可能是一组词汇、短语或句子。以纽约公共图书馆为例，它的核心价值就是"责任、卓越、专业、免费、创新、热情、合作"这七个词语。

（六）中国图书馆学会《图书馆服务宣言》

中国图书馆学会（简称"中图学会"）没有颁布过图书馆核心价值，但其颁布的《图书馆服务宣言》相当于核心价值。2008年10月，中国图书馆学会颁布《图书馆服务宣言》。从《公共图书馆宣言》到《图书馆服务宣言》的理论道路，是中国图书馆人重建现代图书馆理念的道路。这段道路漫长而艰难。2023年9月中图学会颁布了《图书馆服务宣言》修订版，重申了图书馆服务理念，以及新的信息环境下我国图书馆的价值与使命。

（七）图书馆的发展危机

图书馆人空前关注图书馆价值和使命的背景之一，是图书馆事业面临严峻的发展危机。

危机产生的原因有四点：第一，随着互联网的发展，公众越来越普遍利用网络获取公共信息，图书馆不再是社会唯一的公共信息中心；第二，数字阅读蓬勃发展，文献信息资源数字化后，图书馆不再独立拥有阅读资源；第三，人们去图书馆的目的不再是获取知识和信息，而是为了享受一个可以阅读、自习和休闲的公共空间；第四，博物馆、文化馆事业发展非常好，这些地方往往建筑漂亮且大部分是免费开放的，分流了很多公共图书馆的读者。

图书馆遇到发展困难后，很多媒体站到了图书馆的对立面。比如《纽约时报》前些年发表过一篇文章，主张"由亚马逊书店来取代社区图书馆"。虽然文章发表以后遭到了图书馆人的强烈抗议，第二天就撤稿了，但对图书馆造成的负面影响很大。美国公共广播服务社（PBS）发布过一个名为《我们是否仍然需要图书馆？》的视频，在美国这么重视图书馆且图书馆事业发展这么好的地方，居然出现"是否还需要图书馆"的质疑，可见图书馆确实遇到了发展危机。

1.公共图书馆的发展危机

英国是公共图书馆的故乡，诞生了世界上第一部公共图书馆法，但公共图书馆的危机也首先发生于英国。

2017年初，卡内基基金会受政府部门委托对英国公共图书馆进行调查，然后发布了一份调查报告。该报告称公共图书馆在英国仍然受到公众的普遍欢迎。不料《卫报》立即发布对该报告的投诉，称该报告回避了"英国公共图书馆利用的基本的、连续的、破坏性的下降"的关键证据，"忽视了我们图书馆正在面临的严峻的现实"。

证据包括：2010年至2016年，英国公共图书馆裁员近8000人（占馆员总数的四分之一），关闭图书馆343所；据调查，到2016年12月，英国公共图书馆需求萎缩，全年到访人数比去年下降了1500万人次。

英国是现代公共图书馆的发源地，建立了世界上法理基础最完备的公共图书馆制度。英国社会管理者关闭图书馆，不是因为出现了经济危机，或公共资金不足，而是社会管理者在主动调整公共政策，以适应公众对图书馆需求减少的挑战。部分管理者认为，即使没有公共图书馆，政府也能"提供全面有效的图书馆服务"。例如，在政府大厅等合适的地方设立公共接入点（Public Access Point），可替代关闭图书馆后公众免费接入互联网的困难；或将图书馆改造为文化中心或社区中心，可以适应公众对公共空间服务的需求。正因为英国是公共图书馆的故乡，该国公共图书馆关闭潮对全球图书馆界产生了非常大的影响。

2.高校图书馆发展危机

国外的高校图书馆，也面临投入和需求双重削减的问题。读者不增长、借阅量不增长、经费不增长，已成为"新常态"。

2019年著名刊物《大西洋月报》上刊载了一篇文章《高校图书馆的藏书正在变成壁纸》，文章中写道："我们的藏书只是放在阅览室里面，让阅览室变得好看，不是别人要去看的东西；阅览室是一个自习的地方，摆那些藏书可以变得更好看，仅此而已。"

（八）以创新应对图书馆危机

图书馆确实面临危机，但图书馆人正在以创新应对面临的种种危机。事实上，即使同样面临信息环境的变化，很多国家并没有出现像英国一样的图书馆成批倒闭现象。原因在于这些国家的图书馆人积极探索图书馆服务理念与服务模式创新，包括：

第一，发展图书馆员的核心能力，让图书馆员变得更加强大。如倡导信息素养，反对假新闻；开展 EDI（Equity, Diversity and Inclusion，即平等、多样、包容）服务。

第二，运用信息技术提升图书馆服务能力。如数据服务、空间服务、数字人文、智慧服务、VR、元宇宙等。

第三，开展推广活动和营销，或阅读推广。

这种服务创新在国外已经发展到了一个非常"恐怖"的地步。很多图书馆会招聘创新经理，或者创新馆员。比如丹佛公共图书馆的创新经理曾组织过一场"Books&INK"（图书和墨水，即文身）活动，图书馆文身当然和其他文身不同，所文的都是"读书"主题，读者可选择的文身图案都是阅读图案。这样的创新是否可取当然存在争议，但可以通过这一事例看到图书馆服务创新已发展到什么样的地步。

（九）创新服务的法理支撑

面对变化的图书馆服务环境，图书馆人前所未有地关注图书馆的价值与使命，并通过发布政策文件，使图书馆的价值与使命得到公众与同人的认同。图书馆正在不断创新性地扩展服务，从文献服务发展到其他各类服务。文化、娱乐、休闲、教育，甚至育儿、养老、家政、健身、旅游等社区公共服务或者公共活动，都被图书馆纳入了自己的服务范围。

这么多服务，是否都属于合理的图书馆服务，是否都在图书馆服务边界范围内，公共管理者和公众是存疑的，图书馆学理论界也有争议。如何确保图书馆的服务具有合理性、符合图书馆服务的法理基础，需要明确图书馆的价值和使命。

（十）如何确定图书馆的价值和使命

每个图书馆都有自己的价值和使命。图书馆的管理者需要根据本馆资源和所在环境，科学制定或选择本馆的价值和使命。图书馆的价值和使命依据图书馆运作的法理基础和学理基础而制定，符合国家的政策法规、社会科学理论、图书馆行业文献和图书馆学理论，是引导图书馆管理和服务走向科学、专业、高效的基础。

图书馆的价值和使命有时候也不大容易区分，它们都属于图书馆服务理念的范围。

图书馆的价值包括：

①保障公民文化权利；

②对全社会开放；

③平等服务；

④人性化服务；

⑤多样性服务。

图书馆的使命包括：

①传播知识，传承文明；

②缩小社会信息鸿沟；

③推动、引导、服务全民阅读；

④提供未成年人阅读服务；

⑤促进国家和地方经济发展。

三、图书馆核心价值

（一）保障公民文化权利

政府建立图书馆的法理依据，就是图书馆能够有效地保障公民文化权利。公民的文化权利有很多种，图书馆保障的是公民获取知识和信息这一文化权利。

图书馆管理者和读者的关系，是管理者和所有者的关系。民国时期，南京一位很有名的图书馆员李小缘说，我们虽然有了对外开放的图书馆，但图书馆和读者是"官民"关系。20世纪后半段，我国图书馆管理员和读者的关系是"公家与私人"的关系。图书馆员要维护"公家"利益，于是管理中给读者设定各种限制。

如今，随着社会进步，《中华人民共和国宪法》也制定了保障公民权利的条款，这改变了公众在图书馆的地位。公共图书馆是政府保障公民文化权利的执行机构，图书馆员通过知识和信息服务来承担图书馆的使命，公众是图书馆的主人。其他类型的图书馆也一样，图书馆管理者都是代替读者行使管理权力。

（二）对所有人开放

公共图书馆作为保障公民权利制度的直接体现，就是对所有人普遍开放。西方社会的很多公共服务都受"普遍服务法"的约束。普遍服务法主要适用于公共事业行业，如电信行业，其基本目的是确保最广泛的人（和社区）以可承受的价格获得优质公共服务。图书馆行业作为公共服务行业，应当接受"普遍服务"的原则。

我国近代图书馆始于1902年开放的古越藏书楼，但古越藏书楼没有对所有人开放。1904年以后省级或者市级图书馆逐步建立，这些图书馆虽然宣称对外开放，但它们的规章制度里明确写着"不得携带僮仆幼孩"，所以它们也不是对所有人开放。直到20世纪90年代中期，上海图书馆新馆建成开放，提出了"三百六十行，行行可办证"的口号。这一事件也是图书馆逐步确立"对所有人开放"基本理念的重要事件。当时这是一个轰动全社会的大新闻。

每个人都有接受图书馆服务的权利，图书馆必须坚持对全社会普遍开放的原则。关于这一原则，业界出现了很多讨论，包括如何对待可能妨碍、伤害其他人的进馆者，如精神病人，以及如何对待非指定服务人群进馆，如校外公众进入大学图书馆。为保障公民文化权利，图书馆应当制定合理的制度，采取可行的措施，使全体公众能够接受图书馆服务。就个案而言，图书馆可能会制止某些人进入图书馆，但这些个案并不等于图书馆放弃对所有人开放的基本原则。

（三）平等服务

公共图书馆对所有人普遍开放，仍然不能确保其保障了公民文化权利。理论上图书馆对所有人开放，但实际上存在的某些门槛可能妨碍到对所有人的服务。例如图书馆收费办证，那些不愿意提供费用，或者无力提供费用的人，就被拒之门外了。所以，为履行使命，图书馆必须对所有人平等服务。《公共图书馆宣言》中最有名的一句话就是："公共图书馆应不分年龄、种族、性别、宗教、国籍、语言或社会地位，向所有人提供平等的服务。"平等的服务也包括很多的特定要求，比如免费——只有实行了免费服务，才可能对不同经济条件的人平等。另外还有资源、服务、技术的可及性，如果有些数字技术的门槛非常高，不会使用数字技术的人就得不到服务，这就是不平等。还有地域公平，大型图书馆建在大城市或中心城区，图书馆周边的人非常方便，但对远离图书馆的人就不公平，所以我们需要建设街道社区分馆来实现图书馆服务的地域公平。

1.免费服务

免费服务曾是公共图书馆最重要的特征。为什么这么说？图书馆对所有人开放也好，平等服务也好，一旦实行收费服务，就无法保证公共图书馆对所有人平等服务。政府承担公共图书馆服务的责任，这是图书馆可以持续免费服务的前提。

前面提到公共图书馆的建立是现代图书馆出现的一个基本标志。爱德华兹在建立英国公共图书馆的时候曾将其命名为"免费公共图书馆"。有些图书馆干脆把"公共"去掉，就叫"免费图书馆"，以区别于古代公共图书馆和近代其他类型图书馆。爱德华兹解释"免费公共图书馆"命名的缘由：公共图书馆古代就有，但这类公共图书馆不免费，不免费意味着纳税人的资金不能为所有人服务；而免费公共图书馆是能保障公民权利的图书馆。我曾到访一个美国的"免费图书馆"，当时我问接待者为什么它不叫"公共图书馆"，而是"免费图书馆"，接待者告诉我：在美国，凡是有"免费"字样的图书馆，就是有一百年以上历史的图书馆。随着公共图书馆免费的普及，所有人都知道公共图书馆就是免费图书馆之后，图书馆才逐渐放弃了"免费"这个词语而直接称为"公共图书馆"。可以说，真正的公共图书馆就是免费图书馆。

2.我国公共图书馆的免费服务

清末民初，我国出现了很多公共图书馆，但进馆需要"阅览券"。1949年以后，我国图书馆免费了，但并不对所有人开放。20世纪90年代中期，图书馆施行"三百六十行，行行可办证"以后，公共图书馆打破了按身份区别服务的惯例，但开始实行有偿办证。虽然收费服务是图书馆不得已的举措，但如果图书馆没有免费服务，图书馆的公共服务性质就改变了。2005年，我国图书馆界发起了"21世纪新图书馆运动"，这个运动非常重要的一个口号就是"免费服务"。到2006年，杭州图书馆发布了免费开放规定，并颁布免费开放宣言。尤其值得一提的是深圳图书馆，它是当时我国造价最高的图书馆，建好以后全免费开放，开创了大型公共图书馆全免费服务的先例。

在图书馆界多年不断宣传的努力下，2011年文化部、财政部发布《关于推进全国美术馆公共图书馆文化馆（站）免费开放工作的意见》。2012年底，全国实现了公共图书馆基本免费服务，中国图书馆人奋斗一百多年的目标终于实现了。

3.资源、技术和服务的可及性

可及性（accessibility）指可接近、可获得。对于图书馆资源、技术和服务，不同人群的可及性不同，形成了事实上的不平等。图书馆人需要通过改进服务，实现资源、技术或服务的可及性。

（1）资源的可及性

图书馆的珍稀资源锁在书库里，读者不能进去看，这就不是平等服务。如果资源很重要，读者利用以后可能会对资源造成损害，图书馆就应该把它数字化，发布免费数据库，使读者可以公开获取。2005年，北京大学的一位教授到某图书馆借古籍，结果不能出借，当时媒体对该图书馆批评很多。现在图书馆资源可及性方面有了进步，各图书馆建设数字图书馆的时候，将很多珍稀资源在网上发布了。

（2）技术的可及性

在系统设计、网页设计的人性化方面，外部数据库厂商比图书馆传统厂商做得更好。比如亚马逊、谷歌的搜索都是一个框，不需要做很多的选择，网页设计也是非常人性化的，在不同的平台、终端上面都能很好地呈现。

（3）服务的可及性

以前很多图书馆——特别是公共图书馆——按机关化的方式作息，读者上班时间开馆，读者下班时间关门，导致开放时读者较少。这就是没有达到较好的服务可及性。现在的图书馆普遍注意到这点，延长了开放时间，提升了服务的可及性。

4.总分馆建设

我国公共图书馆的总分馆建设有实践的探索、理论的支持，还有国家政策的支持。

2007年，中国图书馆学会委托开展了一项公共图书馆服务体系的研究项目。据该项目研究，我国以往公共图书馆建设模式可称为"一个政府建一个图书馆"的模式。这种模式导致省会城市、中心城市、中心城区图书馆资源比较丰富，而其他地区图书馆服务不足。从2004年起，在长三角、珠三角这些图书馆事业比较发达的地区，图书馆管理者开始自发探索总分馆建设。理论界将这一实践探索提升到理论高度，提出构建覆盖全社会的公共图书馆服务体系的思想。之后中国图书馆学会组织总分馆论坛，推动图书馆总分馆体系的发展。我国相对较早建设总分馆的一个城区是佛山市禅城区。2018年起佛山市图书馆又开始建设"邻里图书馆"。原来的总分馆将图书馆服务延伸到社区，邻里图书馆更进一步地将图书馆服务延伸到居民家里。"邻里图书馆"项目也因此荣获国际图联2020年度国际营销奖第一名。

（四）图书馆人性化服务

在比较长的时间里，中国公共图书馆缺乏图书馆人文精神，导致流行着一种对读者的歧视性服务政策。例如：

①身份歧视：如按身份发图书馆证，设专家研究室；

②经济歧视：如收费办证；

③能力歧视：如没有残疾人通道；

④外形歧视：如规定"衣着不整者不得入内"；

⑤目的歧视：如歧视不以阅读为目的的读者；

⑥年龄歧视：对儿童服务年龄进行限制。

如今，图书馆人性化服务精神得到我国图书馆人的普遍认可。图书馆员通过人性化服务提升服务质量，吸引更多读者走进图书馆。人性化服务，可以落实在图书馆管理与服务的方方面面，下面举四个例子：

首先是平等对待读者。我曾在一个公共图书馆儿童服务部里看到这样一幕：一位小读者抬头向一位女馆员问问题。虽然该馆员手上还捧着很多书，但她依然蹲下来回答小读者的问题。我看到以后觉得很敬佩，这是平等对待读者的很形象的体现。

其次是人性化地设计服务项目。图书馆经常会组织一些竞赛活动，大部分竞赛的设计，会使那些能力较强、家庭状况较好的人更易拿到奖品。我在美国一个小镇图书馆里曾看到一个名叫"阅读列车"的项目：暑假期间，图书馆墙壁上画了一个铁轨，竞赛规则是：如果某位读者每天看书两小时，该读者的火车就可以往前开一段；开到终点以后，就有奖品。一等奖是一辆由企业赞助的山地自行车。这个小镇位于大学边，镇上的居民有大学老师，也有大学里的一般员工；暑假时很多大学老师带着小孩出去旅游了，留在本地且能够坚持阅读项目的，大部分是学校工友家的孩子。所以，"阅读列车"项目设置在暑期，最大的特点就是人性化，它的目标不是让那些能力最强的人获奖。

第三是引导读者阅读。有些知识竞赛会有这样的画面：主持人在台上念卡片题目，下面小读者举手回答问题；如果回答错了，主持人会说"错"，让小读者坐下去，再叫别人回答——所以就有小朋友眼泪汪汪地坐在下面。类似的活动，我遇到过更好的设计处理：活动在阅览室进行，当小读者回答错了时，主持人会笑眯眯地对小读者说："对不起，我现在要请你到××书架找一本名为××的书看一下。"这时小读者也会沮丧，但还是跑过去看书学习。之后在主持人继续提问到一半的时候，小读者就会高兴地从边上跑过来说："我知道了。"小读者从书中找到了答案，同样会得到奖品。这就是知识竞赛活动人性化的处理事例。

最后是尊重读者的阅读权利。数字阅读刚兴起时，很多图书馆员、专家学者对读者选择数字阅读非常鄙视，好像看数字读物很俗气，看纸书更高雅。这不是图书馆员应有的姿态。图书馆应该尊重读者的阅读权利，包括他们选择阅读载体的权利。其实在很多情况下，数字阅读往往是一种"无奈的选择"，比如上班族或是没有条件看纸质书的人，只能选择数字阅读。这些人对阅读方式的选择，更应该得到图书馆员的尊重和保护。

公共图书馆是为保障社会信息公平而存在的。社会上总是有一些人没有办法正常地享受或接受图书馆服务，这就需要图书馆提供人性化的服务，使所有人都能正常利用图书馆的资源和服务。

图书馆人性化服务至少包括三种：特殊人群服务、包容性服务和多元文化服务。

1.平等服务与特殊人群服务，以及特殊人群服务理论

国际图联特殊人群服务委员会对特殊人群的定义是：不能常规使用图书馆资源和服务的人员。"特殊人群"，根据他们的生活状况、身体状况，以前称其为"弱势群体"；现在更多地使用"特殊人群"这个称呼，因为不管是否弱势，只要不能正常使用图书馆的资源，就需要为其提供特殊服务。

对所有人平等服务和对特殊人群提供特殊服务，二者相辅相成，构成完整的、最能体现图书馆价值与使命的平等服务理念。《公共图书馆宣言》提出"向所有的人提供平等的服务"后，紧接着有一句："还必须向由于各种原因不能利用其正常的服务和资料的人，如语言上处于少数的人、残疾人或住院病人及在押犯人等提供特殊的服务和资料。"这才完整表达了平等服务的思想。

特殊人群服务理论是图书馆服务最重要的理论。20世纪90年代后期图书馆学家发现，公共图书馆若要做到公平正义，不仅要对所有人开放，还需要提供更加积极主动的、具备教育性和干预性的服务。研究表明，公共图书馆如果只有普遍均等服务，没有特殊人群服务，特殊人群的阅读权利势必受到伤害。如何将图书馆服务的重心转移到特殊人群，无论在理论上还是实践中都是需要我们认真思考的问题。

2.包容性服务

包容是现代图书馆核心价值中最重要的概念之一。图书馆包容性服务是指：图书馆服务不会对"不受欢迎的少数人"产生系统性排斥。

包容性服务要求图书馆管理者不是试图去改变或规范少数读者的言行举止，而是希望所有读者学会共存，学会与他人融洽相处。受到社会排斥的群体，包括各种特殊人群，如残障人群、经济困难人群等，也包括非特殊但举止行为不合群、不合常规的少数人，如衣着不整者、在图书馆大声喧哗者。比如，图书馆免费开放后，出现了拾荒者、乞丐到图书馆去看书的现象。关于怎么对待乞丐进馆看书，曾有馆长提议"由读者投票决定谁能进入图书馆"，也有教授提出"在图书馆设一个地方给乞丐洗澡"。褚树青在任杭州图书馆馆长时对投诉"乞丐进馆"的读者说："我无权拒绝他们入内读书，但是您有权选择离开。"这一回答在网上传播，感动了许多读者。褚树青的观点就是图书馆社会包容性的体现。

3.多元文化服务

多元文化服务是国际图联一个很重要的原则。这个原则包括：为所有成员服务，不施以基于文化和语言的歧视；以适当的语言和文字提供信息；提供广泛的资源和服务，反映所有社区成员的需求；聘用图书馆员工要反映社区的多样性。

我们看东莞图书馆一个很有名的例子。2020年新冠疫情期间，一位湖北农民工打算离开东莞这座他打工的城市，在东莞图书馆办完退证手续后，受馆员邀请，在"读者意见与建议"上写了一段后来使他成为"网红"的话。这位农民工写道："想起这些年的生活，最好的地方就是图书馆，余生永不忘你，东莞图书馆，愿你越办越兴旺，识惠东莞、识惠外来民工。"这段话写得非常感人，这就是东莞图书馆多元文化服务成功的典型案例。

四、当代图书馆的使命

（一）传播知识，传承文明

传播知识，传承文明，是图书馆最古老的使命。文献的横向传播或同时代人之间的传播，是传播知识；文献的纵向传播，即一代代人之间的传播，是传承文明。

1.图书馆传播知识的使命

传播知识是图书馆最古老的使命。在信息匮乏时代，图书馆的主要工作是更多更好地收集、整理和保存文献信息资源，为人们利用信息服务。进入信息时代以后，人们生活中的信息量急剧增加，如何提升公众信息素养、帮助他们从海量信息中找到最需要的信息，与虚假信息作斗争，已成为图书馆传播知识使命的重要内容。

2.图书馆传承文明的使命

图书馆的存在，已经有数千年历史，传承文明始终是图书馆的使命。考古发现公元前2000多年前叙利亚出现了拥有书架的图书馆，这证明了图书馆历史悠久。

《公共图书馆宣言》的使命中，属于传承文明的使命有：促进文化遗产资源的保存与有效获取，促进艺术鉴赏资源的保存与有效获取。这是图书馆传承文明的很重要的功能。宣言还提到了"促进文化间对话并支持文化多样性"；在保存当地文化遗产时特别强调了"包括口头传统"。

（二）缩小社会信息鸿沟

信息鸿沟是指由于能力或生活环境的差异，不同人群在获取信息的能力方面存在差异。20世纪90年代后期，美国商务部对不同人群获取信息能力进行调研后发现，互联网的发展加剧了不同人群获取和利用信息能力的差距，他们用"信息鸿沟"一词描述这一现象。信息鸿沟加剧了不同人群间的经济鸿沟，因此，它已经成为各国政府和立法者十分关注的问题。社会管理者希望通过立法和其他措施来消弭或缩小社会信息鸿沟。而图书馆是消除或缩小信息鸿沟的重要力量。

首先，图书馆公益性的信息服务能够帮助人们跨越信息鸿沟。现在很多图书馆设置了老年信息素养课，如嘉兴市图书馆教老年人用手机上网，帮助老年人跨越信息鸿沟。

其次，图书馆的信息素养教育与培训提升了用户的信息能力。现在很多高校都设置了大学生信息素养教学课程（以前叫文献检索课），教大家查法律文书，查一些与自己的生活、学习关系非常密切的资料。

再次，图书馆不断改善信息产品与服务的可及性，也是缩小社会信息鸿沟很重要的方式。比如很多图书馆配置了一站式检索或者发现系统，用户可通过简单的界面跨库检索，不再需要挨个数据库去查找信息。

（三）推动、引导、服务全民阅读

1.全民阅读的起源和发展

阅读促进人的发展，对个人的学习和成长极为重要。但阅读不仅是个人行为，而且还是具有重要社会意义的活动。对阅读的社会意义的认识，引发了"全民阅读"概念的产生和普及。

1991年，埃及第一夫人苏珊娜（Suzanne Mubarak）发起了"全民阅读"项目，这是全球首个国家全民阅读项目；1997年，联合国教科文组织关注到埃及全民阅读经验；赞助了第一次全民阅读活动国际小组会议；1999年，联合国教科文组织和国际阅读协会在南非召开第一届全民阅读泛非会议（Proceedings of the 1st Pan-African Reading for All Conference）；之后，全民阅读在全世界各地发展起来了。

2.我国全民阅读的发展

1997年中宣部、文化部、新闻出版署等9部委联合发文，提出了实施"倡导全民读书，建设阅读社会"的知识工程。2006年4月中宣部、中央文明办等11部门联合发出《关于开展全民阅读活动的倡议书》。2012年"开展全民阅读活动"写入党的十八大报告，2014年"倡导全民阅读"写入政府工作报告。至今，每年政府工作报告均提及"全民阅读"。

3.全民阅读的基本内涵

到底什么是全民阅读？全民阅读是我们要做的一件事情，而不是对一个现象的描述。它包括四个基本内涵：

第一，对公众宣传阅读，推动阅读行为的普及率。这包括对公众宣传阅读的价值，促进普及社会阅读行为，组织更多活动引导大家读书。

第二，鼓励大家读好书，校正个体阅读偏好。图书馆应该鼓励大家阅读被主流社会认可的读物。

第三，提升个人的阅读意愿与阅读能力。对个体来讲，有阅读意愿才想读书，有阅读能力才能读好书，这需要图书馆开展阅读素养的培训与教育。特别是对阅读困难人群，需要有针对性地去开展教育和培训。

第四，建立健全公共阅读设施，保障公民阅读权利。我们提倡全民阅读，但没书怎么阅读呢？所以就要建图书馆、提供阅读网站，让大家有处读书、有书可读。

做到以上这四点，我们基本上可以说实现全民阅读了。

4.图书馆与全民阅读

图书馆是全民阅读的生力军。国际图联的《公共图书馆宣言》《信息社会灯塔：关于信息素养和终身学习的亚历山大宣言》等重要文献中，均反复强调图书馆促进全民阅读的价值；美国、加拿大、澳大利亚等国图书馆核心价值中也都强调图书馆促进阅读。

中国图书馆学会在《图书馆服务宣言》（2023年修订版）中声明："推动、引导、服务全民阅读。图书馆建设覆盖全社会的全民阅读推广服务体系，培养儿童阅读习惯，提升公民信息素养，支持学校教育、家庭教育、社会教育和终身学习。"

5.全民阅读和图书馆的使命

2018年开始实施的《中华人民共和国公共图书馆法》称："公共图书馆是社会主义公共文化服务体系的重要组成部分，应当将推动、引导、服务全民阅读作为重要任务。"该条款赋予公共图书馆"推动、引导、服务全民阅读"的法定使命。

图书馆是为全民阅读提供公益性服务的最重要机构，在有些地方甚至是唯一的机构。

6.图书馆对全民阅读的主要贡献

图书馆对全民阅读有很大的贡献：

第一，遍布城乡的阅读网点。公共图书馆的总分馆体系、城市书房和自助、流动服务点遍布城乡，许多图书馆系统已整合了农家书屋。

第二，丰富的纸质资源和电子读物。图书馆拥有最为庞大的、组织有序的藏书体系，现在还是电子书或全文数据库最大的购买者。

第三，公益性的阅读推广活动。现在嘉兴市图书馆每年活动超过5000场次，被媒体广为报道，部分城市年度阅读活动突破10000场次。

7.图书馆阅读推广的目标

图书馆通过阅读推广促进全民阅读，其目标是：

引导：让不喜欢阅读的人喜欢阅读；

训练：让不会阅读的人学会阅读；

帮助：让阅读有困难的人跨越阅读障碍；

服务：让所有人更好地阅读。

对于图书馆阅读推广，前面三个目标难度更大，也更能体现图书馆的核心价值。让不喜欢阅读的人喜欢阅读，对没有形成阅读习惯的儿童来说，较好引导；对于已形成阅读习惯的中老年人，则需要克服重重困难。要达到训练的目的，就要经常性地举办阅读推广活动。跨越阅读障碍是人性化阅读服务的重要方面，让阅读有困难的人跨越阅读障碍，需要的专业化程度非常高，成本高而绩效低，所以很多图书馆都不愿意做。但是图书馆推动全民阅读，不能只看指标上的绩效，还要看它是否符合图书馆的使命和价值。

（四）未成年人服务

开展未成年人服务，是公共图书馆的重要使命，也是图书馆服务全民阅读的主要手段。

未成年人现已成为图书馆最主要的服务对象，在大多数公共图书馆，未成年人文献借阅数已超过50%，成为主体了。但同时存在一个普遍问题：服务未成年人的馆员数量，以及购买未成年人文献的经费，并没有涨到一半。图书馆为未成年人服务，是在培养下一代读者，有非常长远的战略意义；如果不培养未成年人的阅读习惯，以后没有读者，图书馆就无须存在了。阅读饥饿感要通过后天培养训练，儿童阶段是培养阅读饥饿感的最佳年龄段。所以社会、家庭、学校和图书馆都有责任培养儿童的阅读饥饿感。

为儿童提供阅读服务，需要遵循儿童服务的基本原则，遵循《儿童权利公约》，遵循《中国儿童发展纲要》，遵循图书馆的核心价值。《中国儿童发展纲要（2021—2030）》提出儿童优先原则，要求在制定法律法规、政策法律法规、政策规划和配置公共资源等方面优先考虑儿童的利益和需求。公共图书馆在管理和服务中需考虑：

①服务项目的设计，应当优先考虑儿童的阅读特点；

②服务场地、文献和人员等资源，应当向儿童倾斜；

③场地、设施和服务的管理政策，要能够保障儿童安全。

举一个关闭图书馆儿童服务空间的例子。某市一个镇级图书馆将某个楼层角落的儿童服务空间关闭了，原因是：这层有很多老人来看书，认为小孩过于吵闹，就向图书馆投诉；图书馆接到投诉后无法解决，就把儿童服务空间关闭了。我国规定了儿童优先的原则，图书馆是没有任何理由关闭儿童服务空间的。碰到这种情况，图书馆最妥当的处理方法就是引导老年人学会与其他人一起阅读，并引导儿童学会安静地阅读。

（五）服务地方经济建设

《公共图书馆宣言》使命在第10条声明："向当地的企业、社团和利益集团提供必要的信息服务。"信息资源是经济建设的重要资源，公共图书馆丰富的文献信息资源和图书馆员强大的信息能力，能够为开发信息资源提供强大支持。

我国公共图书馆曾有很好的服务地方经济建设的传统，比如温州的鞋业图书馆，海宁的皮革图书馆。但在公共图书馆免费服务以后，一些地方政府和公共图书馆管理者不能很好地理解"基本服务免费"，导致公共图书馆，特别是地市、县级公共图书馆为地方经济建设服务的功能衰落。基本服务应当免费，但为企业提供信息不是基本服务，可以适当收费。比如纽约公共图书馆，读者可以办两张卡：第一张"图书馆卡"（Library Card）是免费的（补卡要收费）；另一张卡叫获取卡（Access Card，也译为检索卡），是要收费的，馆方用两套体系来区分免费的基本服务和收费的增值服务。

五、总结

图书馆员是专业人员，图书馆服务是专业性服务。

在管理中要体现专业性，图书馆要制定发布图书馆的价值、使命、愿景，使图书馆的发展有明确的、符合专业要求的目标和方向；在服务中也要体现专业性，深刻地理解图书馆的价值和使命，使图书馆服务置身于图书馆的价值和使命的引领与约束之下。

以图书馆的价值和使命引领图书馆管理创新和服务创新，是当代图书馆人的不二选择。

（讲座时间：2022年6月）

第三讲

新时代图书馆探索与转型

——以新馆建设为例

吴建中

【主讲人简介】

吴建中 上海图书馆（上海科学技术情报研究所）原馆（所）长，现任澳门大学图书馆馆长，研究馆员。出版《21世纪图书馆新论》《国际图书馆建筑大观》《转型与超越：无所不在的图书馆》《人的城市：世博会与城市发展》等著作20余本。

最近20年，中国乃至全球都兴起了新的一轮图书馆建设高潮。图书馆建筑作为一个实体空间，最能体现社会发展的全貌，也最能体现这一行业的社会形象。进入新世纪，随着从以书为主体向以人为主体的转型，新建图书馆的建筑特征，更加突出包容性和可获得性，更加强调与社区和公众的联系，更具有公益性、普惠性和亲民性。

本次讲座在回顾过去20年全球图书馆建筑经验的基础上，主要从三个方面梳理和探讨新馆设计与建设领域面临的挑战、机遇以及未来发展的趋势。

第一，从图书馆建筑的设计理念、功能布局、技术配置三要素出发，对影响图书馆建筑设计的问题进行深入分析。设计理念的核心是确定人和书在图书馆的位置，功能布局的目标是将新理念和新业态融入实体图书馆之中，技术配置要解决的是确保建筑在20年甚至更长时间里不落后于时代。

第二，对近年来全球新馆建设的成功案例进行分析，找寻其中的成功经验。这些成功的案例是从获得国际图联公共图书馆年度奖、全球顶级建筑设计师作品和获得绿色可持续项目认证的建筑案例中挑选出来的，例如芬兰赫尔辛基中央图书馆、挪威奥斯陆中央图书馆、德国柏林洪堡大学图书馆、中国天津滨海新区图书馆、加拿大卡尔加里中央图书馆、英国考文垂大学兰开斯特图书馆、新加坡国家图书馆等案例。

第三，介绍2022年建成开放的上海图书馆东馆是如何在充分吸取各国新馆建设经验教训的基础上，坚持以人为本，追求观赏和使用的统一，追求阅读与文化活动的平衡，追求现代技术与专业服务的融合，为图书馆建筑的创新发展提供成功经验。

一、影响图书馆建筑的三要素：设计理念、功能布局和技术配置

1.设计理念

设计理念的确定，是新馆建设的方向性问题。具体而言，设计理念最根本的是要确定人和书在图书馆的位置。设计理念是灵魂，决定了空间呈现形式和专业技术配置。

第一代图书馆是藏书楼。比如，在第一代图书馆，书是建筑的主要流线，整个建筑差不多三分之二的空间是书架，其专业技术配置——书库的配置、书架的规格等，也是围绕图书而展开的。这些参数，都有国际和国家标准。为了容纳更多的图书，密集书架、自动书架等开始流行。第二代图书馆，书还是主要载体，但图书馆各类活动占了较大的比例。第三代图书馆是全媒体知识中心。我们现在绝大部分的图书馆都处在第二代阶段，第三代图书馆还处在探索阶段。

世纪之交，图书馆面临从以书为主体的图书馆向以人为主体的图书馆的转型，在新馆的建设上流行从以馆藏为目标到以"连接"为目标的转变。为此，全球图书馆界展开了创新探索。

比如英国伦敦陶尔哈姆莱茨区图书馆，早在1999年，该区域图书馆与

社区其他相关功能合作，形成了集图书馆、信息、培训于一身的社区文化设施，之后便放弃图书馆的名称，改成了现在的"概念店"（Idea Store）。据2022年4月统计，该区共有8家概念店，形成了一种专业连锁形态。

美国科罗拉多州亚当斯县的"Anythink图书馆"与"概念店"有相同之处，也是用新名词替代了图书馆，该区域有7个馆加一个流动书车。

两家图书馆的共同特点是打破传统观念，重塑服务品牌。虽然规模都小，但是它们的出现可以看作是图书馆的一场革命，告诉了我们：公共图书馆就像社区居民需要的商店、银行、邮局和健身房一样，是社区的必备设施，是社区应有的服务设施。在图书馆界，也有人批评概念店和Anythink图书馆，为什么不沿用图书馆原有的名称呢？实际上，从全球来看，绝大多数创新型图书馆仍保留了图书馆的名称，仅有个别图书馆采用了特殊的名称。比如芬兰赫尔辛基市图书馆的图书馆10号（Library 10），这是一个音乐图书馆，原来位于赫尔辛基10号（邮政编码为00100）的邮局楼上，主要向音乐爱好者开放。现在该馆已经搬入赫尔辛基中央图书馆新馆（见图1）当中。所有这些创新都引向一个新的理念，从馆藏到连接，让图书馆成为面向社区的人与人交流的中心。

图 1　赫尔辛基中央图书馆　Alexignat/ 摄 ⓒ

注：ⓒ标识意为本图属于公共版权领域，以下相同情况统一采用本标识。

从21世纪初开始，这种以人的连接为核心的设计理念，对新的图书馆建筑设计产生了深刻的影响。无论是都市级的加拿大卡尔加里中央图书馆，还是社区级的荷兰北部登海尔德市"学校七"图书馆（该馆由于其老建筑翻新以及包容性服务，被评选为国际图联2018年度公共图书馆），都把植根于社区作为自己的使命。

2.功能布局

世纪之交，图书馆界开始热议图书馆作为空间的价值问题，并重视图书馆作为第三空间的重要性。多年来，虚拟空间和实体空间作为两个不同的空间平行展开，即使是两者融合，强调的也只是一种理念。然而图书馆以人为本不能仅仅停留在口号上，从建筑设计的角度，需要有一个可操作性的导向，即作为一个实体空间，应该如何满足现代图书馆的各种要求。英国研究型图书馆协会（Research Libraries UK，RLUK）发布的《图书馆转型战略：2022—2025》（*The Library Transforming：RLUK Strategy 2022-2025*），明确了图书馆作为研究基础设施的重要性，并提出图书馆空间的多样化和专业馆员是研究基础设施的基本要素。该报告认为，图书馆之所以能够起促进研究的作用，是因为图书馆为思想交流和验证打造了物理和数字空间，使专业人员能够通过互动交流将自己的知识和经验嵌入研究过程当中。之所以提出验证的概念，是因为该战略把图书馆看作是一个实验空间：既是多学科实验的场所，又包括多样化藏品、多种技能和协作的空间。英国研究型图书馆协会的战略中要求2019年启动本协会的空间计划，开展图书馆员与建筑设计师之间的研究与对话，进一步创新在实体图书馆进行物理与数字融合的活动形式。

欧洲研究图书馆协会（Association of European Research Libraries，LIBER）下设的一个图书馆建筑专业组织，也有一些新的作为：它不仅建设了颇有实用价值的图书馆建筑网站，而且配合欧洲研究图书馆协会提出的2018—2022年战略目标，探讨"图书馆实体空间新作为"等基础设施问题。这个网站兼具统计与细分功能，例如馆舍面积、设计单位等。我们可以充分借鉴这些基础性资料，深入研究新馆建设问题。

在图书馆建筑功能布局方面，国际上流行两个约定俗成的"三分之一"，即：图书空间在整体空间中所占的比例为三分之一、借阅服务在整体服务中所占的比例为三分之一。这也是第二代图书馆的基本特征。具体来说就是在实行开架借阅的同时，将讲座、展览及文化活动等作为常规业务纳入图书馆服务体系之中。根据2013年美国《时代》周刊的一篇报道，纽约皇后区图书馆以前80%的业务是借阅，现在借阅仅占30%，70%的精力放在非传统业务上，比如交流、研讨以及讲座等。上海图书馆与纽约皇后区图书馆早在世纪之交就建立了合作关系。以前同行觉得层级不对等，上海图书馆是全国第二大图书馆，而皇后区图书馆只是一个区级的图书馆。实际上皇后区图书馆在图书流通总量统计中，位居美国图书馆界前列。现在该馆提出70%的业务将集中于非传统业务，这样的转型对全球公共图书馆都具有指导和参考意义。

在美国西雅图中央图书馆新馆的设计过程中，荷兰建筑师库哈斯（Rem Koolhaas）坚持形式服务于内容，强调让建筑物的所需功能来决定它该有的模样。说图书馆建筑的转型始于库哈斯有点夸张，但是毫无疑问，西雅图中央图书馆的建设为转型中的图书馆建筑树立了榜样（见图2）。

图2　西雅图公共图书馆　Headrush/ 摄 ©

有一个小插曲，库哈斯为了改变人们对图书馆的认识，与当地居民沟通了若干年。当地居民认为，图书馆应该是一个宫殿式的标志性建筑；但库哈斯却坚持认为，要根据以人为本的理念和图书馆的未来功能来进行设计。依据图书馆提出的"图书空间与其他活动空间（教室、网络和研讨空间等）的比例为32：68"，他认为，正因为大部分空间是人活动的空间，那么就应该首先考虑读者的感受、读者的舒适度。所以他将活动空间做大、做舒适，让读者可以在室内充分享受和观察外部城市的环境和阳光的变化。

为了缩小图书馆的占有空间，库哈斯设计了一个紧凑型的螺旋式缓升坡道书库——Books Sprial。这个跨越四层的螺旋书库有6200多个书架，可存放145万册的图书，主要存放非小说类成人图书。当时实际存放的图书不到80万册，它为未来预留了一定的空间。

也有人批评西雅图中央图书馆的设计动线混乱、令人困惑，螺旋书库的分类排架不利于读者进行专题浏览，而且当所需图书分散在两个不同方向而不得不上下奔走时，读者一定会深感不适。但是西雅图中央图书馆新馆的突出贡献之一，是通过螺旋书库这一创新型的设置，将整个大楼三分之二可供活动的空间释放了出来，不仅为非传统业务，而且为未来发展预留了空间。

从以上案例不难看到，在以后新建或改建的图书馆当中，两个"三分之一"将会成为一种共识。这一点，从美国康涅狄格州图书馆发布的《图书馆空间规划指南》（2022年版）中也可以看出来。这份指南明确指出，21世纪公共图书馆是充满活力的更多人、更少书的空间。指南还指出具体空间设计中每平方米存放应少于50册书，否则就会挤压图书馆的活动空间。

3.技术配置

转型将迫使图书馆重新审视各类标准和规范。20世纪70年代以前，收藏纸质书是图书馆的主要功能；信息通信技术的迅速发展，以及图书馆服务方式的相应变化，对图书馆的功能与设计产生了深刻的影响。就图书馆建筑规范而言，在20世纪70年代以后，美国图书馆协会再也没有制定过以前常有的量化标准，如图书馆人均建筑面积等。国际图联《图书馆建筑指南发展与反思》的编者在该书的序言中指出，在全球快速发展的环境中，要提供一套放之四海而皆准的规范是不现实的。在开展图书馆建筑设计时，图书馆管理者和建筑设计师应参考本地的规范，该书作者之一安德鲁·达格伦（Andrew Dahlgren）针对国际图联建筑与设备专业组常常收到的有关图书馆建筑规范的咨询指出，现在没有一个国际认可的图书馆空间的标准，这是因为不同地区的需求和服务是不同的。

从技术配置的角度来看，如今新馆建设更注重两个方面，一是技术配置的弹性或灵活性。美国康涅狄格州图书馆发布的2022年版《图书馆空间规划指南》指出，新馆技术基础设施要整体考虑，所有空间包括读者和办公空间，要做好网线与电源的预埋作业，以及建好会议室以及小型研究空间可开展视频会议的。二是图书馆管理系统的改变。从面向管理纸质馆藏的集成图书馆系统向管理所有馆藏形式的图书馆服务平台转变，将发现服务与图书馆服务平台整合起来。比如，Primo发现服务与Alma服务平台的捆绑，或者OCLC的联机联合目录（Worldcat Discovery Services）与OCLC全球共享管理服务（WorldShare Management Services）的捆绑。澳门大学图书馆将Primo与Alma服务进行了捆绑，以前两个系统相互之间没有关联，现在合二为一后，所用经费比过去还要少。总之，一流的建筑一定要配备一流的系统。

还需要探讨的问题是关于与图书配置有关的技术设施。随着图书馆智慧化的推进，大量创新型服务和技术，如24小时街区自助图书馆和智能书架等涌现出来。虽然24小时街区自助图书馆维护成本过高，现在较少流行了，但当时是图书馆技术创新的范例。大型自动书库在国内也有发展的趋势，一些新建的图书馆引进了这一设施。自动书库是世纪之交逐渐兴起的一个大型项目，它的长处是物流的高效率和盘点的精准化，但不足之处是后续维护成本高、零配件更换和系统升级频繁。法国波尔多市立图书馆早在20世纪80年代就建设过自动书库，目的是管理贵重书籍以及使用率较高的书籍；20年后，这个馆改造的时候撤销了自动书库。波尔多市立图书馆是1740年建成并沿用至今的老馆，馆藏资源非常丰富，最出名的是它的三个"M"，即蒙田、孟德斯鸠和莫里亚克的作品，以及它的300本"摇篮本"，即西方1450—1500年出版的图书。2002年落成启用的日本国立国会图书馆关西馆采用了自动书库；后来在其馆舍后方空地再建新书库的时候，放弃了自动书库的方案，而改用了手动立体书架模式。洪淑芬曾经对其利弊作过详尽分析，认为自动书库应用的最主要的问题是后期维护和配件成本。之所以企业用得起，是因为其自动化管理创造的利润足以支付其每年需付出的维护费用；而作为公共机构的图书馆，必须考虑经济效益与持续维护。不过还是要强调的是，自动书库体现了现代图书馆的技术水平，就像24小时街区自助图书馆和智能书架一样，曾经是创新的产物，在我们这个时代可以有，也值得有，但不要一哄而上。

二、全球新馆设计的成功案例给予我们的启示

开始于世纪之交的转型，对图书馆建设来说是一个极好的机会。这一时期的图书馆管理者与建筑设计师携手打造出一批创新型图书馆建筑。下面分三个方面对这些新馆项目逐一进行介绍。

1.国际图联公共图书馆年度奖的获奖作品

该奖2014年开始设立，2014和2015年两年获奖的分别是澳大利亚和瑞典的两个公共图书馆。因为这两个馆都很小，几乎没有多大的影响。2016年丹麦奥胡斯公共图书馆获奖以后，这个奖项在全球影响力大增；最有影响的是2019年的赫尔辛基中央图书馆和2021年奥斯陆中央图书馆的获奖。

赫尔辛基中央图书馆，之所以一开始就给人眼前一亮的感觉，是因为该馆彻底颠覆了人们对图书馆的传统认知。该馆无论是在设计理念，还是在功能布局上，都体现了以人为本的思想，很多人在看了新闻后惊讶地问，这是图书馆吗？该馆馆长玛雅女士曾是国际图联建筑与设备专业组的主席，笔者也曾是这个专业组的常委，所以有机会经常与她切磋交流，并曾邀请她来上海图书馆演讲。她率领赫尔辛基市图书馆代表团来到上海，与上海市的同事开了一个恳谈会，介绍了赫尔辛基市图书馆新馆（即赫尔辛基中央图书馆）在筹建阶段做的两个样板馆：一是前面已经介绍的图书馆10号，还有一个是为初次创业者共享办公而设计的城市办公室。她讲联合办公的时候，上海市图书馆的同事们对这个概念很不熟悉，于是她进行了概念解读，讲了第一办公空间、第二办公空间、第三办公空间[①]。以前办公理所当然在办公楼，后来发展到与合伙人一起办公——这是第二办公空间。到2017年前后，全球大约有50%的办公发生在第三办公空间——这便是大家常说的联合办公。先不论她预测得对不对，但联合办公确实在全球雨后春笋般地发展了起来，大都市一般都有这样的空间。

图书馆是跟着需求走的，当社会需要这样的设施的时候，图书馆应该

---

① 第一办公空间就是传统办公室；第二办公空间就是合伙人办公室，现在这种类型的办公空间很多；第三办公空间就是在社会公共空间办公。

跟进，因此他们建立了城市办公室（Urban Office）。两个样板馆建立以后，不仅深受市民的欢迎，而且也为新馆的创新做了有益尝试。赫尔辛基中央图书馆新馆的一层和二层，都属于非传统业务，比如咖啡馆、创客空间、影视厅、录影棚和制作人空间等；只有第三层才被认为是传统意义上的图书馆。原先该馆设计更为激进，在二楼设立了一个桑拿空间——因为很多芬兰人喜欢在桑拿室交流。当时市议会也通过了设立桑拿空间的决议，但该方案是临开馆的时候取消了，估计是担心大家不能接受。

笔者从赫尔辛基中央图书馆网站就能感受到以人为本的服务宗旨：Oodi[①]为用户提供知识、新技能和故事，是学习、工作和放松的便捷场所，是向所有人开放的生活空间和功能型聚会空间，是新时代图书馆。不过这个馆最大的问题与西雅图公共图书馆一样，它将图书空间压缩在三楼——三楼仍然是一个传统图书馆，而不是一个传统与现代业务有机融合的图书馆。

奥斯陆公共图书馆于2022年6月对外开放。它最大的特点是图书馆的开放性以及与城市环境的关联，体现了博尔赫斯（Jorge Luis Borges）内外不分、无限延展的理念。从横向来看，图书馆与中央车站、歌剧院及宽阔的城市广场连成一体，表示图书馆是城市公共功能的一个连接体。从纵向看，室内从一楼到六楼垂直打通，并设计了三条从入口处向对角线展开的光轴，让室内有充足的自然光，三个入口光轴与天井所渗透的光亮有着一定的呼应关系，不仅增添了欢快温馨的氛围，而且为各个楼层带来通透、流畅的视野。现代图书馆很强调通透，尽量减少隔板和隔间，让读者有一览无遗的感觉和宽阔的视野；而且窗户也尽量做大，从室内可以看到外部的景色——这体现了的内外不分、无限延展的理念。这个馆除了阅读区以外，还有电影院、礼堂、会议室、录音室、游戏室和餐饮区等，顶层有名为"未来图书馆"的艺术活动空间。

2.全球顶级建筑设计师的三个作品

这三个作品分别是柏林洪堡大学图书馆、天津滨海新区图书馆、加拿大卡尔加里中央图书馆。柏林洪堡大学图书馆又称为雅各布·威廉·格林中心。雅各布·格林和威廉·格林兄弟俩是著名的童话作者。这个馆于

---

① Oodi是赫尔辛基图书馆的昵称。

2009年正式开放，由知名建筑设计师马克斯·杜德勒（Max Dudler）设计
（见图3）。与中央为书库、四周阅览室环绕的传统图书馆格局不同，该馆
中心为阅读舞台，四周为开架书库的形式，把人置于中心位置。此前，书
库在中心，阅览室在两边，而设计师把它倒了过来，中间是阅览室，两边
是开架式书架或书库。杜德勒还设计了一个沿建筑长向分布的阅读舞台，
以退台的方式展开阅读空间——读者不仅是舞台的观赏者，也是舞台上的
表演者。用杜德勒的说法，图书馆也许和博物馆一样，人们在这里相遇、
相识并交流思想。为此，有人把柏林洪堡大学图书馆叫作"大学的旗舰"。

图3　柏林洪堡大学图书馆　Jiaoe/ 摄 ⓒ

　　2017年10月1日开放的天津滨海新区图书馆（又称"天津滨海图书
馆"）由荷兰 MVRDV 建筑事务所和天津市城市规划设计研究院合作设计，
韦尼·马斯（Winy Maas）是其主创，他同时也是布拉邦图书馆的设计者。
布拉邦图书馆是一个概念设计，它表达的是对2040年图书馆的梦想。这
个梦想是什么呢？他认为，图书将永远存在，就像有了车我们还会选择走
路一样。书籍丰富了社会，并成为我们文化的一部分。他在设计天津滨海
图书馆的时候，也特别突出了"书"的概念，其亮点是"滨海之眼"和书
山。"滨海之眼"看上去像眼球，内部是一个多功能区，用于举办一些研
讨活动。书山是由34层的阶梯平台构成，书架造型如同退台式梯田向山

顶延伸。书山与布拉邦图书馆的概念一样，无限延展，无边无际。现在最大的争议是假书的问题。前年笔者看到《南华早报》上有一幅图片新闻，就是滨海图书馆，但下面的文字说，"可惜这个馆用了假书而不是真的书"。后来笔者咨询了滨海图书馆馆长，他说滨海图书馆的建筑师韦尼·马斯（Winy Mass）本来是想全部用真书，但是无法通过国内消防的相关要求，后来才不得已在上层部分用了假书。根据韦尼·马斯的一贯思想，书将永远存在下去，所以滨海图书馆对书的延续性做了艺术夸张（见图4）。当然也有不少人批评滨海图书馆，说它中看不中用，超挑高设计已经过时了。不过笔者觉得，滨海图书馆很精彩，尤其是"滨海之眼"，寓意人与人的交流处于中心的位置。在和滨海图书馆馆长交流时，笔者建议将"眼球"改为能量球，表示人通过交流散发出更大能量。上海世博会德国馆就有一个能量球，它可以跟着声音走，当四周的人一起呼唤，哪一边叫得响，球就往哪一边晃动。它的精彩之处是表达一种理念，就是集体的力量。

图4　天津滨海图书馆　Muzzleflash/ 摄 ©

　　笔者很佩服韦尼·马斯。2000年他在汉诺威世博会设计的荷兰国家馆，就是一个全生态主题馆，将生命与建筑融合在一个楼里。他是世界顶级的建筑设计师。毫无疑问，滨海图书馆也在世界级图书馆建设中拥有一席之地。现在该馆常常成为天津乃至全国性活动的中心会场，中央电视台总台的一个节目也曾经走进天津滨海图书馆。从城市营销的角度来看，这一投资已经是很超值了。

　　埃及亚历山大图书馆建筑设计者之一——挪威Snohetta建筑事务所的Dykers先生，曾经应邀参与由上海图书馆协办的1999年第十一届国际图书馆建筑研讨会并作演讲。2001年，笔者到埃及亚历山大图书馆参观的时候又见到了他。他主持设计的加拿大卡尔加里中央图书馆新馆，在国际建筑界有较高的知名度（见图5）。卡尔加里中央图书馆新馆设计的独到之处是突破常规，巧妙地延伸建筑的覆盖面，分隔市中心和东村区的轻轨铁路位于图书馆之下，顺着半月形轨道矗立起一座外观呈弧线外形的全开放建筑。其内外不分、无限延展的设计理念，不仅实现了图书馆与周边区域的有机衔接，而且使抬升后的图书馆成为人与人交流的聚会中心；人们从四面八方都能走进图书馆，图书馆广场具有作为入口和人行天桥的双重作用；户外的露天剧场也设置在这些台阶上，人们可以坐在这里读书与交流。

图 5　卡尔加里中央图书馆新馆　Bernard Spragg/ 摄©

上面介绍的三位建筑师，在全球都有很高的知名度。但话说回来，好的设计必须与本地需求相结合，与未来发展相适应，最终才能被大众所接受。

3.绿色可持续建筑

国际图联于2016年起开始设立绿色图书馆奖。该奖的宗旨是通过绿色可持续图书馆及其服务的案例竞赛，达到落实联合国可持续发展的目标。该竞赛内容广泛，规模不论大小，任何图书馆都可以参与。这里从图书馆建筑的角度，介绍两个在生态建筑领域颇有知名度的图书馆：一个是英国考文垂大学兰彻斯特图书馆，一个是新加坡国家图书馆。

2000年开馆的兰彻斯特图书馆，采用自然通风和自然光照明技术设计，比起传统空调的建筑物显著降低了能源消耗。根据2004至2005年度记录的能源消耗、内部温度和二氧化碳水平的数据，该建筑使用的能源不到标准空调建筑的一半。在夏季可以保持室内舒适，而且低于环境温度达5度。该大学图书馆被誉为欧洲最大的自然通风建筑。与空调建筑相比，该馆节能效果显著。虽然采光井占据了很大的空间，但它们给建筑带来的环境效益，远远超过了活动空间的损失。该馆采用的是一种被动式冷却和通风系统。什么是被动式呢？简单来讲就是利用自然条件，而不是利用外力，比如说电力等。在上海世博会上，笔者也看到了几个案例馆，比如德国汉堡案例馆，就是典型的被动式：它是不用空调的，而是采用地热泵进行取暖或制冷。兰彻斯特图书馆无论在能耗上还是在造价上，都具有成本优势；虽然烟囱式外表缺乏建筑上的美感，但在绿色可持续方面无疑是值得推荐的成功案例。

新加坡一直倡导"花园之城"（Garden City）的建设，近年来更是强调建设"花园中的城市"（City in a Garden）。"花园之城"指的是城市像花园一样，而"花园中的城市"特指城市在花园里——这是两个不同的概念。也就是说，人们生活、工作都在花园里，绿化不只是一种点缀，而是人与自然共生，社区、绿化、建筑协同的关系。新加坡国家图书馆新馆由知名生态建筑设计师杨经文设计，是一座具有热带生态特点的现代建筑。它的亮点是符合本地生态气候的系列环保节能设计，比如立体绿化、采光遮阳、温控分区、雨水收集等。该图书馆在运行期间比普通建筑节省大约80%的能源，多次荣获新加坡绿色建筑认证的最高奖项。该馆另一个特色是通透、开放，尤其是让露天广场向馆外延伸，将馆内与馆外有机地衔接起来。这一点有点像广州图书馆，广州图书馆的内庭和外空间也是给人连在一起的感受，室内场馆一直延伸到馆外。

最后主要讲一下上海图书馆东馆建筑。从最近20年图书馆复兴热中，我们看到了人本设计有逐渐回归的趋势。而上海图书馆东馆在这方面给我们树立了很好的榜样。

2022年1月1日，《华盛顿邮报》发表了题为《公共图书馆再次迎来黄金时代》(The Golden Age of Public Libraries Dawns Again)的社评。在提到中国海口云洞图书馆、挪威奥斯陆新中央图书馆等一批全球性文化杰作之后，社评指出："这些投资图书馆的社区，已经为应对未来的一切变化做好了准备。"社评在图书馆界反响热烈，美国图书馆协会的"我爱图书馆"网站1月3日发表呼应文章称："在一个与流行病、政治、经济等相关的不确定的世界当中，图书馆总是能够引领我们通往光明的道路。"

在过去的20多年里，"复兴"是图书馆建设领域的一个热词。有人认为这一轮的图书馆复兴，其实是从20世纪90年代的密特朗图书馆和不列颠图书馆新馆的开放开始的。在国内，首都图书馆华威桥馆、上海图书馆淮海中路馆差不多同期开馆，引领了那个时期国内图书馆建设的热潮。后来，浙江图书馆、深圳图书馆、南京图书馆等一批现代化图书馆也先后开馆，国际上也有一批新馆相继问世。有学者撰文指出，虽然历史学家认为，17世纪是图书馆的黄金时期，但近年来的建设项目足以表明图书馆复兴正当时。值得一提的是，这一复兴现象也给当时盛行一时的图书馆消亡论画上了句号。从那以后，很少人再谈起图书馆消亡的事情，大家都觉得图书馆新的一页已经翻开了。

三、图书馆建筑创新发展的典型范例——上海图书馆东馆

2022年9月，上海图书馆东馆对外开放。这座被誉为"森林中一块玉"

的新馆，不仅仅为"魔都"上海增添了一抹浪漫的气息，其开放更是全球图书馆复兴中最具里程碑意义的标志性事件。下面笔者就把上海图书馆东馆放在过去20多年全球图书馆建设的大背景下加以考察，聚焦回归、转型和合作三个主题，即从重观赏到重实用、从书为主体到人为主体、从建筑师的作品到建筑师与用户共创的作品这三个方面，对上海图书馆东馆建筑特色以及对图书馆设计领域的影响做深入的比较和分析。

1. 回归

回归，即从重观赏到重实用。图书馆是知识的宫殿，千百年来人们之所以将图书馆看作是神圣的地方，是因为图书馆既是知识的门径，又是贵重的艺术品，如同德国作曲家和剧作家瓦格纳所描绘的"整体艺术"一样。有一篇文章专门讲到，作为"整体艺术"的图书馆就是出自瓦格纳的这个概念。可见，图书馆作为一种观赏性建筑形象，深深地刻印在人们的心底。以书为主体的第一代图书馆，既要体现豪华，又要突出庄重；除了外观需要呈宫殿形象外，内部装饰也很讲究。比如法国国家图书馆老馆的黎塞留馆和爱尔兰都柏林大学三一学院图书馆等。到了近现代，随着图书馆的利用需求和出版量的迅速增长，在图书馆建设上开始注重功能和规范，在保持外观庄重的同时，强调专业配置。比如1931年开放的耶鲁大学斯特林纪念图书馆（见图6），不但形象典雅，而且采用以标准化钢铁书库为中心、大小阅览室环绕的结构，1919年的清华大学图书馆也遵循这种标准配置。后来在美国人安古斯·麦克唐纳（Angus MacDonald）的倡导下，"三统一"（统一柱网、统一层高、统一荷载）的模数式建筑也广泛流行起来。之后很长一段时期里，模数式建筑占图书馆建筑的主导地位。这里有很多方面的因素，比如其建设弹性大，可根据需要灵活组合空间，在很难确定未来图书馆功能的时候，模数式的好处就显现出来了；还有就是节省能源，因为层高都很低（也有人说很压抑）。这是一种厂房式、工业化时代的建筑，很多人并不喜欢这样的模式，所以后来挑高空间一下子受到大家的青睐。

这场图书馆复兴热潮，不仅催生了一大批文化标志性建筑，而且成就了不少知名建筑设计师。从某种意义上来讲，公共建筑是建筑设计师最好的竞技场。在全球大中型图书馆建筑中，都有全球知名建筑设计师的身影。他们通过精彩夺目的设计，为图书馆复兴增添了浓厚的艺术氛围。

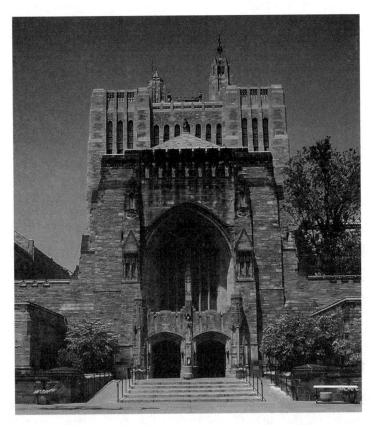

图 6　耶鲁大学斯特林图书馆　Ragesoss/ 摄©

　　如何把握好建筑美学和实用价值之间的关系，一直是人们关注的焦点。20世纪图书馆建设总体上比较注重实用，这一时期产生了一系列注重实用的规范和标准。例如福克纳·布朗（Harry Faulkner-Brown）的"十诚"，就是弹性、紧凑、易接近、可扩展、组织性、舒适性、可变性、稳定性、安全性、经济性。再如安德鲁·麦克唐纳（Andrew MacDonald）的"十个质量指标"，就是功能性、可适应、可接近、可变性、互动性、激励性、环境友好、安全性、有效性、适应信息技术。又如吉玛·约翰（Gemma John）在《21世纪图书馆给予英国的启示》（*Design Libraries in 21st Century：Lessons for the UK*）这本书中提出的，只有在深入把握本地读者需求的基础上，才能做好设计的指导意见。这些标准都把以人为本的设计放在重要的位置上。在现代图书馆设计中，上述有关原则和指南仍有很大的影响力。我与安德鲁·麦克唐纳比较熟，他也曾经是国际图联建筑与设备专业组的常委，我们经常一起讨论图书馆建筑的问题，他的书也多次引用了我的有关以人为本的文章。

但是，在最近的20多年里，全球出现了一批更具观赏性的图书馆建筑，其中一些也引起不少负面的评论，主要表现在如下两个方面：

一是超挑高空间。一些图书馆挑高到10米甚至20米以上，提高了观赏性，但牺牲了空间的实际功用。虽然也有一些馆利用退台方式予以弥补，并创造了比较好的效果，比如四川省图书馆新馆；但是，大挑高或者超挑高空间带来更多使用和维护上的问题。大空间环境对学习有利有弊。曾经有人提出设立深度工作空间，以应对大空间使人精力分散、效率低下甚至有碍身心健康的问题。新冠疫情也迫使我们重新思考图书馆大空间布局的问题，以及怎样的空间环境对阅读和交流更有效的问题。

二是技术的过度应用。如果技术是为实用服务的，那无可厚非；但是有些图书馆把新技术作为炫耀的资本，实际上一些大规模智能存储设施、超高配置视频展示厅等，都会带来维护上的问题。虽然适当配置自动化设施是必要的，但我认为，作为公共设施，图书馆还是要考虑实际使用和长期维护的成本。

上海图书馆东馆在建设之初对此就有充分考虑，并事先避免了这类问题。在竞标过程中，有些方案虽然设计上很有创意，而且都出自国际知名机构，但由于超挑高空间、高成本结构、异形结构等因素，没有获得评审专家的认可。有专家指出，建筑美学的意义很大程度体现在建筑的实用价值上；没有实用性的建筑，很难真正带给人美的感受。上海图书馆东馆，无论从建筑外观还是从室内设计来看，都堪称整体艺术的典范：秀美而不张扬，精细而不失大气，整个建筑没有给人任何奢靡的感觉。而且上海图书馆东馆没有采用超挑高空间设计，从读者阅读的舒适度出发，除了一层和三层的层高为5.2米，其他层面都是4.2米。从某种程度上可以说，上海图书馆东馆向人们展示了本源的回归——图书馆主要是为人用的，而不是给人看的。

2.转型

转型，指从以书为主体到以人为主体。世纪之交，图书馆正面临从以书为主体的图书馆向以人为主体的图书馆转型，在图书馆建筑领域开始流行从馆藏到连接的建设理念。这一时期，人们关注的焦点主要是人和图书在图书馆的位置。西雅图中央图书馆的设计过程很典型地反映了这一理念的演变。在当地名人提出图书馆应该是激发情感、创新思想的，而不应该一味追求功能的空间的质问时，荷兰建筑师库哈斯仍坚持形式服务于内容的设计理念，强调要让建筑物的所需功能来决定它应该是什么模样。除了建筑形态，如何看待图书在图书馆中的位置，也是当时争论的焦点。在图书馆提出的设计需求中，已经表明图书空间与其他活动空间，比如教室、网络和研讨空间等的比例为32∶68。库哈斯根据这一需求做了一个大胆尝试，设计了一个紧凑型的螺旋式缓升坡道书库，专门存放非小说类成人图书，以便留给新服务更多的空间。我觉得，设计螺旋书库的意义不仅在于释放出更多有利于功能拓展的活动空间，而且也体现了博尔赫斯无限延展、内外不分、通透开放的思想，这是西雅图中央图书馆设计的一个亮点。在那个时期，两个"三分之一"的概念已逐步形成，它反映了第二代图书馆的基本特征，即实行开架借阅的同时，将讲座、展览以及文化活动等作为常规业务纳入图书馆服务体系当中。由此可见，图书馆尤其是公共图书馆的重心，正逐渐从阅读向包括阅读在内的更广泛的素养教育转移，以便让更多的人能通过掌握这些素养和技能增加工作机会，提高创业能力，提升生活质量。

确定人在图书馆中的位置，是图书馆复兴中的一个核心问题。前面已经谈过，所有这些创新型的新馆都与图书馆转型有关。在大学和研究型图书馆，图书馆复兴更多地体现在内容的创新上。曾经担任耶鲁大学图书馆馆长的苏珊·吉本斯（Susan Gibbons）在2020年展望下一个十年的时候提出，未来十年图书馆复兴的重心在于内部管理、服务方式，在于精准服务和合作共享。说到底，一切重在转型。

图书馆设计只有充分把握好转型的趋势，才能真正适应未来发展的需求。上海图书馆东馆（见图7）不仅在理念上，而且在设计中体现了以人为本的思想。东馆在设计需求书中明确了三个"I"的设计理念，即智慧（Intelligence）、包容（Inclusiveness）和创新（Innovation）。智慧这个词与情报有关，所以是第一选择；包容主要是指公共图书馆的活动；创新主要是突出新馆将成为以人为中心的复合型知识共同体。东馆所处的浦东，是全球科创中心核心承载区，需要科技和文化资源的支撑。作为兼有公共图书馆和研究图书馆功能的上海图书馆，在新馆设计上凸显创新与创造的理念。上海图书馆陈超馆长指出，东馆要突出文化、科学和艺术三种素养的提升，把培养人的创造力放在重要位置上。东馆的建筑设计注重人与人之间的交流，设置了不同类型的交流和研讨空间，并着力创新科学家、人文学者、艺术家和作家与公众之间对话的形式；同时为配合上海作为国际文化大都市的目标定位，建设了一些有利于国际文化交流的空间。现在上海图书馆东馆实际上是三家组合：上海图书馆、上海通志馆和上海社联。所以东馆中既有上海地方志的研究资源，也有社科领域的专家资源，是一个集专家、资源以及读者为一体的、很有特色的知识共同体。

图7　上海图书馆东馆　克里斯·哈迪 / 摄ⓒ

3.合作

最后需要指出，上海图书馆东馆是建筑设计师、图情工作者共创的作品。建筑是一门艺术，每一个建筑或多或少都会体现设计者个人的思想和风格；但建筑是为人所用的，一个好的建筑必须满足使用者对美学及功能的独特需求，公共建筑更是如此。遗憾的是，由于个别建筑设计师过于看重个人的创意，近年来图书馆界也出现了一些奇奇怪怪的建筑，而且这股风有增长的趋势。

上海图书馆东馆的幸运之处是建筑师与用户之间的合作与默契。负责东馆设计的，是丹麦建筑设计事务所SHL，有丰富的图书馆设计经验，在图书馆建设领域都有较好的口碑和荣誉。有"黑钻石"之称的丹麦皇家图书馆新馆、丹麦奥胡斯图书馆等均为其作品，该机构在中国也有设计宁波图书馆的经验。奥胡斯图书馆之所以获得国际图联2016年度公共图书馆大奖，主要是由于其贴近城市和市民需求的设计理念，着力体现人与人之间的知识交流以及图书馆与城市之间的关联，同时该馆建筑设计师善于倾听用户的意见。当时在具体设计的时候，建筑设计师与用户之间进行了有效的沟通，并根据用户的要求改变了多功能厅以及入口接待处的设计。

上海图书馆在筹建东馆的时候做了大量调查研究，并邀请上海建筑设计院唐玉恩总建筑师牵头，与上海图书馆同事合作编印了一本有关国际图书馆建筑趋势的参考资料。东馆设计需求书明确了以人为本的设计理念，并在建筑呈现方式上提出了一些具体要求，如与周边环境的协调，图书与公共活动之间的关联等。在确定了SHL担任主设计以后，上海图书馆又多次与负责该项工程设计的克里斯·哈迪（Chris Hardie）进行了深入的沟通。馆方建议将原设计中的两个中庭改建成一个中庭，这样做一方面有利于突出主活动区的标志性景观，让读者通过直达扶梯到三楼，感受阅读广场的震撼，另一方面也能减少屋顶漏水和玻璃损毁的问题——这个已经成为大部分中庭的通病。克里斯不仅接受了馆方的建议，而且对中庭做了创意设计：把三个堆叠错落的中庭整合在一个中心广场中，读者可以站在不同的角度感受外部光线的移动和各个楼层的变化，而且每一个观察点都会让人产生不同的感觉（见图8）。这一精彩的设计，体现了图书馆是激励人与人相遇相知的空间的设计初衷。图书馆致力于创造一种让不同的人在图书馆分享和互动的氛围，在温馨的共享空间中，当你观察别人的同时，也被别人关注。

图 8 上海图书馆东馆中庭 克里斯·哈迪 / 摄 ⓒ

四、总结

刚才我们讲到，20多年的图书馆复兴见证了图书馆建筑逐渐趋向理性、回归本原的过程，从追求观赏性到注重观赏与使用的平衡，从书的图书馆到人的图书馆，以人为本设计正成为主导图书馆建设的指导思想。就像森林中光彩夺目的一块璞玉一样，在图书馆复兴时代脱颖而出的上海图书馆东馆，无论外形设计还是内容呈现，都堪称是里程碑式的世界级作品。我想用"三个追求"来概括：

第一，东馆追求观赏和使用的统一，不仅为这座国际文化大都市增添了亮丽的色彩，而且也为公众树立了现代图书馆应有的形象。东馆以无限延展、内外不同、通透开放的博尔赫斯式设计理念，在外部设计上注重与周边环境的协调，通过借世纪公园之景，将西塞罗倡导的"花园与书房一体"的思想融入设计之中；在内部设计上，注重人流、物流和信息流的流畅性，将阅读广场打造成连接各楼层的枢纽空间。

第二，东馆追求阅读与文化的平衡。根据两个"三分之一"的服务趋势，东馆将阅读空间与文化活动空间有机融合在一起，而不是像西雅图中央图书馆和赫尔辛基中央图书馆那样，将图书压缩在一个空间中。读者走进图书馆，既可以享受安静的阅读环境，又可以在动态、通畅、有序的空间找到自己的位置。

第三，东馆追求现代技术与专业服务的融合。东馆注重的不是设施、设备的奢华，而是技术与工具的活用，以满足读者对实体书的需要。新馆引进了POD，就是按需打印的设备；并与出版机构合作，通过签署版权协议等，让读者将所需要的电子读物打印成可触摸的图书。我已经尝试将自己的一本电子书做成了纸质书，很有用，也很成功。同时东馆也扮演了图书馆新技术演示厅的角色，成为图书馆技术创新的展示场所。

总之，上海图书馆东馆不是一个孤立的建筑，它与上海所有图书馆、书店或阅读场所相连的同时，与国内外图书馆形成一个全球知识共同体。

上海图书馆东馆是全球第三代图书馆的典范，致力于将知识服务植根于社群之中，推进社群知识的分享、社群情感的交流和社群活力的激发。相信上海图书馆东馆作为一个成长中的有机体，将不断与时俱进，成为深受广大公众欢迎的复合型知识共同体。

（讲座时间：2022年6月）

第四讲

数字时代图书馆的文献信息资源建设

陈 力

【主讲人简介】

陈 力 国家图书馆原常务副馆长，现任中央文史研究馆馆员、四川大学历史文化学院教授。曾发表《公共服务中的图书馆服务》《数字图书馆资源建设刍议》《论数字图书馆的多元化资源建设》等学术论文，专著《中国古代图书史》入选国家哲学社会科学成果文库。

图书馆，顾名思义，就是利用图书，亦即文献信息，为读者提供服务的专业机构，是现代社会文献信息传播链中最重要的一环。图书馆作为提供文献信息服务的专业机构，文献信息资源建设是其最重要的基础工作之一，也是图书馆服务的必备条件。近几十年来，特别是进入21世纪以后，随着数字技术与网络技术的飞速发展，文献信息的产生、传播、提供、保存方式都已经发生了翻天覆地的变化，图书馆的服务方式、服务内容也发生了巨大变化。面对这些变化，数字时代图书馆的文献信息资源建设应当如何开展，这是一个需要认真思考的问题。

一、来自相关图书及研究报告的启示

在讨论数字时代图书馆的文献信息资源建设之前，我们首先推荐两本书和一份系列报告作为开场白。第一本书是《21世纪国会图书馆的数字战略》。该书是20世纪末，美国国会图书馆特别邀请英国国家图书馆的前任馆长为首的一批专家为其制定面向21世纪的数字发展战略。该书给我们的启示就是：图书馆要根据时代的需要，根据各馆的具体情况来制定各馆的发展战略和资源建设方针。不同类型、不同层级的图书馆，资源建设应该有不同的定位、策略和具体做法。以美国国会图书馆为例，它制定的数字发展战略可能和某个大学图书馆、某个公共图书馆制定的发展战略有很大不同。对于文献资源建设，美国国会图书馆、中国国家图书馆，需要考虑的是：为全国乃至全世界的读者提供服务，为全国乃至全世界的图书馆提供服务；既需要考虑为现在的读者提供服务，也要考虑为将来的读者提供服务。因此，它们的资源建设需要具有全国乃至全球眼光；它们对资源的系统性、完整性和长期保存等方面的要求，显然要比普通图书馆高得多。各馆在开展资源建设的时候，一定要结合各馆的实际来制定。对于其他图书馆适用的办法，可能对于我们自己图书馆就未见得适用。一切离开了各馆实际而制定的发展战略以及资源建设方针，都是有问题的。

第二本书是《理解媒介——论人的延伸》。该书是一本传播学领域的经典著作，作者是加拿大现代传播学的奠基人、记者麦克卢汉。麦克卢汉首先提出了"地球村"的概念，"媒介即是讯息""媒介是人的延伸"是这本书的主要观点。该书在20世纪60年代出版后立刻引起了学术界的热烈讨论。尽管学术界对该书褒贬不一，但毋庸置疑，该书在传播领域是具有划时代意义的。本讲无意对该书进行全面的讨论，但值得注意与思考的是，作者将媒介区分为"冷媒介"和"热媒介"，并分析了"冷媒介"和"热媒介"在信息传播过程中的不同特点以及受众不同的参与程度。虽然我们并不完全赞同麦克卢汉对媒介的具体划分方法以及特性的分析，但是，他的这种研究方法，对于我们在数字时代面对各种不同类型的文献如何分析、如何选择，是具有很大启发意义的：不同类型的文献各自有什么特点？各自有什么最佳的适用范围？读者基于不同的需要，最适于选择哪种类型的文献？换言之，图书馆在进行资源建设时，面对纸本图书、电子图书以及各种不同类型的数据库，应当如何选择？也许，对媒介的分类以及不同特点的分析，有助于图书馆做出合理、合适的选择。

OCLC系列年度报告。OCLC每年都会发布一系列年度研究报告。这些年度研究报告，具有很强的学术性和实用性，常常能给我们带来启发，值得关注。例如，OCLC 2003年度报告中有一个细节，就是对读者利用图书馆的成本进行了分析。通常，我们过去只关注图书馆的运营成本，很少从读者的角度去分析他们利用图书馆所需要支付的成本。OCLC这个报告就很好地回答了"读者为什么不愿到图书馆"这一问题。尤其是高校教师，宁可自己买书，也很少利用图书馆的藏书。因为，一个读者如果利用图书馆的时间成本太高，再加上交通工具的消费甚至餐费等，那么他实际利用图书馆的支付成本是很高的——这就使得他们可能宁愿选择自己购书也不愿到图书馆来看免费的书。像这一类的分析，对于我们思考图书馆的服务和资源建设，都是有启发意义的。

二、数字时代图书馆的新变化

讨论数字时代图书馆的文献信息资源建设，必须要分析：数字时代图书馆有哪些变化？对于图书馆文献信息资源建设有哪些新的要求？

（一）对数字图书馆的认识

什么是"数字图书馆"？学术界有很多不同定义。对于"数字图书馆"的不同定义，所反映的是人们关注问题的角度不同，解决问题的重点、思路不同。笔者认为，"数字图书馆"尽管涉及面十分广泛，但归纳起来，就是以数字技术、网络技术等新技术为工具、载体和媒介，收集、整理、保存文献资料和其他信息资源，并提供给读者利用的服务体系。数字图书馆服务体系涵盖数字时代一切可以利用的资源。不少人认为，数字图书馆的资源只是数字资源。但笔者认为，数字时代的资源，既包括数字资源，也包括实体资源，一切可以服务于读者的资源，都可以纳入数字图书馆的资源体系之中，并通过数字技术、网络技术，将不同类型、不同载体的资源连接、整合起来。数字图书馆是一个服务体系。这个体系可以是一个单一的图书馆，可以是很多图书馆的集合体，也可以是图书馆与其他机构基于共建共享原则构建的合作组织。如我国的国家科技图书文献中心（NSTL），就是不同部委、不同类型的图书馆共同构建的合作组织。中国高等教育文献保障系统（CALIS）主要是高校图书馆共同建设的文献信息资源与服务的共享平台，其用于服务的资源涵盖了数字资源、实体资源；但文献信息资源的组织、服务等，基本上是建立在数字技术和网络技术的平台之上。这也是一种数字图书馆。

（二）数字时代图书馆的变化

对于图书馆，数字环境所带来的变化很多。归纳起来，主要有信息环境的变化、读者的变化、图书馆自身的变化三个方面。

1.信息环境的变化

信息环境的变化体现在以下四个方面。第一，文献信息的类型更加丰富。现在的文献信息类型既包括纸本文献，也包括数字文献；既包括实体文献，也包括虚拟文献；既包括本地文献，也包括远程共享文献。从载体看，除了传统的纸本文献外，出现了新的文献载体，如音频、视频、缩微文件等。从存取文献的文件格式看，pdf、txt、html等各种新型文件格式不断出现。从传播方式看，早期的BBS、博客和当下的微信、微博、网络直播、抖音、推特等，都是新的信息传播方式。第二，文献信息数量急剧增加。第三，文献信息质量失控。在传统时代，文献的产生、发布、传播不易，因此一般文献通常都经过了十分严格的筛选。一本书要出版，一篇文章要发表，都经过了编辑的筛选和编辑加工；图书馆在采购时，还要经过图书馆员筛选。尽管筛选的标准、筛选的方法存在着争议，但从综合的角度来看，对于出版物的质量保证是具有正面意义的。而到了数字时代，几乎人人都可能成为信息的制造者、发布者和传播者——虽然也在一定程度上受到了网络管理的限制，但绝大部分信息几乎是处于失控状态的，其可信度大多很难验证。第四，文献信息的发现、存取更加困难。在传统信息环境下的传统图书馆，文献信息的发现、存取相对而言要简单得多。如要找一本书或一篇文章，除了自己收藏的文献信息资源以外，马上就会想到去图书馆获取。而现在不同，所需要的文献信息的存储，不仅仅限于图书馆，更多的是在互联网上。虽然Google、百度、必应等搜索引擎具有很强大的搜索能力，但是，有用的、可用的信息常常被淹没在信息的汪洋之中；且搜索引擎并不能判断信息的真伪、质量。同时，由于网络信息的不稳定性，随时存在着湮灭、被改篡的风险，对于读者的长期存取、利用有着巨大的风险；当然，更难做到信息和知识的积累、系统化了。

信息环境的变化，为图书馆提供了更丰富的资源；但与此同时，也给图书馆带来了新的挑战。第一，资源发现、选择和获取的挑战。在新信息环境下，文献信息的发现、选择和获取可能更加容易，也可能更加困难。更加容易，体现在选择余地很大，除了使用经费去购买资源外，很多资源可以免费获取。更加困难，体现在不确定因素更多，在信息汪洋中选择、获取和保存资源，对图书馆员的专业要求更高，对技术条件要求更高，还将面临各种管理方面的新问题。第二，资源组织、整序、整合更加复杂。传统图书馆文献的组织、整序，几乎可以用编目解决一切问题，图书馆员做起来得心应手。但在数字时代，文献信息的组织、整序和整合却要复杂得多。第三，资源存储方式发生变化。传统时代图书馆的信息几乎都是本地存储；而数字时代，异地存储、虚拟存储越来越普遍。由此带来了很多问题，如信息安全问题。尤其是虚拟文献，很容易丢失、湮灭。资源与文献信息内容的整合，也是一个很重要的问题。图书馆资源建设必须考虑资源与文献信息内容的整合，这是图书馆的核心价值所在。但现在由于信息环境的变化，图书馆资源内容整合却面临重大挑战。第四，知识产权保护带来的新挑战。信息社会，知识产权的保护尤其重要；没有知识产权的保护，必然会制约知识的创新。但是，现行的知识产权保护模式，基本上是传统知识产权保护模式的简单套用，在很多情况下制约了知识和信息的自由传播和有效利用，也给图书馆的文献信息资源建设和服务带来了新的问题和新的挑战。较之传统时代图书馆的文献信息资源建设，数字时代图书馆的部分权利受到了更严格的限制，甚至被剥夺。例如，过去图书馆购买图书以后，便对这本书拥有了完全的处置权，可以出借、可以收藏；并由于长期的积累，使得图书馆的资源得以系统化，从而形成了其他相关机构、个人很难与之匹敌的竞争力或者核心能力——这也正是图书馆的魅力之所在。而到了今天，情况发生了很大的变化，图书馆购买的数字产品，例如数据库，通常只是获得了对该数据库的有限使用权；当我们面对数字信息传播的苛刻限制时，当我们面对数字信息本身的不安全性时，当我们面对数据库制造商自身的不稳定性时，文献信息资源如何选择？文献信息资源如何积累并与其他数字资源、实体资源形成信息和知识的系统化馆藏？……这些都是数字时代图书馆在进行文献信息资源建设时必须要考虑的问题。

2.读者的变化

数字时代，读者获取信息的习惯与方式发生了变化。根据OCLC 2005年年度报告，84%的用户首先使用搜索引擎进行信息检索，只有1%的用户首先从图书馆网页进行信息检索。这个数据可能会因为时间、调查对象的不同而有所不同，但总的来说，与我们自身的感受是相吻合的。

数字时代，读者与图书馆之间的关系发生了变化。根据OCLC 2005年年度报告，信息的质量与数量是决定信息检索满意度的首要因素，用户对搜索引擎的评价高于对图书馆员的评价；图书馆用户更喜欢自助服务，大多数用户在使用图书馆资源的时候，不会向馆员寻求帮助。

读者对图书馆服务的要求发生了变化，OCLC 2003年度报告中有一句非常精辟的话：网络时代，读者对图书馆的要求是"服务越来越好，见面越来越少"。以前，读者要享受图书馆的服务，总是要与图书馆和图书馆员见面；图书馆人也可借此细分读者的类型，更准确地把握读者的需求并提供相应的服务。而数字时代，读者与图书馆之间面对面的联系被互联网隔开了，传统的直接交流变成了间接交流，甚至没有交流；而读者对图书馆的要求却越来越高，并且常常将图书馆的服务与搜索引擎、信息服务商进行简单的对比。

以前，无论是资源建设还是读者服务，用户分析、用户研究都是图书馆必须开展的工作。这也是图书馆服务的特点。我们都自认为图书馆最大的价值就是帮助读者发现、获取信息和知识。但是，到了数字时代，情况发生了变化，面对越来越丰富的文献信息资源，面对越来越多的信息与知识获取渠道，读者有了更多的选择；而图书馆与读者之间的关系发生了"异化"，图书馆的核心能力受到了空前的挑战。传统的资源建设模式和方法，传统的服务模式和方法必须要适应数字时代所带来的新变化，分析和研究读者的新需求、分析和研究新的馆藏结构与读者新的需求之间的关系，成为数字时代图书馆资源建设的新课题。

3.图书馆自身的变化

数字时代，图书馆的新变化使图书馆自身地位面临挑战——图书馆作为文献信息服务机构的主角地位正在发生变化。在前数字时代，图书馆几乎是公共文献信息的最主要来源。而到了数字时代，情况已经完全不同；互联网成为最大的信息集散地，各种专业且开放的互联网资源，如"开放获取"（OA）资源所提供的数字化服务，免费又方便。各种现代的信息服务商以其更加专业、更加灵活的服务，常常让图书馆相形见绌。同时，图书馆自身也在发生着巨大的变化。传统图书馆通常是一种自我保障很完备的系统；但是，各种各样的"业务外包"已经彻底地改变了图书馆，从文献采访到文献编目，从阅览室服务到图书外借，从设备运维到安全保卫，"外包"可以说深入图书馆的各个业务环节。这些都是数字时代图书馆资源建设时所面临的新问题、新挑战。

三、数字时代图书馆文献信息资源建设的意义及价值

（一）数字时代图书馆文献信息资源建设的意义

1.文献信息资源是图书馆服务的基础

"文献信息资源是图书馆服务的基础"，看似简单的一句话，其内涵却是很丰富的。当下图书馆的服务越来越多，但是哪些是图书馆的"主业"，哪些是图书馆的"副业"？哪些属于"跨界"？不是说图书馆服务越多越好，服务面越广越好。一个健全的社会是有分工的，专业的机构做专业的事，不仅能提供更好的服务，也能促进社会有序、全面发展。笔者曾参加过不少图书馆的战略规划会、业务研讨会，图书馆将展览、演出作为服务内容甚至是服务"亮点"是很普遍的现象。我常常思考，也曾提出请教：图书馆的主业或者核心业务是什么？图书馆的展览、演出与专业的展览馆、博物馆和文艺演出团体有什么区别？它们与图书馆的核心业务的结合点在什么地方？图书馆跨界服务要把握好"度"。跨界过度，未必能提供比专业机构更好的服务，甚至可能是对公共资源的浪费，因为非专业的服

务比专业服务耗费的社会成本要高得多。归根到底，图书馆的服务是基于文献信息的服务，这是图书馆服务的核心、主业。无论是传统图书馆还是数字图书馆，其服务都是直接或间接依托文献信息资源的。离开了所依托的文献信息资源，也就失去了图书馆的基本特点，图书馆也就失去存在的价值了。

文献信息资源是图书馆服务的基础，图书馆资源建设要遵循"所有"和"所用"并重的原则。"不求所有，但求所用"曾经是一句在图书馆界非常流行的话——其出发点也许有些道理，但实际上却误导了很多图书馆。更准确地说，是误导了图书馆上级领导部门、领导干部，结果便是：既然可以共享，图书馆还需要那么多经费买书吗？

2. 所有的文献信息资源都是有用的

讨论文献信息资源是"有用"还是"无用"，本身就是一个荒谬的议题。一种文献，对于有的读者是无用的，但对另外一些读者却是有用的；今天没用，也许突然哪一天就有用了；从这个角度看，这种文献也许没用，但换一个角度，文献就变得大有用处了。"所有的文献信息资源都是有用的"，这句话看似简单，实际上涉及对图书馆性质、任务的认识和理解，也涉及图书馆业务的许多方面，如文献信息资源建设、文献信息资源保存。关于文献信息资源建设，时下流行一种做法："你看书、我买单"——一些图书馆放手让读者自己去选书（当然有的图书馆附加了一些条件），图书馆要做的就是"买单"付钱。分析起来，背后的原因其实是对图书"有用"或"无用"，"今天有用"还是"未来有用"认识的偏差。更进一步说，则是对图书馆性质认识上的偏差。

关于文献信息资源保存，曾有专家提出，基层图书馆的主要任务是服务，没有长期保存资源的职责；至于保存文献信息资源，那是国家图书馆和省级图书馆的工作。当然，对于国家图书馆、省级公共图书馆来说，在保存文献方面必然要承担起更重要的职责。但是，对于基层图书馆，哪怕是乡镇、社区公共文化服务中心，保存资源也是其工作内容之一。因为，这是它们服务读者的必备条件、"本钱"——书没有了，它们靠什么来服务呢？同时，对于基层图书馆来说，它们不仅仅要提供新书、畅销书的借阅服务，更要提供经典图书的借阅服务。"四大名著"、中国古代的其他经典著作、外国的经典著作，已经存在几百甚至几千年了；它们之所以被称为"经典"，就是因为它们对于人类具有普遍、永恒的思想、文化、学术、艺术价值。

无论是国家图书馆，还是基层图书馆，其文献都是有用的，都值得保存。图书馆文献剔旧，是剔除复本量过大、破损并失去使用价值的文献，而不是完全不保存旧文献。图书馆只有"未用"的文献，没有"无用"的文献。图书馆存在的重要价值之一就是应读者不时之需。图书馆馆藏文献，今天没有读者，不见得以后没有读者，只不过今天这些读者没有使用这些资源而已。

3.共建共享与图书馆文献资源建设

文献信息资源共享对于图书馆的意义自然十分重要。从实质上看，图书馆本身就是基于"共享"理念而产生、存在的。否则，自己看书自己买，有个人藏书就可以了，还要图书馆干什么？"共享"也几乎是一切公共服务的基本属性。

图书馆的资源"共享"必须与"共建"联系在一起，不能只"共享"别家的资源，而自己没有让人家来"共享"的资源。问题的关键是：落实到具体的图书馆，"共建"的具体内容、方式如何。在实践中，我们常常看到，对一些使用频率高的、学科核心文献，大家都愿"共建"，而对于那些使用频率不高的、非核心文献，都希望人家去"共建"，自己"共享"就可以了。这个问题几乎是一个无解的"套"，也是近几十年图书馆界"共建共享"开始轰轰烈烈，最后虎头蛇尾的主要原因之一。

图书馆资源"共建共享"是必需的，但不可夸大；否则，受损害的是读者和图书馆自身。在实践中，有的图书馆沉迷于"共建共享"的幻想之中，但读者对图书馆"共建共享"的评价，常常远不如图书馆的自我评价。其中一个重要的原因是，"共享"是有条件的，有成本的（包括时间成本），即使是在网络时代也是如此。图书馆往往把实现"共享"看作是自己的工作成绩、对读者提供的帮助，而读者则常常将其视为"麻烦""不便"。因为对读者来说，想要什么，马上就有什么是最理想的，让他等一段时间并且还不知道最终是不是能够得到，当然是一种麻烦。

实现文献信息资源共建共享，在中国的现实环境下，除了政府主导以外，另一个解决的途径可能是建立图书馆的"基本藏书"制度。在图书馆进行资源建设时，要考虑哪些是本馆应该自行购买和采集的，哪些可以通过共享的方式来解决；并且，将这些原则、思路明确告诉读者，将有助于读者理解图书馆。法国国家图书馆向所有读者开放，但前提是只提供其他图书馆所没有的文献。这种制度，看起来过于生硬，但是得到了读者的认同。这难道不是一种很好的借鉴吗？

（二）数字时代图书馆文献信息资源建设的价值

数字时代，图书馆的文献信息资源仍然具有其他信息源所不具备或难以相比拟的优势。

第一，图书馆的文献资源是经过筛选的，因此其优势之一在于权威性。当下文献信息资源复杂多样，如果不经过筛选，就会出现鱼龙混杂的问题，甚至导致劣质资源淘汰优质资源。这也是图书馆资源建设工作的重点。互联网信息虽然丰富，但最大的问题是没有经过筛选，质量极其不可靠。从本质上说，图书馆的文献信息资源建设首先是资源筛选的过程。

第二，图书馆的文献信息资源处于有效的控制之下，具有较高的安全性和可存取性，可靠性优势明显。互联网信息安全性不高，很可能随时消失。海量而无序的信息，有时哪怕是经验丰富的用户也很难找到相关信息。

第三，图书馆文献资源是经过长期积累形成的，涵盖了不同的类型，文献信息具有系统性和完整性。图书馆资源建设的系统性和完整性，是图书馆资源建设时必须优先考虑的因素，也是体现图书馆资源建设水平最重要的指标。尤其是对于研究性、学术性图书馆，如果资源不完整、不系统，图书馆的利用价值是非常低的。

第四，图书馆文献资源经过科学组织整序，便于知识发现和利用。无序的资源，只有经过科学组织、成为有序资源，并得到充分揭示，才是可用的资源。一些图书馆由于基础业务差，购买资源之后，不能及时编目，读者根本就找不到这些资源——这是一个相当普遍的现象。文献编目的意义不仅仅在于让读者能够方便地找到这些图书，更是通过对资源进行有序组织，使得不同载体、不同类型资源之间的内在联系，能被发现和揭示出来。因此，图书馆对文献整序的实质，就是揭示资源之间内在的联系。数字技术能够帮助图书馆员更方便地发现与揭示不同类型、不同载体文献之间的相互关系，数字技术能够更方便地将显性和隐性的知识关联起来。离开了文献编目，图书馆资源便不能被发现、利用，文献的价值不能被充分发挥；离开了借阅服务，所有的文献只不过是一堆纸或者"0""1"两个数字而已。正如《大趋势——改变我们生活的十个新方向》的作者奈斯比特所说："失去控制和无组织的信息，在信息社会里不再构成资源；相反，它成为信息工作者的敌人。"这是一个很精辟的论断。

四、文献信息资源建设的基本要求与原则

文献信息资源建设的基本要求与原则，适用于传统时代的图书馆，也适用于数字时代的图书馆。

（一）图书馆文献信息资源建设的基本要求

1.根据各馆的性质、任务，明确资源建设的方针、范围和重点

笔者曾经在四川大学图书馆工作了13年，其中11年是与文献采访工作直接相关的。大学图书馆资源建设的目标是很明确的——服务于学校的教学和科研；资源建设的重点也是明确的——既要满足本科生、研究生学习的基础需要，也要满足学校重点学科建设、重点研究课题的需要。2001年，笔者到了国家图书馆，并在此工作了18年，直到退休。在国家图书馆工作期间，一直分管全馆的资源建设。国家图书馆的文献信息资源建设，和四川大学图书馆的文献信息资源建设既有一般图书馆的共性，但更多的还是国家图书馆作为国家最终的文献保障基地与一般高校图书馆、公共图书馆、专业图书馆所不同的个性。在国家图书馆工作期间，笔者长期负责联系中国图书馆学会，与其他大学图书馆、公共图书馆、专业图书馆以及中小学校图书馆等都有比较广泛的联系，也感受到了不同类型、不同层级图书馆在资源建设方面的共性与个性差异。如果说一般大学图书馆、公共图书馆的资源建设是由其服务决定的，那么对于国家图书馆来说，决

定资源建设的因素，既有现实服务的需要，但还要考虑更多的因素：国家图书馆是国家的总书库，不仅要考虑现在读者服务的需要，还要考虑为子孙后代服务的需要；国家图书馆每年接待的到馆读者数百万人次，但是，国家图书馆服务的意义远远不止于此，作为"图书馆的图书馆"，为全国乃至全世界的读者提供服务是其最重要的使命。从服务性质上看，国家图书馆的服务更多是属于"保障性"的，其所藏数量可能远远超过到馆服务所需的数量，但它的意义却远远超出后者。"人有我有，人无我有"，"养兵千日，用在一时"，就是国家图书馆资源建设所追求的目标。同样，以省级公共图书馆和县级公共图书馆为例，虽然它们都是公共图书馆，但在资源建设方面，应该有不同的定位。对于省级图书馆来说，文献信息资源建设需要考虑的是全省范围内的文献信息资源保障问题；这和一个县级图书馆资源建设目标自然很不相同。曾经有一段时间，一个省会城市图书馆因其服务好而广受赞誉；于是有一些专家将这个市级图书馆的服务来比对省图书馆的服务，对省图书馆提出了严厉的批评。笔者认为，那个市级图书馆受表扬是应当的，因为它做了并且做好了一个市级图书馆应该做的事情；但对省级图书馆的批评未必公允。因为，省图书馆与市图书馆应该有不同的服务定位。要批评省图书馆，就得根据省图书馆的服务定位、用省图书馆的标准去衡量；否则，有了市图书馆，还要省图书馆干什么呢？资源建设也是同一个道理。

由此，我们关于资源建设的一个基本观点是：图书馆的资源建设，必须根据各馆的性质、任务，明确资源建设的总方针、范围和重点，既要符合图书馆资源建设的一般规律，也要根据各馆实际，具有自己的个性。而不同类型、不同层级以及各个不同的图书馆在资源建设方面的"个性"，既是图书馆资源建设"共建共享"的基础，也是各个图书馆贴近读者需要的基础条件。

2.综合各方面因素，科学制定资源建设的策略

在文献信息资源建设中，一个非常现实的问题就是：有时我们不得不在数字资源与实体资源之间进行选择。有人说，数字时代，资源选择当然应该以数字资源为主；有人说，虽然是数字时代，但在阅读舒适性方面，数字资源远不如纸本资源。甚至，经常有人把低概率事件放大，

用某一位或某一群读者的意见代替大多数沉默读者的意见，代替图书馆员的理性思考。

文献信息资源建设的策略，是一个需要综合各方面因素、平衡协调的产物。凡事都有利有弊，有的短期有利而长期有弊，有的当下受到的批评较多但有利于未来长期的服务——这些都需要图书馆员，特别是图书馆馆长根据各馆的服务定位，根据信息环境的变化、读者的需求、不同载体文献（媒介）的特点来综合考虑；需要调研，需要知识，需要智慧，更需要勇气。因为，我们的决定，有时可能会招致部分读者的反对，而反对的读者是一定会发声的、是会向领导反映的，图书馆、图书馆馆长会面临来自不同方向的压力。相反，赞成的读者，通常就是那些沉默的大多数。因此，图书馆馆长在组织制定资源建设策略的时候，需要专业的知识，更需要担当的勇气。

3.充分听取读者的意见，自主开展资源建设

图书馆人经常说："读者是上帝"。这句话无疑是正确的，但问题是这里所说的"读者"是一个集合的、抽象的概念，是由一个个不同的读者个体共同组成的，而不同的读者，可能有不同的需求。在资源有限的情况下，如何满足不同读者的需求，常常是一个困难的选择。

最近几年，"你看书，我买单"可以说"风行天下"，政府鼓励，市民高兴（选到书的市民），图书馆自然乐于从事。我们认为，如何看待这种现象，如何在具体的工作中，把好事做好、做正确，还需要有理性的思考。

"你看书，我买单"现象的出现，是有原因的。一方面反映了图书馆文献资源建设与读者服务脱节，文献资源建设质量不高的问题。另一方面，也与人们对图书馆服务的认识偏差有关。有的人看见图书馆读者不多，便归咎于购书质量不高。在一些政府官员看来，既然给了图书馆购书经费，当然希望看到有立竿见影的效果；况且，在很多时候，政府拨钱给图书馆买书，然后指定读者从同样是政府主管的新华书店选书——政府满意、选书的读者满意、新华书店满意，而其中的隐忧便被忽视了。首先，能够到书店自己选书的读者，能够代替那些没有或者不可能参与选书、数量更为庞大的读者（包括未来的读者）行使权力吗？对于一个县级

图书馆来说，需要服务的读者可能有几十万、上百万，但真正能够自行选书的人有多少呢？其次，图书馆的文献资源建设直接关系到图书馆的服务水平，如何选择合适的图书，需要有较高的专业水平；既要考虑公共服务的需要，也要评估图书的质量，还要考虑馆藏图书的系统性，等等。图书采访、资源建设，不是单纯的商品买卖，图书馆员也不应该被看作是"跑堂"和替人"买单"结账的人。

公共图书馆服务，是公共服务的重要组成部分，应当遵循公共服务"普遍均等"的基本原则。当然，这里所说的"均等"，主要是指机会均等。公共服务还有一些基本要素，大家可以自行去参考相关文献。关于"你看书，我买单"，首先应当遵循公共服务的原则，按照公共服务的要求去完善相关的管理规定，避免"公器私用"，避免个别读者的个性化需求过多占用公共资源。读者个人要看什么书，是一种个性化很强的需求；图书馆在提供读者服务包括在进行文献资源建设时，当然应当尽可能地满足读者的需求。但是，读者的需求常常会超出公共服务的范围，常常会超出公共财政所能承受的范围。同时，对个别读者个性化的需求，需要平衡、综合考虑。而对于上述现象，唯一有权、有责任做决定的，便是图书馆员。因为，图书馆员在开展文献信息资源建设时，所代表的是公众利益。图书馆员对已有馆藏、行业共享状况的熟悉了解，对于文献信息收集、分析、挖掘、判断的专业知识，可以更合理地解决相关的矛盾。

充分听取读者意见，自主开展文献信息资源建设，是图书馆员的职责。履行这个职责也是需要勇气的，当然，也需要专业知识。

（二）图书馆文献信息资源建设的基本原则

1.针对性原则

针对各馆服务定位，确定文献信息资源建设的方针。先以国家图书馆为例。国家图书馆的服务定位是为中央和国家领导机关、社会各界及公众提供文献信息和参考咨询服务。这就决定了国家图书馆资源建设，既要满足为国家领导机关及社会各界提供参考咨询的专业服务，也要满足公众基本公共文化需求。再以高校图书馆为例，根据2015年教育部印发的《普通高等学校图书馆规程》，高校图书馆在学校人才培养、科学研究、社会服务和文化传承创新中发挥作用，为全校师生获取各类信息服务。这就决定了各高校图书馆，需根据本校在人才培养、科学研究、社会服务和文化传承创新方面的实际需要，开展文献信息资源建设，并积极参与各种资源共建共享，发挥信息资源优势和专业服务优势，为社会服务。

同样，专业图书馆、不同层级的公共图书馆，因其服务对象不同、服务范围不同、服务职能不同，在资源建设上应当有各自的针对性和特点。

2.系统性原则

保持馆藏资源的系统性非常重要。笔者在国家图书馆工作的时候，去过很多图书馆。有些图书馆做得非常好，资源的建设很有系统性；读者到馆后，在研究特定问题、查找特定文献时，能较好满足需求。而有的图书馆藏书七零八碎，完全没有系统性。国家图书馆在一段时间由于经费紧张，需要减少购买外文文献。基本选择方式有两种：根据经费缺口，每个学科同比例削减经费。这种方法比较简单，但是可能使得每一个学科的文献都失去了系统性和完整性；而一些学科文献，一旦失去系统性和完整性，即使是还剩下一些文献，其价值也会大打折扣，甚至失去文献价值——尽管花的钱少了，但也是浪费。还有一个选择，就是根据国家图书馆自身的性质，尽可能保证某些学科文献的系统性、完整性。对于一些属于需要为全国提供保障性服务的文献，虽然可能利用率不够高，也要尽可能保留。这种方式，在馆内馆外都会面临很大压力。后来经过反复斟酌，还是选择了后一种方式。对于学术性图书馆和研究性图书馆，文献信息资源的完整性和系统性是非常重要的。笔者以前在四川大学图书馆工作时也发现，如果某个学科的重点期刊入藏率达到了70%—80%，就会受到读者欢迎。一旦该学科重点期刊订购率下降到30%或者以下，即使是剩下的期刊，也基本上没有什么用处了。

3.兼顾性原则

图书馆是公共文化服务体系的重要组成部分；根据各馆读者实际需求建设文献信息资源体系，满足公众基本公共文化需求，是图书馆平衡与充分发展的需要。公众对文献信息资源的需求具有多样性及差异性，图书馆在开展文献信息资源建设时要考虑不同情况，统筹兼顾。要兼顾实体资源和数字资源，二者构成比例要适度；要兼顾本地资源和虚拟资源，以本地资源为主，共享虚拟资源为拓展及补充；要兼顾重点特色学科与一般学科，既能保证重点特色学科读者的需求，也能保障非重点学科读者的基本文献需求。总的说来，各图书馆要根据自己的实际情况，把握与制定兼顾性原则，全国或全行业不可能也不应该有统一的标准。

4.经济性原则

图书馆的文献信息资源建设，要注意把握文献信息资源市场供给情况，科学分析诸如数字文献如数据库等产品的价格、利用方式等；还要通过图书馆间的合作共享，降低采购成本。对于文献资源建设，经费是很重要的因素。但在文献采购时，图书馆常会受低价误导。比如某一个数据库，尽管报价非常便宜，但因为其使用率低，所以其实际使用成本是非常高的。笔者在国家图书馆工作的时候，常有数据库商来推销产品。推销商总是说，我这个数据库有多少资源（比如100万篇学术论文），但价格只有多少（比如10万美元），平均每一篇有多低（比如仅10美分）；北京大学图书馆、清华大学图书馆我都是卖10万美元，给国图也同样的价格。但笔者认为，不能这么算账，要根据数据库实际被利用的情况来算细账。尽管这个数据库有百万篇文章，学术水平也确实都很高，但还是需要具体分析。如果该数据库仅提供馆内使用，不能提供远程访问，不但会大大减少数字资源的优势，而且还会大大增加读者利用图书馆的时间成本。从国家图书馆来看，如果这个数据库许多高校图书馆和专业图书馆都已经订购，真正不怕路途遥远到国家图书馆来利用这个数据库的读者是很少的。所以，尽管表面上看起来你的数据库分摊到每篇文章的价格很低，但分摊到每篇实际被使用的文章上，价格是非常高的。因此，把握、落实经济性原则，需要做很细致的工作，需要对每一种文献、每一种数据库进行具体分析和研究。

5.共享性原则

图书馆是因共享机制而产生的服务机构。图书因为甲读者可以阅读，乙读者也可以阅读，不会因为阅读的人多了而使得图书的内容灭失（图书破损除外）。正是由于图书的这个可共享的特性，才会有图书馆这种机构存在。数字时代，情况发生了一些变化。由于数字版权保护的原因，资源可能会按次付费。但是，如果数字资源的规模太小，资源不易管理、维护，也不便提供服务，因此，数字资源大多以大型数据库的形式存在。这就需要有新的共享机制来摊薄资源管理、服务、利用的成本。数字资源的共享，是传统图书馆共享机制的延续与发展。

目前，我国高校图书馆、专业图书馆、公共图书馆已经建立起了不少资源和服务的共建共享合作组织、合作机制，如CALIS、中国高校人文社会科学文献中心（CASHL）、NSTL。在世界范围内，也有不少这类组织和合作机制，如世界数字图书馆（WDL）、欧洲数字图书馆（Europeana）等。

共享性原则，不仅是要考虑利用别人的资源，也要考虑本馆如何为别人提供共享服务。否则，谁和你共享呢？对于研究性图书馆、专业图书馆和大型公共图书馆等有条件的图书馆，加强某些领域、学科的特色资源建设，就是合作共享的最佳参与方式。即使是一些小型的基层公共图书馆，加强地方特色文献的建设，也能为合作共享作出自己的贡献。

五、文献信息资源建设的方法

（一）"两并重，两优先"

对于不同类型、不同层级的图书馆来说，文献信息资源建设面临着不同的问题；如何解决，笔者将其归纳为"两并重，两优先"。"两并重"是指实体资源和数字资源并重，实体馆藏和虚拟馆藏并重。"两优先"是指基本藏书优先，地方文献优先。当然，所谓"两并重，两优先"，可能更适合于公共图书馆。相对于大学和专业图书馆来说，公共图书馆资源建设面临着更困难、更复杂的选择：第一是经费有限，人手有限；第二是读者分布广，职业、年龄等情况更为复杂，需求变化既快且多样化。在有限的人力、物力、财力情况下，公共图书馆要满足读者需求，会比专业图书馆、大学图书馆面临更多的挑战。

1.两并重

基层公共图书馆信息资源建设，除采用"两并重"外，不同层级的公共图书馆，应该有不同的资源建设重点；不同地区公共图书馆，也应该有不同的资源建设特点。资源建设不应该墨守某一特定模式，要从各馆实际出发。具体实际操作来说，基层图书馆满足大众阅读的资源，建议以实体资源为主——这是和普通公众的使用习惯相关的。基层图书馆的数字资源，以共建共享的模式为主。笔者并不主张县级图书馆大量购买数字资源。根据调查，基层图书馆利用数字资源的效率很低。建议以省馆或市馆为单位购买数字资源，在本区域内共享；而不必每一个基层图书馆单独购买数字资源。笔者还建议基层图书馆应重视本地实体资源和数字资源的采集、整理和保存。

2.两优先

（1）基本藏书优先

公共图书馆，特别是基层图书馆，应当围绕"基本藏书优先"的原则来开展资源建设，合理分配资金。

"基本藏书"是基层图书馆藏书的基础与重点，基本藏书应该具有永久性、经典性和普适性。所谓永久性，指的是图书的时效性很长，不易过时；所谓经典性，主要指的是适合大众阅读的经典图书，如经典的文学、文化、科普作品和少儿读物等；所谓普适性，是指图书内容适合普通大众，而不是面向某种特定人群。一些基层图书馆片面强调特色服务、重点服务，把大量资金用于受益面很窄的服务。笔者曾经去过一家县级公共图书馆，年购书经费仅10万元，但因据说该地是曹雪芹的祖居地，遂花了30万元建了一个《红楼梦》专题阅览室，并且不对外开放。笔者认为，尽管特色服务和重点服务有其价值，可对于基层公共图书馆来说，面向普通公众才是最基础、最重要的服务；特色服务和重点服务只是锦上添花的服务。公共图书馆服务应该有重点，但重点应该是保障弱势群体的文化权利，而非重点产业。有些地方公共图书馆，会根据本地产业结构确定重点服务对象——虽然有一定的合理性（因为既然产业集中，可能相关从业者对于相关文献的需求也较多），但思考问题的出发点有问题。笔者曾经和一位基层公共图书馆馆长讨论过这个问题。该馆长认为，他们所在区域的财政税收主要来自制鞋业，图书馆就应办成鞋类图书馆，收集所有关于鞋的设计、制造、营销等文献。我们认为，税收是社会二次分配的问题；而公共服务的基本原则是"普遍均等"，不能说谁纳税多，谁就应该享受更多的服务。

鉴于我国基层图书馆普遍缺乏专业的采访人员，所掌握的图书信息不多，笔者曾推动相关行业组织如中国图书馆学会或其下专业分会，组织编纂《基层公共图书馆基本藏书目录》，每年补充更新，作为基层公共图书馆采购文献时的参考。但因面临诸多实际困难，成效甚微。

（2）地方文献优先

地方文献是记录某一地方知识与信息的文献，涉及本地的历史、地理、政治、经济、军事、文化、风俗、物产、人物、名胜古迹等。它既是人们了解与研究地方状况的重要文献，也是促进地方经济社会发展的重要资源。地方文献包括纸本的、数字的以及其他实物类型的。地方文献的建设，可以通过购买、采集、制作等方式获得。地方文献是国家文献保障体系中最重要，也是最难以获得的文献，这也是全国范围内文献保障体系建设的短板。县级公共图书馆（基层公共图书馆）应该成为地方文献最重要的贡献者。以地方报纸为例，根据采访、馆藏和整理加工能力，国家图书馆只能够采集到地（市）一级的地方报纸；而对县级地方报纸，国家图书馆没有能力去采集、保管。如果县级图书馆不保存本地报纸的话，再加上省级图书馆也没保存，就会造成很大的文献缺失。《中华人民共和国公共图书馆法》第24条规定，政府设立的公共图书馆还应当系统收集地方文献信息，保存和传承地方文化。法律规定如此，地方公共图书馆进行资源建设时应当依法实行地方文献优先的策略。地方文献优先，要重视非正式出版物。地方文献很复杂，类型也很多，包括地方政府出版物、民间社团出版物、民间个人出版物等。当前，文旅融合发展很快，笔者建议基层公共图书馆要抓住文旅融合的契机，在地方文献收集、制作、服务方面开辟新路。如果能将地方的特色文献，如有关风土、典故、特色物产、特色美食等的文献，收集并整合起来，当游客进入该地区就可以通过移动终端将上述内容推送给游客——这对于地方旅游可能会有很大的促进，同时也能促进地方社会经济的发展。

（二）处理好文献信息资源建设的各种关系和问题

1.重视网络资源的发现、利用和长期保存

现代图书馆服务是一个体系，文献信息资源建设以及服务等，都要有

"天下观念"，而不是局限在本馆。图书馆员最大的价值在于资源发现、资源采集、资源组织、资源保存以及为读者提供服务。当前，很多基层公共图书馆甚至一些大学图书馆，一方面资源采购经费非常有限，另一方面又有很多免费的资源没有得到充分利用。如何发现和利用互联网资源，是解决当前困境的一个现实有效的途径。以国家图书馆网站为例，该网站上发布的古籍数字资源超过了8万种，民国时期文献也超过了8万种，还有其他资源难以细数，其中包括大量向全国免费开放的商购资源。其他国外网站，如DOAJ（Directory of Open Access Journals）等，都有大量免费、专业的文献可以利用。除了上述这类大型的专业共享网站以外，互联网上的海量信息，如果善加选择，也能够为我们提供不少有用的资源。如百科网站（如百度百科、维基百科）、专业博客、科普微博等免费互联网资源，也都是基层图书馆可以充分利用的资源。网络资源的最大问题在于它的安全性；互联网资源的长期保存也是一个十分艰巨的任务，国家图书馆、省级公共图书馆、有条件的大学图书馆和专业图书馆，应该承担更多的责任。

2. 重点解决服务中的三个问题

图书馆资源建设，目的是服务。在很多情况下，资源建设的问题不是出在采购环节，而是出在编目环节、服务环节；如果编目跟不上、服务跟不上，资源建设的成效便要大打折扣。与资源有关的服务问题，最常见的有三类。第一，读者不知。读者不知道本馆有哪些资源，可以利用哪些馆外资源——这与宣传引导有关，也与文献编目、文献揭示有关，当然，也可能与读者的信息素养有关。第二，读者不会。图书馆有很多资源，但读者不会使用，尤其是数字资源，他们不懂检索技巧，不会访问下载。第三，读者不便。一些图书馆管理制度很严，这当然是保障服务的需要。但是，这又常常给读者利用文献、利用图书馆的服务带来了不便。少数图书馆为了自己管理的方便，层层设卡，进一道门验一次读者证、身份证，进一个数据库输一次密码；就像进公园，进一道门，收一次门票或者验一次门票，令读者厌烦。可以说，有些图书馆的管理制度，限制了读者利用图书馆的资源与服务，这也是图书馆与读者之间发生矛盾的一个重要原因。图书馆的制度设计，需要平衡有序服务与方便读者利用之间的关系，不能

因为万分之一的读者不守规矩而让万分之九千九百九十九守规矩的读者来
承担后果，更不能因为减少图书馆员的管理责任而让读者不方便。

六、结 语

数字时代，社会的方方面面都发生了巨大的变化。信息环境的变化、
读者的需求以及利用文献信息方式的变化，使得图书馆在信息传播链上的
角色也发生了变化。这些变化，给图书馆的文献资源建设提出了全新的要
求。"与时并进"是数字时代对图书馆文献资源建设的时代要求。

不同类型、不同层级的图书馆有着一般图书馆所具有的共性，但因其
主要服务对象、服务重点不同，应当有不同的资源建设方针与重点。

现代图书馆早已不是一个孤立存在的机构，互联网把一个区域、一个
行业乃至整个世界联系在一起，形成了一个网络。文献信息资源建设也应
当适应这种变化，充分利用网络资源，与其他图书馆一道开展资源与服务
的共建共享。

社会变了，图书馆也变了，但图书馆作为以文献信息为基础，向公众
提供公益性服务机构的基本属性没有变化。在开展文献信息资源建设时，
作为公众利益代表的图书馆员，应当广泛听取读者意见，自主地开展文献
信息资源建设。

随着社会发展和技术进步，公众对图书馆服务的要求越来越高，对文
献信息的采集、整序、揭示、典藏、服务的要求越来越高。因此，我们需
要一支与时代相适应的、高水平的图书馆员队伍。

［原载于《西华大学学报》（哲学社会科学版）2020 年第 4 期］

第五讲

图书馆信息组织实务

司　莉

【主讲人简介】

　　司　莉　武汉大学珞珈特聘教授，博士生导师，图书情报专业硕士学位项目负责人。国家级线上一流课程"信息组织原理与利用"负责人。主要研究领域为信息组织、知识组织与知识管理、图书馆营销与服务等。出版著作16部。

一、信息组织的含义与方法

（一）信息组织的含义

　　信息组织是根据检索和获取的需要，采用一定的规则、技术与方法，对信息进行揭示和序化的过程。其核心内容是对信息的描述、揭示及序化。信息组织包含三个要素：第一，采用一定的规则、方法和技术；第二，揭示信息和序化信息联系在一起；第三，信息组织的目的是信息的检索与获取。

（二）信息组织的必要性

信息组织是检索的基础。在一个信息系统中，信息组织是依据信息资源的主题内容或外部特征，将无序的信息资源组织为有序集合的过程，也就是建立信息检索系统的过程。而信息检索是根据检索需要，从检索系统中检出相应信息的过程。信息检索是信息组织的目的和归宿。只有对信息进行序化，才能有效地获取和利用信息资源。信息组织与信息检索，二者互相依存、互为因果。

二者的构成关系如图 1 所示。在对信息进行组织的时候，首先要对文献信息的特征进行分析，分析之后进行标引和著录，然后形成文献信息的不同标识。在进行信息检索时，要根据检索的任务或课题进行分析，形成检索策略，即检索提问。然后，把检索提问形成检索词，到检索系统中进行匹配。最后，获取检索结果就是检索的过程。只有建立起检索系统（信息组织的过程），才能实现有效检索（利用检索系统的过程）。

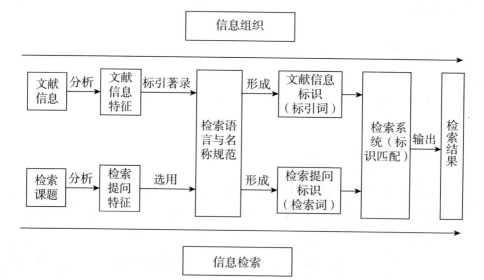

图 1 信息组织与信息检索过程图

（三）信息组织的方法

信息组织的常用方法有分类组织法、主题组织法、集成组织法三种。

1.分类组织法

分类组织法是根据某一特定的分类体系和逻辑结构组织信息的方法。其原理是按照一定的知识概念体系的树状等级结构或分面结构组织信息，从而使信息按照学科、专业、组面等逻辑顺序进行排列，形成信息的逻辑分类整序体系。下面举例说明。

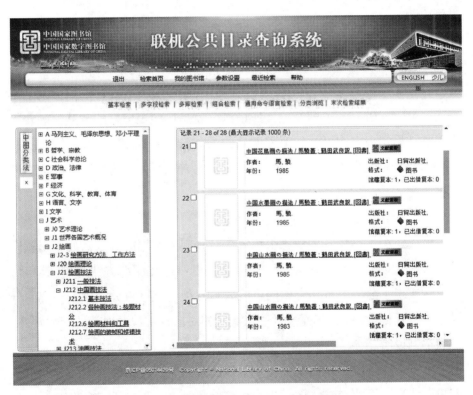

图2　国家图书馆的联机公共目录查询系统

图2是国家图书馆的联机公共目录查询系统的页面。在这个查询系统的页面里，可以看到"分类浏览"的词条，页面左侧显示中图分类法（全称为《中国图书馆分类法》，简称《中图法》）。比如，当读者需要查询有关中国画技法的文献，在检索框里输入"中国画技法"，可以查找到一些

相关文献。但是这种检索方式存在一定的弊端，即读者输入"中国画技法"查找到的，是题名里有关键词"中国画技法"的一些文献，题名里没有该关键词的文献无法显示。此时，读者可以使用分类浏览的方法进行查找。

2. 主题组织法

主题组织法一般指直接以表示文献主题的语词作标识，提供字顺检索途径，并主要采用参照系统揭示词间关系的标引和检索文献的方法。从检索语言的角度探讨，主题组织法就是主题检索语言，或称主题语言。下面举例说明。

ERIC 的全称是 Education Resource Information Center，中文名为教育资源信息中心。它是目前世界上最大的教育信息专题数据库。ERIC 网站有两种检索功能。第一，Search，就是输入检索的表达式，根据检索策略查询。第二，Browse，即浏览。所谓浏览就是按照规定好的链路，顺着等级浏览结构实现查询目的。ERIC 网站的 category 称为范畴，它和《中图法》是不同的。一般来讲，它的等级比较浅，共有三级，也是按照字顺范畴进行排序的。

3. 集成组织法

集成组织法是将各种信息组织方法结合起来使用的方法，如应用较广泛的分类主题一体化组织方法。就分类主题一体化组织方法的本质而言，该方法实现了分类语言和主题语言的兼容互换，能够将分类检索语言的分类号与主题检索语言的检索词（主题词）相对应，实现两者间的互相转换。下面举例说明。

关于集成组织法，这里主要介绍目前国内广泛使用的《中国分类主题词表》，简称《中分表》。图3是其电子版页面，主要包括三个界面：左侧界面是分类法到主题法的分类主题对应表的子窗口；中间界面是主题词到分类号的一个对应表的子窗口；右侧界面是一个词族表。从此图可以看出，《中分表》把分类法和主题法合在同一个系统里，可以同时标引分类号和主题词。

图 3　《中分表》电子版页面图

二、分类法和主题法的基本特征与作用

（一）分类法的基本特征与作用

1. 分类法的定义

（1）类的含义

物以类聚，何为类？类是指具有某种共同属性特征的事物的集合。

类在文献分类法里称为类目，类目是构成分类法的基本单元。其中表示类目的名称叫作类名，类目的代号称为分类号。

（2）分类的含义

分类是指依据事物的属性或特征来进行区分和类聚，并且把区分的结果按照一定的次序予以组织的活动。在情报检索领域一般指文献分类标引，它是依据一定的分类体系（文献分类法），根据文献的内容属性和其他特征，对文献分门别类地、系统性地组织与揭示的方法。

文献分类包含了三个方面的内容，第一是工具，第二是标准，第三是目的。

第一，工具。文献分类工具主要指文献分类法，又称分类检索语言，是将表示各种知识领域（学科及其研究问题）的类目按照知识分类原理进行系统排列，并以代表类目的数字、字母符号（分类号）作为文献主题标识的一类情报检索语言。文献分类由众多的类目组成，这些类目通过隶属、从属、并列等方式显示类目之间相互关联的一览表，被称为文献分类表。它是用来编制各种文献分类检索工具、分类排列文献以及进行文献分类统计的重要依据。

第二，标准。一般来讲，文献分类要以文献的内容属性或特征作为主要分类标准。文献的主要标准包括：学科门类及分支；学科的研究对象；学科的基本理论、原理、数据；事物的种类、成因、性质与相互联系；自然现象、社会现象与历史事件；实验、技法、生产工艺；研究对象、事物、事件等涉及的地域、时代与环境；等等。以形式特征（包括出版物的种类、工具书的类型、体裁、载体形式、编辑出版方式以及出版时间与地点等）作为辅助标准。

第三，目的。文献分类的目的就是对纷繁无序的文献分门别类地加以组织与揭示，从而使之系统化，为用户从学科角度查找文献提供检索途径，也为文献信息机构进行分类排架提供依据。文献分类具有族性检索、触类旁通的优势，它可以把相同的学科文献集中在一起，使相近学科门类的文献联系起来，将不同的学科文献加以区分。这样就把知识按照学科门类加以集中，便于用户浏览、检索。

2.分类法的类型

（1）体系分类法

体系分类法，也称枚举分类法、等级分类法等，是直接体现知识分类的等级制概念的标识系统。主要依据概念的划分与概括的原理，将文献信息内容及外表特征进行逻辑分类和系统排列，并赋以类号的方式建立起来，是一种将类目层层划分、等级分明的标记系统。最具代表性的是《中图法》。

（2）组配分类法

组配分类法，也称分面分类法、组面分类法、分析—综合分类法等。其构成原理为：主要依据概念的分析与综合，将概括文献、信息、事物的主题概念组成"知识大纲—分面—亚面—类目"的结构，按照一定的组配规则，通过各个分面类目之间的组配来表达文献主题。

（3）体系—组配分类法

体系—组配分类法，又称半分面分类法，是介于体系分类法和组配分类法之间的一种分类法。其特点是：基本上是体系分类法大量采用分面组配方法的结果，即大量使用各种通用复分表、专用复分表、类目仿分以及组配符号等，并且使分类号尽量保持分段的组配形式，在详细列举类目结构的基础上，广泛采用各种组配方式编制的分类法。

3.分类法的作用

第一，建立了分类检索和浏览的系统。从学科专业的角度出发，借助分类检索工具或者系统来实现，可以按照文献的学科属性或者其他显著特征来进行构建。

第二，组织分类排架，就是按照所采用的分类法的体系来进行排架，这是最常用的一种排架方法。

这里以国家图书馆的书目检索系统为例进行说明。如果想了解国家图书馆关于现代随笔和杂文的文献采购或建设情况，可以按照OPAC中的分类浏览路径进行查询（见图4）。首先，明确"随笔"和"杂文"属于"中国文学"，点击"I文学"，接着点击"I2中国文学"，然后点击"I26散文"，

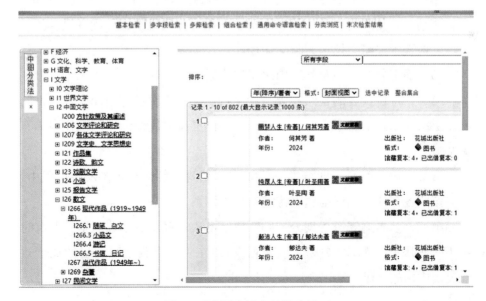

图4　国家图书馆书目检索界面

结果出现"I266 现代作品（1919~1949 年）"，然后继续点击其下位类"I266.1 随笔、杂文"，国家图书馆收藏的关于"现代随笔、杂文"的文献就全部显示出来了。

4.文献分类标准

（1）文献分类标准的含义

文献分类的标准，又称文献分类依据，是指划分某类文献所依据的某种属性特征。一般而言，文献分类均以文献内容的学科属性作为主要标准，以文献的其他属性为辅助标准。这些属性包括文献类型、载体形态、时代、地域、使用对象等。选用何种分类标准以及分类标准的运用次序，直接影响分类体系的结构与分类表的质量。

（2）文献分类标准的选择与运用次序

文献分类标准的选择，是指在可作为多种分类标准的属性特征中，选择某一种属性特征作为分类标准。可作为分类标准的属性特征是多方面的，选择哪一种作为分类标准，就能够将具有这种属性特征的文献加以集中，从而为用户提供利用这种属性特征检索文献的途径。例如，各种雕塑技法都具有"样式""体裁与题材""材料"等属性特征，如果选择"材料"作分类标准，各种雕塑技法的文献就可按木刻、木雕、石刻、石雕、金属雕刻、竹刻、竹雕、漆雕、泥塑、陶雕等分别集中，为读者提供从材料角度检索各种雕塑技法文献的途径。

（3）确定分类标准及其运用次序的依据

第一，符合读者的检索需求与检索特点。不仅要适应不同职业、不同文化层次的用户的检索需求与特点，还要能够按照用户的不同需要集中有关文献。

第二，按照学科专业分类一般规定。每门学科、专业在发展过程中，都会按照各自的分类标准建立特定的分类体系。

第三，基本遵守概念划分规则。要基本遵守概念的划分规则，但有时可不受其限制。如"2中国"就未列在"3东亚"类目之下，目的在于重点突出中国的文献。

（二）主题法的基本特征与作用

主题法的含义、类型、特征和作用，相对分类法来说要容易理解。

1.主题法的含义

主题法是一种直接用规范化语词作为概念标识，按字顺序列组织，并用参照系统等方法间接显示概念之间相互关系的揭示文献主题内容的方法。

主题法和分类法既有相同之处，也有不同之处。相同之处在于二者对概念分析的过程是一致的，不同之处在于二者对于结果的表达不同。分类法是用号码（分类号）作为概念标识，用分类体系和分类号直接显示概念之间的相互关系；而主题法是用语词作为概念标识的。

2.主题法的类型

（1）标题法

标题法是一部标题辞典，它将一个或几个相互限定的概念用规范化的自然语言的语词构成一个先组标题，作为文献主题的标识（在编表时就已固定组配了检索标识，即"先组式的"），然后以标题的字顺进行排列，并对标题建立相应的词间关系（同一关系、属分关系、相关关系等）的参照系统。

（2）叙词法

叙词法在我国又称主题词法。叙词，在我国又称主题词，是取自自然语言，经过规范化处理的、以基本概念为基础进而表达文献信息主题的词或词组。叙词表是叙词的总汇。叙词法是一种从自然语言中精选出来、以概念组配为基础、经过严格的词汇控制而发展起来的知识语义网。它一方面通过词间关系建立特定的概念，另一方面通过范畴表、词族索引为每一个概念在知识语义体系中进行系统定位。

（3）关键词法

关键词是指从文献题名、文摘甚至正文中抽取的，能够表达文献主题并具有检索意义的语词。关键词法是从文献题名、摘要或正文中，以人为或自动抽出、能够表达文献主题并具有检索意义的语词作为主题标识，并按字顺组织成索引，提供检索途径的方法。

3.主题法的特征

（1）使用规范化的名词术语。自然语言中的名词术语，要经过规范化的处理才能作为主题标识，这样直观性更强。

（2）按字顺排序和检索，易于使用。

（3）按照文献主题集中文献，检索特性较强。

（4）通过参照系统揭示主题之间的相互关系，建立词与词之间的语义关系。

（5）主题法对于文献的学科专业属性和范畴的揭示不如分类法；分类法系统性较强，主题法系统性较差。

4.主题法的作用

主题法不用于组织文献（不用于排架），只用于组织各种检索工具或建立检索系统。只有获得检索标识后的文献信息，方能按检索标识的逻辑次序加以组织，成为有序的集合，这样才能根据文献信息的内容特征进行检索。

获得检索标识的过程，也就是文献标引的过程。以主题词表或标题表为工具赋予文献信息的语词标识的过程，被称为主题标引。将标引的主题词按照字顺进行排列，就能够直接从事物、问题和对象入手，对文献信息进行特性检索。

主题法就是借助主题词表这类工具，对于文献信息进行标引，并按字顺进行排列，建立从语词入手的检索系统的方法。主题法主要用于建立主题检索系统。

三、《中国图书馆分类法》的使用

（一）《中国图书馆分类法》的版本概述

《中国图书馆分类法》（以下简称《中图法》）是为适应我国文献信息机构对文献进行整序和分类检索的需要，为统一全国文献分类编目创造条件而编制的。1975年，《中图法》第一版正式出版发行。它继承了《中小型图书馆图书分类表草案》的基本序列、基本大类、字母数字混合制、交替类目、总论复分表等。

1975年以来，《中图法》先后进行了4次修订，目前发行的是2010年修订的第五版。

第一版《中图法》发行于1975年，当时书名是《中国图书馆图书分类法》。

第二版《中图法》发行于1980年。该版改变了第一版《中图法》中按照政治观点列举的方法，增补了管理学、系统学、遥感技术、遗传工程等类目。

第三版《中图法》发行于1990年。该版全面调查与扩充类目，将环境科学与安全科学设为一个类组，使用双表列类，建立法律的第二个分类体系。此外，还扩大了冒号组配的使用范围。

第四版《中图法》发行于1999年。该版的变化是将原书名《中国图书馆图书分类法》改为《中国图书馆分类法》；重点对经济、通信、计算机技术类目进行修订；将类分图书与类分资料的类目合并为一个版本；增加了沿革注释；增加了"指示性类目"；等等。

除此之外，《中图法》还有其他系列的版本，包括：供不同规模文献信息机构使用的版本，如《中国图书馆分类法·简本》《中国图书馆分类法·未成年人图书馆版》等；供不同文献类型使用的版本，如《中国图书馆分类法·期刊分类表》；供不同专业的文献信息机构使用的版本，如《中国图书馆分类法·教育专业分类表》《中国图书馆分类法·农业专业分类表》等；供用户从字顺查找分类法类目的工具书《〈中国图书馆图书分类法（第二版）〉索引》；供分类主题一体化标引与检索的工具书《中国分类主题词表》；等等。

（二）《中图法》的复分表与组号技术

在《中图法》的使用中，复分表和组号技术是其中的难点。下面将从五个方面进行说明。

1.通用复分表

通用复分表对主表的类目起复分作用，不可以单独使用。《中图法》中共有8个复分表，分别是：总论复分表，世界地区表，中国地区表，国际时代表，中国时代表，世界种族与民族表，中国民族表，通用时间、地点和环境、人员表。

（1）总论复分表

①结构

各学科门类的共性区分内容编列于此表，包括关于学科及专业与事物的总论性类目、关于著作类型等方面的两部分内容。复分号由"-"加数字组成。如：《图书馆学辞典》G25-61。

②使用要点

第一，主表中任何一级类目均可使用，复分时直接将复分号加在主类号后。

第二，主表中某些类目具有总论复分表的内容，或在主表中已列有专类者，不再使用总论复分表。

第三，具有总论复分表两种以上形式特征的文献，只能选用主要的一种加以复分，不能在同一个类号中使用两个总论复分表的号码。

第四，[7]是用中括号括起来的类号，是一个交替类目，或称为非正式使用类目。专书索引可直接用此号进行复分，如《史记索引》，其类号为K204.2-7。

（2）世界地区表

①结构

本表主要依据自然区划编列，同时还分别以依行政区划以及语种、人种、宗教、集团、古代地区作为划分标准。

②使用要点

第一，凡主表、专类复分表、总论复分表中注明"依世界地区表分"时，可直接使用本表复分。组号方法：将复分号加在主类号之后。

第二，若未注明依该表分，但需要据本表复分时，须将复分号用地区区分号"（ ）"括起，加在主类号后。

第三，凡使用本表中"洲""地区"概括性地区号码复分后，还需要再依其他标准进行细分的，必须在概括性地区号码后加"0"，再进行复分，以便与该地区所属国家号码区别开来。如《西欧小说选》，类号为I560.4，如果不加"0"，类号为I564，就变为比利时文学的类号了，与

"西欧56"类下包括的国家号码冲突。

（3）中国地区表

①结构

首先列北京市，再按历史和习惯的划分列出6个大区，然后在各大区下列出各省、自治区及直辖市等类目。并编列1个省区细分的专类复分表。

②使用要点

第一，凡主表、专类复分表、总论复分表中注明"依中国地区表分"时，才可直接使用本表复分。组号方法：将复分号加在主类号之后。

第二，若未注明依该表分，但需要据本表复分时，须先在地区复分号前加上中国代号"2"，再用地区区分号"（）"括起，加在主类号后。

第三，凡使用本表所列的中国各地区类目细分后，如再采用其他标准细分时，必须在地区号码后加"0"，再进行复分。

第四，凡主表中规定先依"世界地区表分"，再依"中国地区表分"的，须在主类号后先加中国代号"2"，再加上相应的中国地区号。

（4）国际时代表、中国时代表

国际时代表、中国时代表可一并阐述其使用要点：

第一，凡主表中注明"依国际时代表分"或"依中国时代表分"时，可直接使用进行复分。组号方法：直接将有关复分号加在主类号后。

第二，凡在类目表中未注明依时代表分，需要依本表复分时，须在复分号码前加上时代区分号"="。

第三，类表中已具有某时代含义的类目，不能再使用该表揭示时代特征。

（5）世界种族与民族表

①结构

世界种族与民族表分为种族、民族两部分，民族部分先按地区划分，再按民族划分。

②使用要点

第一，主表中注明"依世界种族与民族表分"时，直接使用本表复分。组号方法：将有关复分号加在主类号之后即可。

第二，主表中未注明"依世界种族与民族表分"时，需依本表复分的，将有关复分号用民族区分号""引起，加在主类号之后。

（6）中国民族表

①结构

中国民族表按现有的民族编列，用同位类表示，采用双位数字编号。

②使用要点

第一，主表注明"依中国民族表分"时，可直接使用本表复分。组号方法：将有关复分号加在主类号之后。

第二，主表中未注明"依中国民族表分"时，需依该表复分的，须先在民族复分号前加中国代号"2"，再用民族区分号""引起，加在主类号之后。

第三，凡涉及中国古代民族的文献，均归入"K289古代民族史志"类。

（7）通用时间、地点和环境、人员表

①结构

本表按季节、时间、方位、部位、环境、人员等通用要素编列，主要用于资料的分类。

②使用方法

主表类目中凡需要按该表复分的，均可使用本表。方法：将该表的复分号码用"〈 〉"括起，加在主类号后。

2.专类复分表

（1）数量与标记

专类复分表是专门供某一个大类或某一个类的一些局部类目使用的。《中图法》第4版有69个专类复分表，其中有67个主表，"总论复分表"和"中国地区表"中各编列1个。专类复分表的标记符号采用阿拉伯数字，两侧用竖线标记，以示醒目。

此外，自然科学各类的专类复分表前一律冠"0"；组号时，直接将专类复分号加在主类号后，不再加"0"。

（2）使用要求

①按规定的范围使用：只限在注释规定的范围内使用。

②按规定的次序使用：严格按注释规定的复分次序复分。

③注意复分中的加"0"的问题：如主表中社会科学各类，凡属上位

类依专类复分表复分的，应在复分子目号码前面加"0"。本规定仅限于严格采用层累制编号的类目。

3.类目仿分

（1）类型

①仿邻近类目分

指一组相邻的类目以相同的分类标准展开时，一般将在前的一个类目详细展开，后面的类目不再展开列举，而是依照已展开的子目细分。其特点是：仿分类目与被仿类目性质基本相同，分类标准一致。

②仿总论性类目分

专论性类目仿照总论性类目的划分标准细分，称为仿总论性类目分。《中图法》的总论性类目一般用"一般性问题""理论""通论""世界"的方式编列。

（2）类目仿分的要点

①按规定的范围使用

②按规定的次序使用

类目仿分必须严格根据注释规定的仿分次序进行，以体现分类标准的引用次序。若本馆分类法使用本上确定的类级没有细分到底，该类所规定的类目仿分不再使用，需要依照被仿类目借号规律进行借号。使用本是指图书情报机构根据其文献收藏情况及用户需求，对所选用的文献分类法作适当的调整、补充、说明后确定下来作为分类标引依据的分类法文本。

③注意配号的转换

当被仿分的是用"/"连接，且采用借号编号时，部分类目将涉及配号的转换问题。

④注意越级仿分问题

在文献标引工作中，有时根据实际论述的主题不需要按类目注释要求依次进行仿分。当跨越注释规定的某一层次，再继续依其他标准复分或仿分时，须在该复分号或仿分号前加"0"，以保证类目展开的逻辑次序。

例如：要标引《越剧表演艺术》(下图为《中图法》相关类目表)，其标引过程为：J825(地方剧艺术)→依注释规定"仿I236分"，越剧为浙江省地方剧，因此取类号"55"→再依注释规定"再仿J821分"，"表演艺术"取类号"2"，因此标引结果为：J825.552。其标引过程是按照注释规定次序依次进行的。而当标引《中国地方剧表演艺术》时，由于该文献没有论述到具体哪种地方剧艺术，就不需要依"仿I236分"注释进行仿分，就是跨越了这一仿分层次，再依注释规定"再仿J821分"进行仿分时，就必须加"0"，其类号为J825.02。

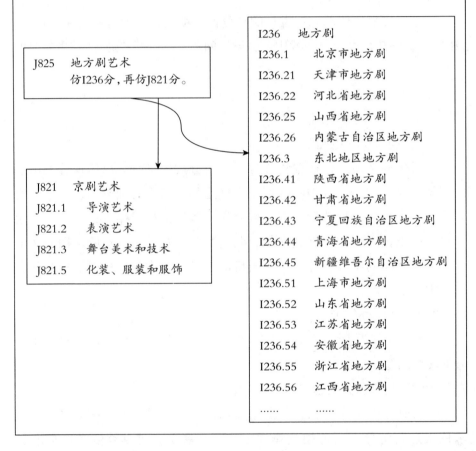

⑤复分依据的转换

某些类目凡属各国仿中国分，又涉及时代属性的，应同时将"依中国时代表分"改换成"依国际时代表分"。

4.主类号的组配

（1）应用

冒号组配方法在《中图法》中的应用，是将概念相关的两个或多个类目（主类号）通过组配符号"："连接起来，以表达一个分类表中未列举的、较专指或较复杂的主题标引技术。

（2）冒号组配法的使用要点

①对于图书的分类，一般按主表规定的范围使用。

②凡主表已列出的主题，均不得再使用冒号组配法表达。

③凡通过复分、仿分可以表达的主题，不得使用冒号组配法进行标引。

④用于合成新主题时，使用最专指的类号进行组配。

⑤用户可根据文献数量确定组配类号的级位，并记录在使用本上，以保证标引的一致性。

5.《中图法》复分组号加"0"的规则

第一，社会科学各类中，凡是概括性的地区类目，如再依其他标准细分时，组号须在主类号后加"0"再复分。

第二，社会科学各类中的各级上位类，如再依其他标准细分时，组号须在主类号后加"0"再复分；凡上、下位类采用的是非层累制编号法，则无需加"0"。

第三，在社会科学各类中，凡属越级仿分的，应在复分号码前加"0"。

第四，仿"一般性问题分"，在绝大多数情况下需要加"0"。但有两种情况不加"0"：第一种情况是，如果是"一般性问题"仿"一般性问题"分（实际就是临近类目仿分），不加"0"；第二种情况是，类目表中有关类目仿"一般性问题"所属子目分时，不加"0"，直接将仿分号码加在有关类目之后。

四、《中国分类主题词表》的使用

（一）《中国分类主题词表》概述

《中国分类主题词表》（简称《中分表》）是在《中图法》编委会的主

持下，从1986年开始由全国40个图书情报单位的160位专家学者共同编制，于1994年出版的一部大型文献标引工具书。它是在《中图法》第三版（包括《资料法》第三版）和《汉语主题词表》的基础上编制而成的分类检索语言和主题检索语言兼容互换的工具。2005年出版了第二版，又于2006年和2009年分别发布了电子版与网络版。2017年4月出版了第三版（共8册）。

《中分表》第三版是我国规模最大的分类主题一体化标引工具，共收录分类法类目51873条、优选主题词120818条、非优选主题词（入口词）46434条、主题词组配形式61892条，共计22万余条主题词。

（二）《中国分类主题词表》的体系结构

1. "分类号—主题词对应表"结构

"分类号—主题词对应表"部分，共一卷2册。该表是从分类体系到主题词对照的完整索引，包含了《中图法》《资料法》所有类目和对应的叙词款目、对应的注释。该表既是一部增加了主题词、主题词组配形式、对应注释与说明后的新版式《中图法》，又是一部以《中图法》体系组织而成的《汉语主题词表》的分类索引。

2. "主题词—分类号对应表"结构

"主题词—分类号对应表"部分，共6册。该表是从主题词到分类号的对照索引，按主题词款目和主题词串标题的字顺进行排列，其后列出对应的分类号。主要用于文献主题标引和通过主题查找相关的分类号，作分类标引的辅助手段。该表既是一部以《中图法》类号为范畴号的《汉语主题词表》，又是一部主题词表式的《中图法》的类目索引。

（三）《中国分类主题词表》的应用

《中国分类主题词表》的整体功能超过了《中图法》和《汉语主题词表》两种功能之和，实现了分类法与主题法、先组式检索语言与后组式检索语言的兼容与互换。

《中国分类主题词表》是我国目前规模最大的分类主题一体化标引工具，应用范围广泛，可适用于图书馆、档案馆、情报所、书店、电子网站等各种类型、各种载体的文献数字信息资源的分类主题一体化标引和检索。它不仅适用于综合性文献标引和检索的需要，而且也照顾到专业文献信息资源标引和检索的需要。同时《中国分类主题词表》的电子版为实现机助标引和自动标引提供了知识库和应用接口。

1.在分类标引中的应用

从"分类号—主题词对应表"入手，标引时遵守《中图法》的标引规定。对应表的右栏为所列举类目对应的主题词与主题词组配形式，列举的概念要比类名与注释中所列举的更多一些，可作为类目注释，有助于辨别类目的含义。

从"主题词—分类号对应表"入手，当不清楚某个主题概念属于哪一学科或专业范围，难以从分类体系查找类目时，可从"主题词—分类号对应表"入手，先查其对应的分类号，再利用"分类号—主题词对应表"进行核对。

2.在主题标引中的应用

将文献主题按分面分析原理进行分解，分为主题因素，然后在字顺表中查找相应的主题词，如果"主题词—分类号对应表"中已列出与文献因素一致的主题词，或与文献主题含义一致的主题词串，可直接使用；否则需要进行组配标引，或上位标引，或靠词标引。

五、文献编目的基本知识

（一）文献编目的含义

文献编目是指为了达到揭示、报道和检索的目的，依据特定编目规则与方法，对文献信息的形式与内容特征进行描述与标引，并使其有序化的方法。

（二）文献编目的形式

1.传统形式

文献编目最传统的形式就是目录卡片。要查找一本书，就要查找它的目录，这里的目录就是目录卡片。此外，常用的还有书本式目录。

2.机读目录

机读目录是机器可读目录（Machine Readable Catalogue）的简称。这是书刊建立编目数据库的标准格式。

3. OPAC（Online Public Access Catalogue）

OPAC即联机公共查询目录，在OPAC上用户可以检索图书馆的书目数据库。OPAC是网络上的公共资源，通过互联网，用户不仅可检索本馆的OPAC，也可检索国内外其他图书馆的OPAC。

（三）文献编目的基本工作内容

文献编目的内容主要包含两大部分，第一是著录，第二是规范控制。

著录要遵循客观描述原则，哪怕一本书的题名错了，也要按照这个错的题名进行客观描述。规范控制加上客观著录和内容的描述，就形成一条记录。规范控制是运用特定编目规则的标目法，确定文献的题名、责任者、主题词等检索点及其规范形式，同时建立与维护规范款目与规范文档的一系列工作过程。简言之，是对检索点进行控制，以确保其一致性与唯一性。很多图书馆只做了客观著录的工作，对于编目的规范控制重视不够，这也带来了很多检索的"噪声"。

（四）文献编目工作遵循的标准和条例

中文文献编目的文献著录标准众多，其中包括《中国文献编目规则》、《国际标准书目著录》（ISBD）统一版等。而关于中文文献编目的分类表或主题表，目前使用最多的就是《中图法》《中分表》。另外，中文文献编目的机读目录格式，主要使用《中国机读目录格式》（CNMARC）。

西文文献编目的文献著录标准，主要使用《国际标准书目著录》（ISBD）统一版、《资源描述和检索》（*Resource Description and Access*，简称RDA）。

无论是中文文献编目还是西文文献编目，都选择采用ISBD著录标准，可见其重要性。下面简述ISBD的相关内容。

1. ISBD与编目规则

ISBD即《国际标准书目著录》，全称为*International Standard Bibliographic*

Description。ISBD是著录规则（描述部分），著录规则是编目规则的一个组成部分。ISBD著录仅构成一条完整书目记录的一部分，一般不独立使用。

一条完整书目记录包括的其他方面，如标目、主题信息、统一题名等，不包括在ISBD的规定中，一般在编目规则中提供。

2. ISBD的八大著录项目

八大著录项目分别为：题名和责任说明项；版本项（第二版、修订版、增订版等）；资料特殊细节项；出版发行项（出版地、出版社、出版年等）；载体形态项（页码、图表、书高等）；丛编项；附注项（其他著录项没有包括的内容，都可以在附注项实现）；标准书号或获得方式项。

总之，著录是编目工作的基础。著录有三个基本要求：第一，标准化，如使用ISBD；第二，客观化，就是如实反映文献的原始信息；第三，规范化，要按照编目规则特定要求反映文献信息。

编目有两种方式，一种是套录，另一种是原始编目。套录就是指编目人员为一种图书编目之前，先从外部获取编目数据，进行必要的编辑加工，然后转换成本馆的数据库记录的过程。对没有可套录数据的文献，需要编目人员自行著录、自行分编，这就是原始编目。

（讲座时间：2022年6月）

第六讲

图书馆参考咨询服务体系的构建

周德明

【主讲人简介】

周德明 上海市图书馆学会理事长，上海图书馆（上海科学技术情报研究所）原副馆（所）长，研究馆员。中国图书馆学会理事、学术研究委员会委员，全国图书馆标准化技术委员会副主任委员。在上海图书馆曾长期分管采编、读者服务和历史文献工作。独著、合著、编著多部图书，发表论文近百篇。第七次全国县级以上公共图书馆评估定级标准研制专家组副组长。

"图书馆参考咨询服务体系的构建"这门课的主要内容分为五个部分：

第一部分为图书馆参考咨询的概念。对概念了解、掌握的程度，会直接影响图书馆参考咨询服务体系的构建。

第二部分为参考咨询的发展沿革。人们对"参考咨询"这个概念有许多不同的界定，就基本内容而言，不同的释义其实也有相同之处。只是随着时间的推移，参考咨询的内涵和外延变得更为丰富了。所以，把握参考咨询的发展沿革，对于我们更深入地理解参考咨询的本质以及构建参考咨询服务体系是有裨益的。

第三部分为参考咨询的服务体系。这部分是与讲座主题直接相关的，也是课程重点。

第四部分为参考咨询服务的类型与案例分享。这一部分与如何发挥参考咨询服务体系的作用有关。我选用了几个上海图书馆在实际工作中做过的各类型的参考咨询服务案例，依此介绍各类型参考咨询的特点；并通过深入剖析，概括出一些做参考咨询服务需要注意的重点内容。

第五部分为参考咨询员的队伍建设。参考咨询员是做参考咨询服务的主体，他们的水平高低，直接关系到图书馆参考咨询服务的质量，也当然地影响到图书馆参考咨询服务体系的效能。

一、图书馆参考咨询的概念

（一）不同时期参考咨询的概念

这里我所介绍的"参考咨询"的概念，主要是从国内外不同时间段的权威工具书中挑选的解释。第一个解释来自1983年第三版的《美国图书馆协会图书馆和情报学词汇》（ *The ALA Glossary of Library and Information Science* ），它是这样定义的：参考咨询是图书馆工作人员为其用户收集信息提供的个人帮助。同时它又指出，参考咨询和信息咨询，也就是"reference service"和"information service"，两者是同样的含义。我在这里也提示一下，在《国际图联数字参考咨询指南》（ *IFLA Digital Reference Guidelines* ）中也有对"数字参考咨询"的解释，它也同样表达了这样的见解。我建议大家去看一看，这对了解一些词语不同但意思相同的概念会有帮助。

第二个解释来自2017年版的国际标准《信息与文献—基础和术语》（ *ISO 5127:2017 Information and Documentation-Foundation and Vocabulary* ）。在该标准中，它是这样定义参考咨询（reference service）的：参考咨询是信息和文献工作机构的员工为了响应用户需求而提供的口头或书面的信息和帮助。

第三个解释来自2018年第四版的《图书馆学和情报学大百科全书》（ *Eneyelopedia of Library and Information Science* ），它的解释是：包括在图书馆内为出于任何目的寻找信息的人提供直接的个人帮助，以及各种旨在使信息尽可能易于获取的行为。

我在国内工具书中也找了三个解释。第一个是周文骏先生主编的1991年版《中国大百科全书·图书馆学情报学词典》，它这样说：参考咨询是图书馆的服务方式之一，是图书馆利用各种参考工具书和馆藏文献为读者解决查阅文献资料中出现的疑难问题，提供文献或参考答案的服务活动。按咨询内容分，有事实性咨询、方法性咨询和专题咨询；按提问方式分，有口头与书面咨询。《图书馆学情报学词典》是我国一本权威的工具书，它对"参考咨询"概念从内涵到外延有着比较详细的表述。

第二个是1993年版的《中国大百科全书　图书馆学情报学档案学》，它是这样解释的：参考咨询是图书馆员对读者在利用文献和寻求知识、情报上提供帮助的活动。它以协助检索、解答咨询和专题文献报道等方式向读者提供事实、数据和文献线索。

第三个是2015年文化部的行业标准，即《图书馆参考咨询服务规范》（WH/T 71—2015），它是这样解释的：针对用户需求，以及以各类型权威信息资源为依托，帮助和指导用户检索所需信息或提供相关数据、文献资料、文献线索、专题内容等多种形式的信息服务模式。

（二）参考咨询的要素

其实在引用这些概念的解释的时候，大家就已经能够对参考咨询的概念有一个大致的了解了。在这里，我并不想提出我对参考咨询的概念界定，但是我非常想从实际工作的角度出发，把参考咨询服务的过程和要素做一个解析。我认为，这更有助于我们把握住参考咨询的实质。

第一个要素是需求，通过提问或者其他方式来表达的需求。以图书馆或者其他文献信息机构的参考咨询为例，我们做这一工作的前提通常是因为有需求。这种需求会以提问的形式出现，而提问可以来自某位读者个体，也可以来自一个团体机构等。

第二个要素是主体，某个馆员或者做参考咨询服务的团队。以往大多是由个人来提供这方面服务的；现在随着参考咨询内容的复杂化，就可能是由一个团队来提供参考咨询服务。

第三个要素是服务，通过自身工作，向提问者提供服务结果。除了用自己储备在脑子里的信息和知识直接提供服务外，通常还包括检索、分析整理和研究等过程。检索的对象可包括图书馆目录、参考工具书、数据库、网络资源、其他信息源等。在此基础上，以自己或者团队的知识和能力整理、分析，向读者、用户或者机构团体提供一个可供他们参考和利用的咨询结果。这个结果可以是一种事实、一个数据、一本书、一篇文献或某种线索，也可以是简报、综合性的研究报告。

（三）参考咨询的方式和特点

就服务方式而言，参考咨询可以是：口头的，如一个读者的直接提问；书面的，包括信函等各种书面形式；实时的，即问即答；非实时的，如需要一段时间才能提供的综合性的研究报告；网络的，网上参考咨询平台或者微信公众号等新媒体；定期的服务报告；综合性的评述；等等。

参考咨询服务具有以下几个特点。

第一，参考咨询服务的需求应具备广泛性。到馆读者或者是社会上的用户都有这样或那样的问题想得到解答，譬如新冠病毒肆虐期间，人们都有了解该病毒特性等的需求。

第二，参考咨询服务应具备针对性。因为有提问、有需求，而你要解答这个提问，要满足这种需求，相关服务必须有强烈的针对性特点。

第三，参考咨询服务的内容应具备实用性。读者找到图书馆，是因为他有一个问题，需要你帮助他解决，或者是在帮助他解决问题的过程中，向他提供有实际意义的信息或知识。

第四，参考咨询服务的形式应具备多样性。其形式可以是实时的，也可以是非实时的；可以是口头的，也可以是书面的；可以是事实性的，也可以是数据性的；等等。而且非常有意思的是，这些多种多样的形式都存在于图书馆的服务当中，因为读者有各种各样的需求。

第五，参考咨询服务的过程应具备智力性。作为参考咨询服务的主体，馆员需要具备一定的服务技能，这种技能具有智力性特征。因此，在图书馆做参考咨询工作的馆员，大多数是资深馆员，既熟悉馆藏，又熟悉网络资源，还拥有各种服务技能、技巧，具有较高的专业水平。

第六，参考咨询服务要追求结果的有效性。通常图书馆都会做一些服务的反馈调查，看看自己的服务是不是满足了读者的需求，读者的感觉如何、评价如何，这也是图书馆不断地改进参考咨询服务所必须要做的一些工作。

此外，还有一个特点可以一提，就是我们图书馆所做的参考咨询服务要符合一定的规范。这些规范，无论是在2015年文化部的标准，还是在国际图联的指南中，都有所涉及。

在我看来，图书馆有没有专门设立参考咨询服务的部门，或者有没有专门的员工做参考咨询服务，都是考察这个图书馆服务水平的一个重要方面。许多图书馆都设有专门的参考咨询部，并且配备具有相当专业知识、熟悉检索工具、善于接洽读者的专职参考馆员，来承担参考咨询服务的工作。

美国图书馆参考馆员马奇（I. G. Mudge）曾经说过这样一句话：图书馆无论规模大小，都会遇到读者提出这样那样的问题，而这些问题都必须充分利用图书馆所拥有的资源予以解答。图书馆在社会中的声誉，在很大程度上取决于它能否成功地处理参考咨询问题。他的说法将参考咨询服务的地位和作用提得比较高，事实上也正是如此。无论何种图书馆，解答读者各类咨询的质量直接与其业务水平和社会声誉关联。

以前，在图书馆有这样一种说法：一参、二编、三流通。参考咨询的地位是最高的，排在第一位，或多或少地表达了参考咨询的高度和难度。

一个很有意思的现象是，尽管现在参考咨询的内涵、外延都有所扩展，但是，就参考咨询这个服务来分析，无论是文献服务、情报服务、知识服务，都是相互贯穿的。很简单的咨询服务只是其中一个部分；还有比较复杂的，譬如有些需要对已有文献信息进行梳理、归纳、提炼等工作的情报服务，还可以包括现在我们提倡的知识服务。所以，参考咨询服务包含了从简单的到比较复杂的，再到比较深度的服务内容，这也可以说是参考咨询服务的另一个特点。

二、参考咨询的发展沿革

1876年，美国沃斯特公共图书馆馆长赛缪尔·S.格林（Samuel S·Green）提出，图书馆应当提供参考咨询服务，帮助读者在馆藏中找到所需要的书。因为馆员比读者更了解图书馆的馆藏、书目系统，所以他们应该为不熟悉馆藏的读者提供帮助，这个就是我们参考咨询的起始点与初心。

1883年，波士顿公共图书馆首设专职馆员提供参考咨询，并为这种工作开设了专门的阅览室，这是参考馆员和参考咨询部的雏形。也就是说从那时起，就有专门的馆员和部门来接待读者并提供参考咨询服务了。

1884年，杜威首次使用了一个词语，叫作参考馆员（Reference Librarian）。杜威指出，参考馆员应该能够协助读者熟悉图书馆的资源，能够适应多样化的读者，这是图书馆不可或缺的工作。

1943年，美国图书馆协会所编的《图书馆学术语辞典》（*ALA Glossary of Library Terms*），将参考咨询工作（Reference Work）一词编入并定义为"图书馆直接帮助读者获得答案及利用馆藏资料从事学习及研究"。

1948年，美国图书馆学家巴特勒（Picrce Butler）提出了"参考咨询服务"（Reference Service）这个概念，并认为参考咨询服务是让读者能够更有效地使用图书馆藏书以获得所需资料的过程。

1984年，美国马里兰大学健康服务图书馆首先推出了电子参考服务（The Electronic Access to Reference Service，EARS），这被认为是第一个网上参考咨询服务系统。

1989年美国佛罗里达大学的乔治·斯马瑟斯图书馆（George A. Smathers Libraries，University of Florida）首创电子邮件咨询服务，利用新兴的电子邮件渠道解答读者的提问。

1998年美国教育部资助了VRD（Virtual Reference Desk，虚拟参考咨询台）的项目，试图把图书馆视为在馆员协助下为广大用户提供咨询服务的网络平台。随着1998年这个项目做完以后，VRD服务在美国及世界各地都得到了迅速推广，直至今天许多图书馆还有VRD式的参考咨询服务。

1999年，美国宾州大学商学院开始利用聊天室（Internet Chat）来提供实时的参考咨询服务。在参考咨询服务的发展沿革中，我们可以看到图书馆比较善于利用新颖的技术来武装参考咨询工作，使参考咨询能够及时地跟读者发生联系，并且在读者喜欢的新技术平台上开展服务。

2000 年，美国国会图书馆提出合作数字参考咨询服务计划，计划在两年内能够建立一个全球性的、基于网络的合作数字参考咨询系统。前面讲的参考咨询工作，主要指一个人在一个场所为读者提供帮助。但是，一个人所掌握的知识、信息总有所不足，所以不仅要利用参考工具书和网络，还要基于网络，联合全国乃至世界各地的优秀参考咨询员、参考馆员，以便提高参考咨询的水平和质量。事实上，合作化的数字参考咨询服务一经推出后，就得到了全球图书馆界的响应；现在国内也有多个这样合作型的数字参考咨询服务模式。

2001 年，美国俄亥俄州推出了第一个全天候数字参考咨询服务项目。它也是由多个图书馆利用协作关系建立起来的，充分利用了各自的馆藏优势和人才优势；并且协调好了服务时间，能够提供每周 7 天、每天 24 小时的数字参考咨询服务。这一系列过程都表明了图书馆界在不断地利用新技术武装自己。

2005 年左右，由于手机的普及，IM 等即时性的参考咨询渐渐兴起。尤其是 2010 年以来，微博、微信和其他各种类型的新媒体纷纷登场。人机合作的参考咨询服务模式近几年也在图书馆中开始使用。

从参考咨询的发展沿革来看，我们可以发现，随着时代的发展，参考咨询服务的内涵在不断丰富，外延在逐渐扩展，服务载体有所拓宽，技术更新迭代明显，而服务内容则日益深化。

从内涵的变化来看，参考咨询原本主要是馆员利用自己熟悉、了解的目录、馆藏，针对读者的需求提供个人的帮助。到现在，我们已经发展为利用馆内外的文献信息资源进行参考咨询服务。如果仅仅是利用馆内的文献信息资源，显然是不够的；我们也要充分、善于利用馆外的文献信息资源，甚至馆外的人力资源也应当在参考咨询服务所考虑的范畴里面。

参考咨询的对象也发生了变化。原来比较多的是单个读者，现在还有团体机构用户。提问的涉及面也非常广泛，有的是跟图书馆的利用或者馆藏文献有关，有的则是社会面上的需求。从作业的类型来看，现在合作型的方式渐渐多了起来。

另外，新技术的加盟和渗透，对于参考咨询服务起到了如虎添翼的作用。原本我们是利用工具书、柜台、电话等开展工作的，现在发展为利用自动化系统、互联网、移动互联网、新媒体、人工智能等。这样既提升了时效，又提高了服务的质量。这也体现了图书馆与时俱进地利用新技术促进参考咨询发展的努力。

在参考咨询服务内容深度方面，以前比较多的是做书目检索、文献查找；后来逐渐发展为专题类的文献服务如SDI（定题信息提供）、简报类、技术查新、舆情测评、综合研究报告等各种形式。从另外一个角度表达，那就是原先参考咨询馆员比较关注书名、作者、摘要内容、出版年等信息；后来参考咨询服务渐渐深入到书的内容当中，要对文献的内容做一些查检、梳理、综合、提炼工作，形成读者或用户所需的情报和知识。

三、参考咨询的服务体系

所谓体系，是指若干有关事物相互联系、相互制约而构成的一个有特定功能的有机整体。换句话说，它是一个系统，一个独立而完整的体系。系统和整体又是由部分来构成的。这些部分不是随意堆积组成的，而是以某种秩序、逻辑、结构有组织地联系在一起。因此，各个组成部分都是在相互作用、相互制约，并且为整体的功能或者目标发挥相关作用。

因此，要构建参考咨询服务体系，就要找出构成体系的方方面面。我认为参考咨询服务体系由七个组成部分或者七个要素构成。

第一是咨询的主体，即参考咨询员。参考咨询员是决定咨询质量高低的决定性因素，也是参考咨询服务体系展现其功能好坏的关键因素。

第二是服务对象，可以是单个或者团体读者（用户），也可以是某种社会需求。服务对象是促进参考咨询水平提升的原动力，也是决定咨询体系是否活跃的重要因素。服务对象不活跃、咨询需求不多，其中一个原因可能是咨询主体的服务水平不够，不能达到读者需求。举个例子。读者问：改革开放以来中国经济建设取得了辉煌的成绩，我想做这方面的研究，应该先看哪几本书？咨询员往往会把这样与图书内容有关的问题转换成阅览室方位的问题，回答是：请到社会科学图书阅览室。由于答复不涉及咨询的实质问题，读者就会认为咨询员大概只能回答方位性问题，于是在后续的提问中，便不再提及有关主题内容的问题，而咨询员也失去了在解答读者咨询过程中提升业务能力的机会。

第三是咨询的内容与形式。总体来说，咨询服务的内容丰富多彩、形式多种多样。包括文献布局、服务时间；也有文献信息检索类的内容，包括书目查询、书刊内容查询、数据库查询、网络资源导航等；还有专题咨询，包括简报、舆情分析测评、专题书目编制、各类研究报告等——这些都可以成为参考咨询服务的内容。参考咨询服务的形式是多样的，既有实时咨询，如现场的口头咨询、电话的即问即答，也有非实时的咨询，如信函、E-mail、网络表单、读者留言、专题研究等。当然，还有一种既可实时也可非实时的咨询，如VRD、微信群等新媒体咨询。

第四是信息源，也就是各类文献信息。在构建参考咨询服务的体系过程中，必须依靠馆藏，配备工具书、数据库、网络资源及专家资源等。当然，我们在回答读者咨询的时候，必须要注意选择权威的信息源，要善于甄别不同信息源的可靠性。

第五是参考咨询服务平台。参考咨询需要一定的场所、环境、设施和其他技术手段的支持。最初的参考咨询工作，图书馆至少要有柜台和工具书，后来发展为有专门的电脑系统，再后来出现联络广泛的合作型网络平台等。现在也有借助微博、微信等新型社交媒体来做参考咨询服务的。

第六是作业的规范。图书馆参考咨询服务必须要有一套规范，要遵守法律、纪律和相关标准，包括《中华人民共和国著作权法》《中华人民共和国公共图书馆法》《科学技术保密规定》《科技查新规范》《国际图联数字参考咨询指南》等。除此之外，我们还要注意保护读者和用户的隐私。如果是单用户报告，则不能随意扩散；要遵守和用户所签订的协议；对于需要一定资质才能回答的问题，没有资质的人则不能回答——就如你不是医生则不得开具药方。另外，如果有学生让你代写作文，相应的参考咨询服务不能做这种代替性工作。

第七是评估与反馈。这是一些专门论述参考咨询服务的专著中没有太多注意到的部分。如果想使这个体系持续性发挥作用和保持较高的服务水平和质量，就必须要建立评估制度，以便及时了解读者和用户的反馈；这其中还可包括征询专家的意见和建议。这些均有助于提升参考馆员的服务能力，从而不断地完善参考咨询的服务体系。

以上海图书馆为例，它是一个超大型的图书馆，服务面比较广、服务内容和形式比较多、服务量比较大。其服务对象可以分为三个层面，即社会大众、专业人员和决策机构。因此，上海图书馆参考咨询服务体系的建设目标是：以需求为导向，以馆员为核心，面向各类读者或用户，可便利地利用馆内馆外、线下线上各种权威信息源和融入新颖技术的形式多样的开放性服务系统。

不同类型的图书馆，应该根据自身的性质、任务和读者的需求，来建设不同特点的参考咨询服务体系，而不必效仿他人。大型的、实力较强的图书馆或者学术型图书馆，应尽可能地建立可以面向所有服务对象，形式多样、内容丰富的参考咨询服务体系。中小型图书馆，可以根据自身特点和读者需求，选择一部分服务项目来构建自己的咨询服务体系，如柜台咨询、书目文献检索，并利用OPAC（联机书目查询系统）等馆内外网络资源，做数字参考咨询、新媒体咨询、简报等。

四、参考咨询服务的类型与案例

（一）书目文献咨询

所谓书目文献咨询，是指通过检索书目、期刊、论文等数据库来答复读者询问的一种参考咨询方法。

举个例子，2020年2月上海图书馆临时闭馆期间，我们在新媒体平台上接到了一位读者的提问，内容涉及当时网络上一篇推文的来源。接到询问后，我们首先选用上海图书馆的OPAC（联机书目查询系统），通过题名、著者名进行检索，但没有查到相关信息。而后我们又查询了国家图书馆的数据库、OCLC的WorldCat等，依旧没有任何发现。最后，我们扩展检索途径，终于在万方数据库中查到了这篇文章，但文章的实际内容与网络推文是有明显差异的。于是，上海图书馆微信平台就发文介绍了我们对这篇文章的查询过程及客观性分析，引起了全国许多媒体的广泛关注和转发。这个问题虽然是一个读者提出来的，但表达了一种社会需求。因此，我们向社会公开检索过程和检索结果，对于消除谣言起到了一些的作用。

下面，我想归纳一些做书目文献咨询服务要注意的事项。

第一是要明确提问。馆员要愿意跟读者互动，善于接洽，能够循循善诱，直到把读者的问题弄清楚。

第二是要熟悉各类信息源。馆员要善于将提问与信息源挂钩，把提问转换成能够在信息源里面查寻的行为。信息源找准了，事半功倍；找不准，事倍功半。

第三是检索技能要熟练。馆员要熟悉各类工具书、数据库、互联网等途径的特点和查询方法，了解查询的逻辑。在上海图书馆，我们规定：每一个参考咨询馆员都应该经常检索和查阅与自身特长、专业背景相关的馆藏、数据库和网络资源等。这种分工和要求非常重要。

第四是要善于借助外力。一个图书馆不可能购全读者所需要的所有文献信息资源，所以要善于利用总分馆制，利用那些联合参考咨询平台，甚至利用馆际互借的渠道来完成书目文献的参考咨询服务。譬如上海图书馆在1998年就加入了OCLC Interlibrary Loan馆际互借的系统。据最近几年统计，上海图书馆在OCLC亚太地区馆际互借的排名持续名列前茅——这证明了我们非常注重馆际互借，善于利用馆外的资源来满足本馆参考咨询服务的需要。

最后是要告知信息源。一个优秀的参考馆员、参考咨询员，应当有甄别信息源权威与否的能力，尤其是当有些网络信息的来源不太权威时，要向读者进行提醒。

（二）舆情测评

所谓舆情，是社会政治舆论变化情况的简称。舆情测评就是对这种变化情况作观测和分析，如对某一个社会事件、热点问题、大型活动、各类媒体的报道、言论和观点进行观测和评析。舆情测评多半出于团体用户的需要。具体而言，舆情测评大多是单用户报告，不便于公开全部内容，但可以介绍一下方法。

在作舆情测评的时候，所依据的信息源包括纸质媒体、媒体数据库、网站网络、新闻聚合等，主要是报纸和报纸数据库以及网络信息资源。图书馆拥有数量很多的报纸，作舆情测评极具资源优势。舆情测评也需要一些技术和方法。技术包括数据挖掘、数据流管理系统、网页内容抓取、新闻搜索引擎等，方法可以分为定量的、定性的；应根据用户的需求而定或综合使用，许多团体用户需要的是定量检测、客观描述。在作舆情测评的时候，还需要关注舆情源，相关行业人士的呼吁、科研专家的建议、政府官员的表态、媒体的报道和评论，以及与报道对象有关的研究报告及相关文献。

而关于测评点，第一个视角，可以是舆论对某一事件的关注度。譬如我们对过去40天内的某事件进行全媒体观测，共获得相关原创报道1191篇，这些报道来自50个城市162家媒体。我们就可以考察这1191篇报道是在什么时间段里出现的，又在哪个时间段最为集中、形成高峰的。

第二个视角，可以是"好"与"坏"的评价。譬如某个活动涵盖很多项目，我们可以分析不同项目的受关注程度、被报道次数、记者和民众的评价，可以通过统计关键词或者词频分析，来证明某个内容的报道程度的或深或浅，从内容分析里获得大家对该项目的好、中、差评价。譬如有一个艺术节，上映了很多电影、话剧、交响乐等，根据媒体报道统计，某交响乐团A剧的报道篇数有90篇，某话剧团的B剧有71篇等，这些客观的报道篇数及深入程度，可以为用户形成自己的判断提供参考。

第三个视角，可以是观测媒体关注的焦点在哪里。譬如某个艺术节有很多活动，那么，哪个活动最使媒体感兴趣，被报道的次数最多、篇幅最大，等等。

第四个视角，是媒体、载体的类型分析。全方位、多维度的报道，由传统媒体、网络媒体、新媒体等构成，将其区分开来，也方便用户了解。可以分析媒体的地域分布，哪个省、市对于这件事情的哪些方面报道得比较多，评价是好是坏，其背后一定是蕴含了某种信息的。图1为早些年某地报道的媒体地域分布图：港台媒体占比64.06%，广东的占比8.65%，江浙占比6.99%，中央占比13.08%，京津占比5.34%，其他1.88%。这组数据就可以对有关用户的工作起到一定的参考作用。

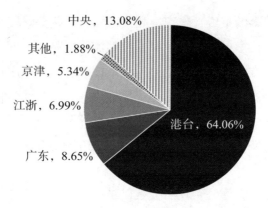

图1　各类媒体对事件报道量占比图

第五个视角，可以是持续关注度及比较。譬如对于连续性的事件进行跟踪式的媒体测评，对连续数年的同口径指标进行统计便是常用的方法。连续多年对某一事件所作的持续舆情测评，测评结果对决策者的相关决策来说具有很明显的帮助作用。当然，也可以对一些内容进行深入挖掘，对某种现象的成因进行揭示，由面及点，由表至里，作一个不同维度、不同要素的报道，使用户满意我们所做的工作。

上海图书馆在作大型舆情测评时有自己的工作流程，如图2所示。采集点包括报纸数据库、网络舆情、期刊库、电视数据库等；录入工作则会做一些对原始的简报和数据的编辑分析；而最后形成产品，根据客户的需求可以分为微信彩信、电子邮件、监测报告等。

关于舆情测评，也有一些要点需要予以注意。第一是采用的数据要严谨，事实要准确，这是做好舆情测评工作的基础和前提。第二是要注意视角的独特性，最好能选到用户没有想到的角度，这与同客户的沟通、实践经验的积累密切相关。第三是要有一定的深度，能由表及里，信息、数据、事实收集充分，挖掘到位，抵达内容。第四是要融合科技，尤其是要利用数据库和相关软件。完全依靠手工、人工的阅读，速度是不够的；要善于利用系统产生图表，使用户一目了然。第五是减少主观性，除非用户有特别要求的话，一般要全面深入地测，评则点到为止。第六是收集用户的反馈。要重视反馈信息，深入了解客户需求；对照协议中的要求和服务结果，及时总结经验教训，不断提高舆情测评的能力。

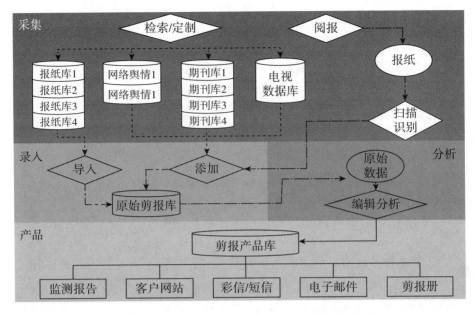

图 2　上海图书馆大型舆情测评工作流程

（三）新媒体咨询及人机合作参考咨询

关于新媒体咨询渠道的由来，我必须要讲讲 VRD。2001 年的 5 月底，上海图书馆顺应形势的发展，建立了网上联合知识导航站即 VRD，联手国内外各专业背景的馆员，利用馆内馆外的文献信息资源和专家资源，借助网络技术回答读者的各类问题。目前，VRD 有 98 位工作人员，包括参考馆员 14 位，参考咨询员 34 位，其中国内专家 42 位、境外专家 8 位。经过数年努力，导航站能达到月均 500 次年均 6000 多次的咨询量，成为图书馆参考咨询服务的一个重要阵地。

直到 2012 年，VRD 线上服务的需求越来越少。与此同时，2010 年上海图书馆推出的微博服务则生机勃勃。正好一面是 VRD 咨询量的衰退，一面是微博咨询量的明显上升。针对这一现象，我们又做了一些统计和研讨。自推出微博服务后，在两年里它的平均增长速度是 104.02%。一个原本主要是发布图书馆服务消息、图书推荐等内容的自媒体，未曾想会成为读者咨询的主渠道。究其原因，我们认为是因为当时微博正热，而且读者利用手机发问十分便利。

最有名的一个案例发生在2013年1月14日，有位很有孝心的年轻人在他的微博上发了一个寻找民国报纸中结婚启事的信息。他称自己的外婆病重，外公的心情非常难过，日夜守候在病榻旁。这时他突然想起，外公外婆在1946年11月3日结婚时，曾在《和平日报》上刊登过结婚启示；所以他希望能够将这份启示找出来送给他们，帮助外婆抵抗病魔。这条消息在微博上掀起了爱心波澜，大家都希望上海图书馆能帮这位年轻人实现美好心愿。

根据微博上的提示，我们查阅了1946年11月3日的《和平日报》，但没有查到该结婚启事。后来有一位员工推测，外公外婆可能记的是阴历的结婚日期；于是按照这个思路我们很快就找到了这份报纸，并通过微博联系到了这位读者；最后在2013年1月20日，这位读者来到上海图书馆拿走了这份《和平日报》的复制版。短短一周，微博上有关这一事件的博文转发和浏览量超过了一亿，我们的微博粉丝量也涨了16万多。

由此，我们感受到了新媒体参考咨询的魅力。因此，当2013年微信刚刚推出公众号不久，我们就没有任何犹豫地推出了上图微信公众号、服务号等，在第一时间把咨询与反馈、图书查询、借还信息推送、活动报名、附近图书馆等列入了微信平台的服务项目之中。果然不出所料，2014年微信平台上的咨询与反馈总量，就超过了上海图书馆其他各种渠道咨询量的总和，成为图书馆参考咨询的主要阵地。

2015年，咨询与反馈的全年咨询量达43863次，月均3655次。2016年，全年咨询量95177次，月均近8000次。至2017年，月均咨询量已经过万。即使是在临时闭馆期间和仅开放部分服务期间，微信咨询量也都丝毫没有减少。而这时候，我们的员工已经不堪负担，没有办法快速完成对读者的参考咨询服务。

表1　上海图书馆2014—2017年微信咨询量

年份	微信咨询量 / 次
2014年	5610
2015年	43863
2016年	95177
2017年	161773

在这样的情况下，2017年10月，上海图书馆果断地引入了云问智能问答虚拟机器人，来充实微信服务平台，并将它与人工咨询服务平台对接，开启了人机合作的参考咨询服务模式。统计分析表明，2017年微信平台上每个月的咨询量超过1万，其中60%的问题比较简单或者有明确的答案，譬如双休日、节假日图书馆开馆吗？某某书图书馆有没有？以及在手机上续借图书怎么做等常见问题。事实上，对于有固定答案的问题，比较适合机器人去解答，即使是弱人工智能级的。分析研讨后，我们觉得，人机合作的参考咨询服务具备了较大的成功可能性，它至少可以减轻员工的劳动强度。

具体的方法是利用已有的FAQ（常问问题）咨询库积累，把546个常见问题以4486种提问的方式，整理形成对应列表，让机器人学习、掌握。同时，我们把馆藏检索类的提问放在人机合作参考咨询模式的首页里，为它提前引流，甚至允许读者扫码图书，把书名直接扫入提问框里，方便读者进行馆藏检索。

经过两年半时间的实践，人机合作参考咨询服务模式总体情况良好。据2018年的年度统计，智能问答虚拟机器人的回复比例占全部咨询量的72%，说明对于一些常见的、有固定答案的提问，智能问答虚拟机器人是有能力较好答复读者提问的。

经过不断调试、培训，以及每年的系统升级，机器人解答咨询的能力也在逐渐提高。到2019年，在218898次的总咨询量中，人工回答的只有11990次，机器人回答了206908次，占94.5%。对于11990次人工回答的咨询，我们也作了一个分析：其中54.78%的问题，经过我们对机器人的调试，是可以转化为自动答复的；还有45%左右的问题，该虚拟系统目前还无法回答。这种问题可分为五类：

第一类是个性化特别明显的操作。譬如读者在自动借还机上还了书，但是在手机上没有看到相关的证实信息——这个机器人是搞不清楚的，但是人工回答可以直接解决这个问题。第二类是读者不愿意跟机器互动，会直接找到我们的员工，这类也是没有办法的。第三类是一些有深度的研究类问题，完全是开放式的，没有固定答案，这些问题弱人工智能级的机器人还回答不了。第四类是一些并非问题的情况，比如表扬、批评、建议，读者也通过咨询与反馈的渠道来提出了。第五类是机器人难以解决、搞不清楚的内容，比如读者写了很长一段话，涵盖很多关键词，机器人搞不清到底是什么样的问题，所以只能由人工沟通后再加以解决。

我们比较推崇在公共图书馆应用人机合作参考咨询服务模式，主要是因为它具有四个优点：第一是回答速度快；第二是减轻了员工的劳动强度；第三是能够进行24小时全天候的答复；第四是有助于提高参考咨询的质量，因为虚拟机器人系统虽然做不到百问不倒，但一定能够做到百问不厌。

人机合作参考咨询服务模式的流程是：有一个读者的问题进来，先由机器人回答。如果读者满意，问题回答完毕。如果读者不满意，再转人工回答，直到读者满意为止。最后该问题进入知识库或者数据库，让机器人学习，形成一种关键字比对的列表，以供机器人能够在下一次回答同样的提问。

当然，我们也买了实体机器人，发挥其线下语音识别的优势，进行线下咨询服务，作为一种辅助的手段参加专题类的服务活动。我们的人机合作参考咨询服务模式，无论前台是什么样的界面——实体机器人、VRD，或者微信、微博等新媒体——后台都是一个相同的咨询库。这样也方便我们利用这个数据库来更新、调试机器人或者让员工来回答问题。

现在，我们来分析一下新媒体咨询及人机合作参考咨询服务的注意要点。第一，答复要快，互动要密。因为如果我们答复慢了，读者就会忘记这个提问，等下次提问时便会觉得上次的问题我们还没有回答。如果有些问题的答复需要一点时间，不妨先作沟通，然后再提供答案。此外，我们还应该根据读者的年龄，善于运用网络语言，让对话的过程变得更有趣。第二，馆员对机器人的调试要细、巧、勤，不断根据新问题进行"培训"。当然，人工智能系统的更新要及时。

五、参考馆员的队伍建设

所谓参考馆员，是图书馆从事参考咨询服务的相关人员，其职责是解答用户咨询、帮助用户获取所需信息与服务。这是文化行业标准里所阐述的概念。在我们看来，参考馆员要熟悉乃至精通某学科专业、某文献类型及相关检索工具等知识，并为读者提供专业服务，为图书馆的其他业务工作提供咨询建议，体现出自身的职业特点。

上海图书馆开始做参考馆员的队伍建设，源自2003年馆内开展人事改革、双向选择面试时的一个发现。有一位上海重点大学外语专业毕业的馆员，在图书馆读者服务一线部门干了20多年的工作，却把自己的专业忘得差不多了。这件事对我的刺激非常大，所以考虑要在读者服务的一线岗位上尝试进行参考馆员队伍的建设工作，并一直地把它作为我们一线部门的一个工作重点。

我们在调查研究馆员队伍及参考咨询服务情况时发现，图书馆所做的参考咨询工作，比较多的是起到了"交通警"的作用，即指示文献所在的方位。其实，我们还应成为"户籍警"，要对书的内容、某个专业或者学科、某种文献类型有深入了解。总而言之，我们要从原先仅关注书皮的信息，转变为关注书的内容；要把原来在后台的参考馆员、参考咨询服务转到前台去，提高读者服务一线部门参考咨询服务的水平；要做到类似于许多大学中的学科馆员所做的嵌入式服务，从文献服务向情报服务，再向知识服务迈进。

对于参考馆员，我们有七个方面的工作要求：（1）要帮读者做好各类检索工作，回答各种询问。（2）要注意浏览新进书刊、数据库，增加知识导航能力。（3）能够对阅览室的文献合理配置、布局，对书刊的增删提出合理化要求。（4）在提供咨询服务的时候，要注意向读者学习。（5）帮助所在阅览室的其他同事提高业务能力。（6）每年要写篇论文等。（7）通过考试的方法来确定第一批参考馆员。

参考咨询服务，要提倡网络与阵地并重，研究与服务齐飞。在数字网络时代，参考馆员不仅应该深入了解馆藏及其特点，还应该了解存在于网络的信息资源及其特点。参考馆员的研究能力越强，对专业及其文献信息的了解越透彻，越能做好参考咨询服务。我们把一线服务岗位分成三个层级，参考馆员最高，参考咨询员第二，文献管理员第三。这三个层次又分为12档，可以依考评结果升档升级。我们会和每一位参考馆员和参考咨询员商定他的专业研究方向。譬如他原来是学化学、化工的，我们就把这方面文献的采购、布局，以及相关的咨询问题分配给他来完成。也有一些馆员学的是图书馆学、情报学专业，我们就会根据文献的类型或者他的兴趣方向予以指定，作为今后对他的考核内容。

我们制定了考核规范，每年都有书面考试。参考咨询员要成为参考馆员，必须经过考试；参考馆员也必须有考核，如果考核不及格，则会降到参考咨询员。同时，我们提倡首问责任制，这样才能发挥好团体的作用。譬如说在线上服务中，读者咨询一个化学问题，但被问到的却是一个以中国文学研究为方向的参考馆员，这时他就可以把这个读者引荐给相关领域的参考馆员或者参考咨询员，由他们来回答，形成团队的合作或协作。

好多人都问过我这样一个问题，上海图书馆的参考馆员系列和职称系列有什么区别？我认为第一个区别是，参考馆员更看重能力，可以是低职高聘，也有高职低聘的，职称系列的研究馆员则相对比较注重学历和论文。第二个区别是，参考馆员处于动态状态，可上可下，而职称研究馆员则是一聘终身。第三个区别是，参考馆员的属性是一馆性的，而职称系列是具有社会通用性的。

六、其他问题

关于参考咨询服务，还有几个问题我想再强调一下。第一个问题是要明确，服务的对象是社会大众、专业人士，还是决策者。对于大型图书馆、学术图书馆或者有实力的图书馆，服务对象应该尽可能全面，这对队伍建设十分有帮助。中型图书馆，可以以大众类为主，决策类、专业类为辅。小型图书馆，可以主要针对大众类需求。在建设参考咨询队伍的时候，还应该考虑队伍的知识结构，譬如专业背景加图情技能。

第二个问题是免费还是收费。我认为大众类的参考咨询服务必须免费，但专业类和决策类的参考咨询服务应该收取合理费用。2011年文化部和财政部发布《关于推进全国美术馆公共图书馆文化馆（站）免费开放工作的意见》，其中提到："公共图书馆深度参考咨询服务（为读者收集专题信息、编写参考资料或者进行代查、代译、复印书刊资料等服务）……可以收取合理的费用。"同时，参考咨询服务的水平、质量与是否收费也是有关联度的。如果一个图书馆的参考咨询服务全部是免费的，那么大概率它的竞争性也不会强，是很难接到一些有竞争性的参考咨询服务的课题或者项目的。

第三个问题是主动还是被动。我认为参考咨询基本状态是被动的，先有需求，再有针对性的服务，但是也可以主动出击。譬如我们最近有一个推文——《重磅！上图临时闭馆，你关心的问题都在这里！》，我们站在读者的角度思考问题：当图书馆临时关闭后，他们如何利用图书馆服务呢？于是主动发布推文，仅两天阅读量就达到5.3万。这种主动性的前提是对社会普遍需求的了解。

第四个问题是网络与阵地。我认为两者都应该有。更进一步说，我们要有这样一种理念，即：读者在哪里，参考咨询服务就到哪里。

第五个问题是专职还是兼职。对于大型图书馆和有实力的图书馆，参考咨询服务应该由专职人员和专门的部门负责。对于中型图书馆，我建议设置专门的部门，并配有少量的专职人员和大量的兼职人员。而小型图书馆则应以兼职为主。同时，无论是大型图书馆、中型图书馆，还是小型图书馆，均应该加入总分馆，或者加入地区性、全国性，乃至国际性的图书馆参考咨询联盟，充分利用馆外的力量来满足本馆读者的参考咨询需求，提升本馆的参考咨询服务水平。

第六个问题，关于参考咨询服务的未来。回顾它的发展沿革，由图书馆的柜台咨询，到互联网VRD，再到微信、抖音等新媒体平台，目前来看，新媒体的服务量最多，需求量最大。它的合作关系也由单个的员工，发展为VRD人与人之间的合作，包括一些网上的数字化合作模式，再发展为现在的人机合作服务模式。从咨询内容上讲，从书目查询，到常见的问题，再到内容挖掘类、课题类以及综合性研究报告。

七、结语

最后，我想做一些归纳。

第一，参考咨询服务是图书馆服务水平和服务效能的重要表现，其体系的建设有助于保障服务的实施。

第二，参考咨询服务的开展，与馆员专业水平的提升有直接关联，馆员的能力决定了参考咨询服务的质量。

第三，利用新媒体开展参考咨询服务，有利于使其扩宽服务的广度；开展专业类、决策咨询类参考咨询服务，有利于使参考咨询服务达到一定的深度。

最后，人工智能不仅可以而且理应融入参考咨询服务之中，这样既能减轻员工劳动强度、延长服务时间，又可以提高服务质量。希望大家都能够有机会尝试这类服务。

（讲座时间：2020年5月）

第七讲

图书馆如何开展公众信息素养教育

黄如花

【主讲人简介】

黄如花 武汉大学二级教授、博士生导师、图书馆副馆长，入选国家高层次人才支持计划。兼任文化和旅游部研究基地（武汉大学）首席专家、国家级全民数字素养与技能培训基地主任、中国图书馆学会学术委员会副主任。主持2项国家社科基金重大项目、1项国家社科基金重点项目和2项国家社科基金一般项目。全程独立主讲的"信息检索"慕课获评国家精品在线开放课程、国家一流本科线上课程、国家一流本科线上线下融合课程等奖励。获高等学校人文社科优秀成果二等奖与三等奖、美国华人图书馆员协会（CALA）专业发展奖等奖励。

图书馆如何开展公众信息素养教育，我将分四个方面论述：开展公众信息素养教育的迫切性；图书馆为什么要开展公众信息素养教育；图书馆开展公众信息素养教育，有哪些优势；图书馆如何开展公众信息素养教育。

一、公众信息素养教育的迫切性

首先，我们看看为什么公众信息素养教育如此迫切。请大家猜猜这个词的意思。

"infodemic"这个词是什么意思？它的前面一部分"info"与我们图书馆行业关系密切。后面的"demic"见于两个词："epidemic"，流行病、流行的；"pandemic"，大流行的，或全球性的大流行病。Infodemic=Information + epidemic，意思是信息传染病，多简称为"信息疫情"。

世界卫生组织2020年2月2日发布的第13号全球新型冠状病毒疫情情况通报中，"massive 'infodemic'"（大量的信息疫情）一词首次出现。通报特别指出，随着新冠疫情的暴发，大量的信息疫情随之而来。信息疫情是指太多的信息，有些准确，有些不准确，使人们需要时很难找可信的来源和可以信赖的渠道。鉴于人们对新型冠状病毒疫情及时准确信息的大量需求，世界卫生组织专门组建了技术团队，开展传言与事实澄清相关的研究，在官网建立专栏，并和全球知名的社交媒体开展合作，及时发布信息。

"信息疫情"不是新冠疫情暴发以来才出现的新词。2014年10月，这个词和埃博拉病毒一起出现。

通过大量文献检索，我发现这个词在2003年非典（SARS）暴发时已经被语言学家Ben Zimmer在《华尔街日报》的一篇文章中提出来了。他还追溯了"info"和"demic"的来源。

这里有另外一个词"misinfodemic"。前缀"mis"表示错的、不正确的；"Information"是信息；"demics"来自"pandemics"（全球大流行病）。为什么说这次的新冠疫情是"pandemics"，而不是"epidemics"（流行病）？这个术语是美国哈佛大学肯尼迪学院在"新冠病毒与误传疫情"紧急征稿时使用的。这次疫情中，他们使用的是"mis info pandemics"，即全球流行的虚假信息疫情。复数表示大量虚假信息引发了多种信息疫情。

虚假信息的危害已经引起了高度关注，相关表述非常多。我把它们分成了三组。第一组，错误信息、不正确信息或者有偏见的信息，有"disinformation""false information"" inaccurate information""biased information""mal-information"；第二组，谣言、谎言、假传等，它的性质更为严重，有"alternative fact""false statement""digital falsehood""rumor"等；第三，虚假新闻、伪造的新闻等，如"fake（假的，冒充的）news""fabricated（编造的、伪造的）news""false news"。

信息疫情也得到多个国家的官方媒体的重视。如我国的人民网、光明网，美国的《华盛顿邮报》《纽约时报》、ABC新闻、CNN，还有英国的路透社、《卫报》等，都刊发了相关的文章。

第三方网站Ad Fontes Media[①]分析了国际上90多种新闻来源。这个网站对全球90多个新闻来源从偏见和可靠性等方面评价打分，大家在选择国外媒体的时候可以参考。

信息疫情还引起了医学期刊的关注，如《柳叶刀》发表专文《如何与信息疫情做斗争》。国内外图书情报学领域也都对这个问题保持高度关注。知名的SSCI刊物——美国信息科学与技术协会的会刊JASIST于2020年2月发表了《全球健康危机也是信息危机行动倡议》。国内的《图书情报知识》等多个核心期刊围绕信息疫情组织了专稿。

虚假信息和我们的信息素养、和我们的工作有什么关联？美国图书馆协会提出，信息素养能力就是能够认识到自己何时需要信息，并且拥有定位、评价、有效使用其所需信息的能力。信息素养不仅仅是一种研究能力，更是一种批判思考的能力。美国图书馆协会还专门指出，信息素养包括在繁杂的虚假信息中辨清事实的能力。图书馆有责任帮助用户提高信息素养，其中包括识别假新闻的能力。

正如《福布斯》的一篇文章明确、直截了当地说的那样，"虚假新闻是信息素养问题而并不是技术问题"。我们要关注信息疫情的危害，提高每个人的信息素养，这就需要开展信息素养教育。

这不仅关乎信息伦理，还可能涉及信息法律的问题。2019年底，国家互联网信息办公室发布了《网络信息内容生态治理规定》，其中几条和我们每个人都有密切的关系。其中第21条规定，网络信息内容服务使用者和网络信息内容生产者、网络信息内容服务平台不得利用网络和相关信息技术实施侮辱、诽谤、威胁、散布谣言以及侵犯他人隐私等违法行为，损

---

① Ad Fontes Media网站主页：http://adfontesmedia.com。

害他人合法权益。第38条规定，违反本规定若干条款的，由网信等有关主管部门依据职责，按照有关法律、行政法规的规定予以处理。相关的法律主要指《中华人民共和国治安管理处罚法》和《中华人民共和国刑法》。所以说，信息素养不仅包括信息能力，也包括信息伦理，还包括知法、懂法。

前面我们提到的案例和分析，可以归结为四个方面。首先是信息意识。面临突发事件或者困难、问题时，意识到可以通过信息的查找分析来解决问题，而不是慌乱。第二是获取信息的能力。当意识到有信息需求的时候，还要能够从权威的渠道去获取所需信息。第三是甄别信息的能力。获得大量信息时，要有能力甄别信息的真假。最后，转发信息要遵守信息伦理与法律。在网络空间共享和转发信息是常见的现象，转发时要遵守信息伦理和法律规定。这四个方面是信息素养的重要组成部分；要提升信息素养，就要做好这四个方面。我们迫切需要就这些方面对公众开展信息素养教育，使每一个公民都成为有智慧的人，使谣言止于智者。

二、图书馆为什么要开展公众信息素养教育

开展公众信息素养教育十分迫切。接下来的问题是，图书馆为什么要开展公众信息素养教育？依据何在？

为了回答这个问题，我查阅了一些相关的文献。第一个依据是联合国教科文组织的界定。联合国教科文组织是全球信息素养教育领域中最重要的国际组织，通过发布宣言、文件，组织活动等措施来引导、指导和推动全球公众信息素养教育。2008年联合国教科文组织会议上确定信息素养的全球统一名称为Information Literacy。

2008年，联合国教科文组织提出了"媒介与信息素养"（MIL）这一概念。随着表达信息素养的术语越来越多，如"Information Literacy"、"Media Literacy"（媒介素养）、"Digital Literacy"（数字素养）、"Visual Literacy"（可视化素养）等，联合国教科文组织认为需要有一个统一的术语将它们概括起来，因此提出了"媒介与信息素养"这个术语，即

"Media and Information Literacy"，缩写为 MIL。联合国教科文组织对 MIL 进行了定义：媒介与信息素养是一组能力，使公民有能力使用一系列工具，以批判的、合乎道德的、有效的方式获取、检索、理解、评估和使用、创造、分享所有格式的信息和媒体内容，从而参与和开展个性化、专业化和社会化的活动。因此，媒介与信息素养的使用范围非常广泛。

为了寻找更充分的证据，我进一步研究了联合国教科文组织发布的各种宣言，从中发现了图书馆开展媒介和信息素养教育的基础。这些宣言的时间跨度从 2012 年到 2019 年，它们从不同角度阐述了图书馆为什么要开展媒介与信息素养教育。第一个宣言《莫斯科媒介与信息素养宣言》提出了从图书馆、博物馆、档案馆等多个主体开展媒介信息素养教育的观点；第二个宣言《数字时代媒介与信息素养的巴黎宣言》同样强调了图书馆及其他文化机构的作用；在这之后《关于媒介与信息素养的青年宣言》《关于不断变化中的媒介与信息背景下媒介与信息素养的里加建议》《媒介与信息素养城市的全球框架》宣言则仅涉及图书馆。图书馆还可以与其他机构合作，例如与中小学和媒介教育中心等合作。从联合国教科文组织的这些宣言中可以看出，图书馆是息素养教育的主体。

另外一个理论依据是联合国教科文组织在图书馆学五法则基础上提出的媒介与信息素养五大法则。其中一些和图书馆相关联，比如第一条明确提出图书馆等机构应该提供信息素养教育；第五条指出，媒介和信息素养教育不是即刻习得的，所以需要开展信息素养教育。

联合国教科文组织把信息素养教育提升到促进联合国 2030 可持续发展目标的高度。联合国的 17 个发展目标以及实现目标的具体指导意见中，很多直接与信息素养教育相关。如第 4 个目标倡导全面终身学习，第 10 个目标是开办全民优质教育，第 1 个目标是要开办优质教育和培养技能，等等。

所以，从联合国教科文组织的宣言、目标，信息素养五大法则等多个角度，我们找到了图书馆为什么要开展信息素养教育的可靠的依据。

国际图联在 2019 年 7 月发布了一份报告《所有人的渠道和机遇——图书馆如何促进联合国 2030 年议程》，提到了图书馆和信息素养教育的几个相关问题。议程指出，图书馆可以在以下方面助力实现联合国 2030 年可持续发展目标：第一，通过数字媒介信息素养和技能培养；第二，通过缩小信息获取的差距；第三，通过使用信息通信技术、普及数字化技术。由此可见，图书馆的工作是非常重要的，具有深远的意义。

如表1所示，国际图联的相关文件中也体现了图书馆开展信息素养教育的依据。从中可见国际图联很早就注意到图书馆开展信息素养教育的重要性，而且不断提高其地位。

表1　国际图联关于图书馆开展信息素养教育的相关文件

文件名	时间	相关内容
《国际图联关于假新闻的声明》（*IFLA Statement on Fake News*）	2018年8月	图书馆有帮助用户获取可靠、真实信息的法定义务和道德义务，要开展MIL教育，帮助公众评估信息来源
《国际图联2017年度报告》（*IFLA Annual Report 2017*）	2017年	战略方向之首：将工作重点放在培养以信息素养为重点的素养教育，并将信息素养作为所有公民的基本技能
《国际图联数字素养宣言》（*IFLA Statement on Digital Literacy*）	2017年8月	图书馆必须通过充分规划设计、财政预算和人员投入，将培养读者的数字素养作为核心服务之一。图书馆员应通过学习，提升自身数字素养教育与服务技能
《国际图联媒介和信息素养建议书》（*IFLA Media and Information Literacy Recommendations*）	2011年12月	各政府和组织大力支持图书馆、信息行业、档案馆依照MIL与终身学习原则开展服务，以提升公众的生活质量

再把视线转向信息发达国家。美国是提出信息素养术语的国家。1974年，美国信息产业协会的主席保罗·泽考斯基（Paul Zurkowski）在一个提交给美国国家图书馆和信息科学委员会（National Commission on Libraries and Science，简称NCLIS）的报告中提出了"信息素养"概念。报告提出，"为在1984年前实现普遍信息素养（universal information literacy），将制定重大的国家方案列为最高优先事项，培养所有公民使用现有的以及那些尚处于开发和测试状态的信息工具的能力"。

美国国家图书馆和信息科学委员会则在《满足美国人民的信息需求：过去行动与未来倡议》中提出：必须通过图书馆保障公众无障碍获取信息的权益，并通过图书馆的教育作用使公众能够更好地利用信息。

美国提出的信息素养教育相关的标准在全球具有重要影响，这些标准的产生背景如下。1989年，美国图书馆协会信息素养主任委员会在《最终报告》当中呼吁要重视信息素养教育，指出了公共图书馆、大学图书馆和中小学图书馆在信息素养教育中的作用。1998年，美国中小学图书馆员协会（AASL）发布了关于中小学生信息素养的标准——《学生学习的九个信息素养标准》；随后，美国大学与研究型图书馆协会（ACRL）发布了《高等教育信息素养教育能力标准》。后者在中国国内的研究和宣传中更被重视。2007年，AASL把原来面向中小学生的信息素养教育标准更新为《21世纪学习者标准》。2016年，高等教育信息素养教育"能力标准"更新为"能力框架"，表示标准不固定、不单一，而是一个框架，可根据不同情况调整从而显示出信息素养的外延、内涵更加丰富。

英国的图书馆和信息从业人员协会（Chartered Institute of Library Information Professionats，CILIP）专门成立了一个信息素养工作组。CILIP网站在2008年发布了 *Definition of Information Liferacy*[①]，重新界定了信息素养，特别强调信息素养教育面向所有公民，而且界定了信息素养教育的五种场景，包括每天的生活、公民的身份、教育、工作和健康。这是对信息素养场景界定最多的一个文件。这也体现出图书馆开展信息素养教育受众广泛、意义深远。

在英国，官方文件提出了许多关于图书馆开展信息素养教育的要求。这些文件包括战略规划和宣言等，特别强调各种类型的图书馆在推广信息素养教育方面的重要性和作用。此外，它们还强调图书馆应该与其他部门开展合作，以提高公众的信息素养水平。这种信息素养教育是面向公众、面向所有人群的，可以在多种场景下实现。

---

　　① https://infolit.org.uk/ILdefinitionCILIP2018.pdf。

其他发达国家，如澳大利亚和新西兰，也非常重视信息素养教育。两国合作成立了澳大利亚和新西兰信息素养研究所（Australian and New Zealand Institute for Information Lifracy，ANZIIL），共同推动信息素养教育事业的发展。此外，他们还出版了《澳大利亚和新西兰信息素养框架、原则、标准和实践指南》，详细指导了图书馆开展信息素养教育的内容、评估原则等。这些指导文件的出台表明，这些国家认为图书馆开展信息素养教育至关重要，并提供了规范化的指导意见。

澳大利亚图书馆和信息协会发布的《全民信息素养声明》（*Statement on Information Literacy for all Australians*）提出了强烈的呼吁，认为图书馆和信息服务专业人员在提高全民信息素养方面扮演着关键的角色，专业人员应该向公众提供支持和指导，促进政府、企业、专家、教育和公共部门以及全体澳大利亚的公民，提升信息素养，帮助人们掌握信息技能，更好地理解和利用信息资源。

三、图书馆开展公众信息素养教育有哪些优势？

我们已经通过联合国教科文组织、国际图联、美国、英国、澳大利亚和新西兰等的政策、文件、计划、行动，证明了图书馆为什么要开展信息素养教育。接下来的问题是，图书馆开展信息素养教育有哪些优势？

第一，图书馆在教育领域的重要职能得到广泛认可，并在国际文件、中外各国政府文件和法律中得到了体现。例如，联合国教科文组织与国际图联共同发布的《公共图书馆宣言》强调图书馆的服务核心与信息扫盲、教育和文化密切相关。尤其值得一提的是，《中华人民共和国公共图书馆法》也特别强调要提高公民的科学文化素质和社会文明程度。在信息时代和大数据时代，提高每个公民的信息素养和数据素养，已成为公民科学文化素质的重要组成部分。此外，教育部的相关文件也对高校和中小学图书馆开展信息素养教育提出了明确的要求。所以说，图书馆的教育职能得到了广泛的认可——图书馆是人民的大学。

第二，图书馆是广大公民可以信赖的文化传承机构。习近平总书记在

2019年9月8日给国家图书馆八位退休老专家的回信中，特别指出："图书馆是国家文化发展水平的重要标志，是滋养民族心灵、培育文化自信的重要场所。希望国图坚持正确政治方向，弘扬优秀传统文化，创新服务方式，推动全民阅读，更好满足人民精神文化需求，为建设社会主义文化强国再立新功。"

在信息时代，信息素养教育已经成为图书馆服务的重要内容。"授人以鱼不如授人以渔"，图书馆不仅应提供信息资源和服务，更重要的是提高读者的信息检索能力和水平，让他们能够自主获取所需信息并解决问题。图书馆也认识到了自身教育功能的重要性，开展了许多品牌讲座活动，如国家图书馆的"文津讲坛""国图公开课"等。

第三，人力资源优势。图书馆员的称谓，都是和图书馆联系在一起的；图书馆的工作，专业技能可以涉及更广的范围，即所谓"librarians outside libraries"，物理建筑图书馆之外的图书馆员。图书馆员的专业技术职能，尤其是信息组织、整序、检索、开发、利用和服务的能力，可以广泛应用于政府机关、企业，特别是IT行业、电子商务等领域和行业。图书馆员还可以叫作"information professional"，其中"professional"与另一个词"professor"（教授）的前七个字母都是相同的，说明图书馆员作为信息服务的专业人员，具有很多特有的技能，如信息的组织、整序、检索、开发和利用。

现在，读者能够足不出户利用图书馆的资源和服务。这是因为图书馆人有智慧去提供这样的服务，能够快速满足广大公众对信息资源和服务的需求。"Intelligence"是智慧、智能的意思。图书馆员能够将自身的智慧、知识、技能和外部的信息资源蕴含的智慧结合起来，后者包括各种资源如图书、期刊、电子资源和网上资源等。只有将内外的智慧、知识、技能有机整合，才能够提出有效的解决方案。因此，我们认为图书馆员是一个富有智慧的群体。此外，图书馆员还能够将自己的智慧服务于社会，这也是我们图书馆的精神——智慧与服务。我们利用专业智慧来服务社会，同时还有助于提升社会的智能化水平。例如，现在热门的智慧图书馆，既指在图书馆工作中大量使用智能技术，还指有智慧的馆员。

第四，信息资源优势。图书馆的各种各样的资源，是开展用户信息素养教育的重要资源保障。国际图联在《公共存取：支持数字包容》中强调：
"在发展中国家的社区中，公共图书馆是唯一能够通过信息与通信技术获
取信息的场所。这些信息将帮助公众改善教育、培养技能、找到工作、做
出明智决策。"图书馆之所以对公众非常重要，是因为其丰富的信息资源。

第五，场地和空间优势。许多图书馆，尤其是公共图书馆，拥有黄金
位置，成为地标性建筑。读者们对很多新馆都满怀期待。更重要的是，图
书馆一直致力于提高服务水平，不断探索、不断应用各种新技术，例如云
计算、物联网、大数据和人工智能等。

四、图书馆开展公众信息素养教育的对策

究竟应该怎样开展公众信息素养教育？怎样促进我们国家公共信息素
养教育的提升？

（一）建议尽快出台专门政策

近年来，得益于各级政府的大力支持和资金、场地等方面的强有力保
障，图书馆事业蓬勃发展。然而，在信息素养教育领域，"十三五"期间
尚未出台专门的政策。尽管《"十三五"国家信息化规划》提出了相关机
构应该积极推进信息素养教育，《教育信息化2.0行动计划》和《教育信息
化"十三五"规划》也都提及了这一领域，但仍缺乏专门的政策文件。我
们特别高兴地看到，2021年，中共中央网络安全和信息化委员会发布了
《提升全民数字素养与技能行动纲要》。我们注意到，美国、英国、澳大利
亚、新西兰等发达国家，已经制定了专门的信息素养教育政策。

在制定中国的信息素养教育政策时，我们可以参考一些重要国际组
织的文件，例如联合国教科文组织的两个重要的报告《媒介信息素养与
政策和战略指南》和《全球媒介与信息素养的评估框架》。这两个文件在
指导联合国教科文组织各个成员国制定本国政策方面具有重要作用，可
供借鉴。

同时我们还可以借鉴信息发达国家的经验。如欧洲信息素养政策和研

究观察室（European observatory on IL Policies and Research）网站收录了欧盟和欧洲20多个国家信息素养的政策。我们可以从国际文件中寻找借鉴意义。当然，在制定本国的政策时，我们需着重考虑接地气和本土化，这也是联合国在相关指导中特别强调的。或许某些国家的某些经验值得参考，但需要结合中国国情，制定适合自己的政策。

（二）鼓励多主体参与

我们的公众信息素养教育面向广泛的人群，可通过不同标准分类，例如年龄、职业和受教育程度等。教育对象范围广泛，超出任何单一机构的能力范围。因此必须强调多个主体的参与。联合国教科文组织在2012年《莫斯科媒介与信息素养宣言》中明确指出，政府、教育、媒体以及青年组织、图书馆、档案馆、博物馆和非政府组织，都有责任开展媒介与信息素养教育。以下是建设参与公众信息素养教育的主体。

1.政府部门是重要主体

国家相关部委可以结合自己分管的业务，出台相关的信息素养教育政策或者提供保障。除制定政策外，政府还可以同相关企业合作。如2015年教育部和微软中国公司签订了职业教育领域合作的谅解备忘录，微软中国公司支持我国的职业院校开展信息素养教育，建立相关实验室。

国外政府机构的一些做法值得参考。如美国的疾控中心把图书馆、学校等多个主体都作为提升健康信息素养的重要参与者。美国的联邦应急管理局则出版了一份手册，用于应急管理方面所涉工作人员，指导其提升处理信息、做出明智的决策的能力，以及在工作场景当中所需要的各种信息能力。这两个例子很好地展示了政府管理部门可以结合自己的业务需要开展相关政策指导工作。

2.教育机构

目前，我国信息素养教育仍以高校为主。1984年以来，教育主管部门陆续发布了多个文件，要求高等学校面向全校大学生开设文献检索方面的课程。这大大提高了高校大学生的信息素养教育程度。另外，2018年修订的《中小学图书馆（室）规程》明确提出了中小学图书馆要开展信息素养教育的要求。虽然目前中小学对信息素养教育的重视程度还不够，但是有了上述规程，中小学应该可以多开展信息素养教育了。

许多高校的教师都结合自身经验和实践开设了信息素养教育课程，并且让信息素养教育走出校园，走向社会，扩大受益面。

高校教师也可以受相关机构邀请，向公众开展信息素养教育。例如，美国排名第一的图书情报学院在伊利诺伊大学香槟分校，该学院多位老师从事信息素养教育研究，并获得了美国图书馆和博物馆服务署（The Institute of Museum and Library Services，MLS）等政府机构的资助。其中，Nicole A. Cooke教授，编了《假新闻和"另类事实"》（*Fake News and Alternative Facts*）一书，其主要内容为后真理时代信息素养教育。由于该作者在该领域有很大的影响力，美国图书馆协会等机构还邀请他作公众信息素养教育报告，直接向公众开展信息素养教育。

3.图书馆

除了中小学和大学图书馆之外，国家图书馆、各公共图书馆和专业图书馆都可以开展信息素养的教育。美国国家医学图书馆发布了找到优质在线健康信息需要关注的5个问题（5 Questions to Find Good Health Information Online）：第一，谁提供的信息；第二，信息是什么内容；第三，信息来自哪里；第四，信息是什么时候创建的和更新的；最后，生产信息的意图是什么，特别提出要警惕来自商业网站，或旨在销售产品或服务的信息。这对于我们选择信息也是比较好的参考。除了美国国家医学图书馆外，美国国家教育图书馆、美国国家农业图书馆等都有类似的活动。中国国家图书馆的数字图书馆推广工程、网络书香讲坛、社会教育计划、"国图公开课"等，都提供了大量关于信息素养教育方面的内容。

4.行业协会

美国图书馆协会，英国的、澳大利亚的相应机构，都很重视公众的信息素养教育工作。

为了提高广大公众的信息素养水平，美国图书馆协会采取了一系列措施。除了发布文件和召开会议、资助项目外，他们还开发了一些工具和课程，在其官方网站上公开发布，供各个图书馆在推广信息素养方面参考。

英国图书馆和信息从业人员协会也很重视信息素养工作，于2019年召开了全国性的会议，讨论公共图书馆的信息素养教育。

在我国，中国图书馆学会这几年在提升公众信息素养教育方面做出了很多努力。2013年、2014年、2015年、2018年中国图书馆学会年会，都有相关的分会场讨论信息素养教育或者慕课议题。2018年的分会场，主题是"新时代全民信息素养教育"，探讨如何通过图书馆（学）在线课程建设，推动全民信息素养教育，会场讨论和互动非常活跃。2019年中国图书馆学会年会开设了名为"信息素养与可持续发展"的主题论坛。得益于澳门大学图书馆馆长吴建中的高超见解和指导，武汉大学信息管理学院、中国图书馆学会学术研究委员会、澳门大学图书馆以及《图书馆杂志》编辑部这几家单位联手合作，共同举办了这一论坛。这个论坛吸引了众多年会参会者前来参加。除了邀请专家做报告，会议还特别邀请了一些信息素养教育领域的同行和专家，同与会者进行互动讨论，气氛非常热烈。在这次主题论坛上，中国图书馆学会和武汉大学信息管理学院等单位共同发布了《中国公民信息素养教育提升的行动倡议》。2019年底，中国图书馆学会还专门向全国发布了函件，呼吁各图书馆积极响应该倡议。

中国图书馆学会在2019年底举办了首届图书馆对公众开展信息素养教育研讨班。后来，该研讨班也成为中国图书馆学会长期开展的一项重要工作。

5.非政府组织

联合国教科文组织的文件建议各种机构都参与信息素养教育，其中包括非政府组织。国际红十字会和红新月会联合会也开展了信息素养教育的活动。他们认为，非政府组织之间应该团结起来，所以用了"Consortium"这个词，是联盟、联合体的意思，他们建议组建一个信息素养的联盟。

6.企业

很多企业都意识到信息素养教育的重要性并积极参与。微软（Microsoft）前期开设过数据素养教育公开课；2019年国际图联和推特（Twitter）做了公益广告计划，支持公众信息素养教育的开展。在网络时代，通过社交媒体开展合作，也可以更好地提升信息素养教育的可见度和社会影响力。如针对新冠疫情暴发中的信息疫情以及虚假信息的问题，全球多家知名社交网络平台联合发表了声明，以共同应对这些问题。

7.个人

除了上述的组织机构外，还有很多个人对于信息素养教育充满热情，并且愿意为此作出自己的贡献。例如，我本人在不同的场合面向不同的受众，讲解了如何在工作、生活、学习和研究中利用信息。同时，我还受到一些政府部门的邀请，进行了数据驱动的决策方面的演讲。正如前面所提到的，国际图联、联合国教科文组织等机构的文件都指出，信息素养的应用场景非常广泛，可以应用于各个领域。政府领导者可以借助大量数据和信息做出科学决策，提高决策的准确性和效率；企业领导者也可以利用信息素养提升企业的竞争力，使企业在市场竞争中处于优势地位。此外，企业员工也可以通过提高自身信息素养，为企业的发展作出更大的贡献。在不同场合，我都曾针对以上主题做过讲座和报告。

8.合作

单一一类主体或者单个主体的力量有限，所以我们特别强调合作。一种合作是同领域的合作，如国际知名的信息素养联盟。该联盟的成员来自世界各地的多个国家和地区，如澳大利亚和新西兰的信息素养研究所、欧洲信息素养网络、美国国家信息素养论坛、北欧信息素养协会，以及印度等国家和地区的信息素养协会。这个合作可以说是全球信息素养领域的主体之间的合作。

合作还包括跨领域的合作。其中，规模最大、参与主体最多样化的合作，是由联合国教科文组织组建的全球教育联盟，其目的是应对新冠疫情所带来的学校停课问题。该联盟的成员包括：多边机构，如联合国等；私人企业，如微软和华为等；民间组织和教育机构，如可汗学院等；媒体和其他网络相关的组织和机构，如BBC等。如果我们通过联合国教科文组织的全球教育联盟来开展信息素养教育，影响会更大。我们可以想办法参与。

（三）教学对象

公众信息素养教育，应该覆盖各类教学对象。联合国教科文组织设有9月28日普遍获取信息国际日，2019年该国际日的主题是"不让一个人掉队"，所有人都应该被覆盖到。

联合国教科文组织推出的很多计划，也体现了对象的普遍性。如影响力很大的全民信息计划（Information for All Program，IFAP），已经持续了将近20年，字面意思是"面向所有人的信息计划"。它有六个优先领域，其中信息素养是六大优先领域之一；其他的很多领域也都与此关系密切，比如信息伦理、信息的可获取性，都是信息素养的重要组成部分。联合国教科文组织为了在全球更好地推广全民信息计划，在38个国家和地区设立了全民信息计划国家委员会（National IFAP Committee），中国的全民信息计划国家委员会机构设在中国科技信息研究所。

1.青少年

信息素养培养，覆盖多种对象。无论国内外，大学生是受到较多关注的信息素养教育对象；而一些其他对象则相对薄弱，比如青少年。可能是因为中小学生面对升学压力，并且许多学校缺乏图书馆，青少年群体的信息素养教育并未得到广泛实施。但2018年教育部要求，在2020年之前，所有独立建制的中小学都必须设立图书馆。有了图书馆，就可以有更好的保障来开展信息素养教育。中小学信息素养教育，可以参考国外取得较好成效的案例。其中一例是尼日利亚面向中小学生开发的卡通卡片、棋牌游戏和故事书，这些资源得到联合国教科文组织的指导。这些教育资源旨在培养青少年的信息意识、信息道德和信息辨别能力，它们在青少年成长过程中尤为重要。教学内容的设计、教学形式、教学资源的使用都要符合不同对象的特点。

2.老年人

老年人由于会频繁地使用图书馆，因此我们可以更方便地为其提供信息素养教育。欧盟实施了一个名为"让未来更加安全的IT教育"的项目，开设了五门信息素养课程，其中之一是针对老年人开设的"打破数字障碍"，旨在提高他们的信息素养，帮助他们提高查找和使用医疗、金融以及其他生活信息的能力，更好地适应数字时代的生活。

澳大利亚新南威尔士州、昆士兰州和维多利亚州的公共图书馆，专门为老年人定制了数字素养培训。老年人在很大的年龄时才接触了新的技术和设备，往往对使用数字技术不太有信心，所以要先培养其数字技能，培养他们利用数字化的设备和技术（包括网络）获取信息的能力，帮助他们提升生活质量。

3.残障人士

残障人士是图书馆非常注重的服务对象之一。苏州图书馆等公共图书馆针对有智力障碍的人开展了信息素养教育，包括如何画图、如何收发电子邮件、如何检索网络信息等。

此外，很多就业者在找工作之前需要查找大量的求职信息、了解如何投简历等等，因此我们的图书馆也可以为他们提供相关的指导和帮助。澳大利亚国家残疾人服务协会开设就业素养项目，其中有一些是教待就业人员怎么查找与求职相关的信息。

4.农民

我国是农业大国，农业人口占比非常大。在《"十三五"国家信息化规划》中，特别提出了要提高农村群体的信息素养。国际上也有案例，如塞尔维亚公共图书馆专门为农民开展信息素养教育项目，效果很好。

隶属于联合国的组织"学习监测全球联盟"，为农民信息素养教育应着重培养的能力等提供了指导建议。他们的指导具有较高的权威性，对我国相关工作具有参考价值。

5.公务员

加拿大为公务员开展了一个数字学院的培训活动，提升其数字素养技能，以提升决策能力和领导能力。欧盟也设立了相关项目，由图书馆或公共行政学院为当地公务人员开展信息素养教育的培训活动。

6.媒体从业者

媒体从业者的信息素养，对于新闻报道和信息提供非常重要。联合国教科文组织专门为媒体从业者提供信息资源合集，以便其提升信息素养并利用这些资源。同时，联合国教科文组织为新闻媒体从业者创建了一个信息素养课程框架，提出了他们需要具备哪些能力。

7.退伍军人

旧金山公共图书馆投资了170万美元，打造了退伍军人学习中心，提供线上和线下的信息素养教育课程。这或许可以为军事院校开展信息素养教育提供一些借鉴和参考。

8.服刑人员

新西兰的狱政局要求为服刑人员开展数字技能的教育，希望教他们如何找工作，让他们刑满释放之后可以找到工作，自食其力，为社会作出贡献。

简而言之，关于信息素养教育的对象，我们建议涵盖多种教学群体，就像联合国教科文组织的口号"不让一个人掉队"。当然，这是一个比较长的过程，需要多方参与。

（四）教学形式

教学形式可以多种多样，包括线上教育、线下教育和线上线下相结合的混合式教育。

1.在线教育

在线教育形式多样，如线上授课、慕课。新冠疫情暴发后，许多人在家隔离，开始在家学习和工作。现在的直播和录播课程非常普遍，在线教育受到全民和全球的欢迎。在这种背景下，联合国教科文组织组建了全球教育联盟。在线教育还可以通过先在线测试受教育者的信息素养水平，再有针对性地选择教学内容，新西兰和美国的得克萨斯州都有在线自测的项目。还有很多机构参与开发了一些App，有公益性的和商业性的。如爱课程网，除了通过电脑学习课程外，还可以通过手机App去学习。

慕课（Massive Open Online Courses，MOOC）是在线课程的一种形式，是面向所有人的大规模的在线的开放课程。有学者调查发现，广义的信息素养教育慕课有100多门。自2014年9月起，笔者开设了信息检索主题慕课，每年3—6月，9—12月各一期；截至2024年1月前，已开设到了第19期，累计培训各行各业学员30余万人。在2019年2月，学习强国平台建立了慕课栏目，并从所有学科中选择了225门慕课，我的课程荣幸地入选了。

小型私有课程（Small Private Online Course，SPOC）也是开展信息素养教育的重要手段。如面向武汉大学图书馆学专业的研究生开设的课程，教授如何在研究当中应用信息检索技能，如何把握学科前沿，如何选题，如何提高研究的效率，如何用数据驱动的方法和思维开展研究，如何选择合适的投稿刊物，如何提升成果影响，如何了解成果被译的情况。这样的SPOC课程也非常受欢迎。

除此之外，还可以使用一些在线的自测小游戏。如美国疾控中心开发了一系列健康信息素养教育的在线自测小游戏。"美国疾控中心健康IQ App"（CDC's Health IQ App）是美国疾控中心的多个App之一。该课程App采用多种教学方式，包括线下的面对面课堂教学、图书馆和机构的专家讲座以及案例分析和案例集等。英国联合信息系统委员会也开发了一系列面向不同场景的信息素养教育App，其特点在于强调信息素养教育面向不同的场景，面向不同的群体。除此之外，还有一些机构建立了信息素养教育案例库，包括模拟的实训等。

美国设立了国家信息素养意识月。2009年，时任总统奥巴马于签署的文件明确，美国公民的信息素养水平相对较低，然而信息素养对于每个人的日常生活、工作、研究、决策都至关重要。为了唤起全体美国人对信息素养的关注，每年10月被定为国家信息素养意识月，各种线下庆祝活动和信息素养教育活动也在此时展开。

联合国教科文组织除了将9月28日设置为普遍信息获取国际日之外，还提出了全球媒介与信息素养周——每年10月24日到31日开展活动，也包括很多线下的活动和培训。去年的主题的大意是：希望我们每一个人都成为有媒介和信息素养的公民，有丰富的信息，能够积极参与。国内也有图书馆开展了信息素养月等活动，如湖北省图书馆2019年7—8月暑假期间开展了信息素养月活动，一共办了16场讲座，教读者利用数据库的资源解决各种问题；2018年文化共享工程湖南省分中心也开展了信息素养公益活动，走进社区，面向社区的居民，针对居民需要开设公益课程。

2.线下教育

线下的信息素养教育，不同的图书馆做法不一样。

（1）美国的某公共图书馆在为老年人开展信息素养教育活动。老年人比较喜欢现场的教育活动，对使用网络和数字技术多少有一些心理障碍或者恐惧。这个图书馆做的现场培训，教这些老年人通过电脑在网上使用图书馆的资源，使用社交媒体等。

（2）开展信息检索大赛。当然还可以通过一些现场的活动，如信息搜索大赛，提升公众信息素养的水平。目前，国内有一些品牌活动，例如武汉大学信息管理学院组织的百度无限搜索大赛，已开展了十几届，获得了联合国教科文组织的授权，允许使用联合国教科文组织的LOGO；再如，武汉大学图书馆牵头组织的湖北省高校大学生信息搜索大赛，吸引了来自全国的高校学生参与；全国财经高校搜索大赛已经开展了多届；部分高职院校也开展了信息搜索大赛；此外，还有一些面向全球大学生的信息搜索大赛。参赛的选手为了成绩会做一些训练；组织者通常要对选手做一些培训，并在比赛中设置专家点评等环节，这些举措有助于提高选手的信息素养水平。

（3）举办节日活动。英国洛奇代尔公共图书馆（Rochale Library）主办的数字文化节，由30多家企业和组织联合举办，活动特别成功。市长和组织者一起为获奖者颁发奖牌和证书。

3.线上与线下相结合

线上线下相结合，教授效果会更好。我在给武汉大学信息管理学院开办的澳门研究生课堂授课时，学生先观看讲座视频，视频当中不清楚的问题，再进行专门讨论。这种方式使学习更加深入。

国外的如英国数字公民项目。该项目有近百所图书馆参与，线上线下结合，面向不同群体，吸引了很多人参加。

（五）培养公众信息素养教育的师资

培养公众信息素养教育的师资，是当前非常急迫的任务。现在信息素养教育的师资严重缺乏，即使高校也不例外。因为高校信息素养教育的师资主要来自图书馆的馆员，而馆员有很多其他工作。每年新生入学教育，全校学生培训工作量就非常大。公共图书馆更缺乏师资，亟待培养。

培养师资可以有几种途径：

利用联合国相关的计划和项目，比如全面信息计划和信息素养培训师的培训（Training the trainers），我们的老师们可以利用他们的计划参与学习。这些培训通常是免费的。信息素养培训师的培训，2008—2009年在全球开展了一年多，该项目接受联合国教科文组织的委托和经费支持。武汉大学信息管理学院开办了一期，来自20多个国家和地区的信息素养教育师参加，效果很好；联合国教科文组织副总干事也出席了开班典礼。联合国教科文组织还开发了一些面向老师的工具、课程和工具包，老师们可以免费登录网站使用。

在我国，教育部高校图工委也重视信息素养教育的研讨；中国图书馆学会多次举办公众信息素养教育的研讨班和培训班；部分高校开展了在职培训，由信息管理学院面向公共图书馆工作人员进行培训；一些公司或商业机构也提供了信息素养方面的培训。

为了提升全球信息素养教师的水平，联合国教科文组织开发了"媒介信息素养"线上资源。该资源设置了多个模块，内容丰富，为广大教师提供了免费教学资源；同时，它也鼓励老师们贡献自己的资源。联合国教科文组织还出版了一系列的著作，如《〈联合国教科文组织教师信息与通信技术能力框架〉本土化修订指南》（［意］维多里奥·米多罗著，世界图书出版公司2017年出版），可供参考学习。

（六）信息素养教育资源建设

开展信息素养教育需要大量资源。资源建设好之后，可通过国内外平台开放。国内的有国家精品资源共享课程、精品视频公开课、精品在线开办课程，以及正在建设的金课等。均为国家级平台。

国外在线教育平台也有很多信息素养的课程，如慕课的三驾马车，以及欧洲一系列开放教育的平台，都有很多资源可以学习。我们既可以利用其资源，也可以为其贡献力量。

我们图书馆界的学界和业界同行共建了图书馆学在线课程联盟。2015年在北京大学图书馆学博士生学术论坛期间，我向教育部高校图工委主任、北京大学图书馆馆长朱强，教育部图书馆学教学指导委员会主任、北京大学教授王余光两位建议，团结全国的同行来开设课程。它既能让全国所有的图情领域的师生受益，也能让全国图书馆界受益，同时可以扩大图书馆学界和业界在社会上的影响。如今，联盟非常有成效，课程不断丰富，马费成老师、程焕文老师都贡献了慕课，这些优秀的课程面向全社会读者开放。

（七）广泛传播信息素养教育的中国声音

中国在世界上的影响越来越大，我们如何发出自己的声音？可以推荐优秀的专家到国际相关的组织去任职；可以参加国际相关标准和方案的制定；还可以担任全面信息计划的信息素养培训师。例如联合国教科文组织制定了许多框架和指南，我们应想方设法去参与；2008年武汉大学信息管理学院主办了信息素养培训师培训班，全国多位专家担任了授课专家。

这三个方面的工作并不容易，对语言、个人能力都有比较高的要求。我们可以参与信息素养教育方面有重要影响的国际会议，在会议上发声。例如目前规模最大的是欧洲信息素养会议，中山大学的潘燕桃教授、北大的张久珍教授以及我，均为项目委员会的委员。我们希望在会议上发出中国学者的声音，扩大中国的影响。

五、结语

在大数据和信息时代，信息是最重要的战略资源。提升个人的信息素养不仅对自己有好处，也有助于提高所在机构的水平，更可提升整个社会的信息素养水平。我们应该展现我们职业的责任感和荣誉感，努力提高每个人的信息素养、利用信息资源的能力，以便更好地服务社会，助力提升国家治理水平和现代化水平。

（讲座时间：2020年5月）

第八讲

阅读，与经典同行

王余光

【主讲人简介】

王余光 北京大学信息管理系教授，中国图书馆学会阅读推广委员会顾问，全国图书馆学学科首席科学传播专家。致力于文献学、阅读文化与现代出版业等方面研究。主要著作有《中国历史文献学》《中国文献史（第一卷）》《中国新图书出版业初探》等。

书籍承载文化，传递文明，与书籍相伴的阅读行为，使人们可以超越时空，在精神的世界里自由翱翔。当前社会，图书出版业越来越发达，互联网带来了海量的信息。与之相对的，人们用于阅读的时间却越来越少。在有限的阅读时间里为读者选择有价值的阅读书目，是每个图书馆员义不容辞的职责。

一、何为经典：没有定论的话题

哪些作品可以成为经典，这是一个没有定论的话题。

八十多年前，朱自清写成《经典常谈》。他所说的经典，相对于儒学的"经"而言，是广义的：

包括群经、先秦诸子、几种史书、一些集部；要读懂这些书，特别是经、子，得懂"小学"，就是文字学，所以《说文解字》等书也是经典的一部分。（朱自清《经典常谈·序》，人民文学出版社2022年）

当代学者龚鹏程在《经学概说》一文中，讨论经典之所以成为经典时说：

> 一方面是经典本身的原因，因当它具有真理，足以启发后人，故为人所尊崇，视为恒经，乃不刊之理论。另一方面，它也形成于圣典崇拜之中。在经典化及其竞争关系里，某些书虽然也很重要，但未被经典化；某些书，原亦平常，却在某一历史条件下经典化了。（龚鹏程主编《读经有什么用：现代七十二位名家论学生读经之是与非》，上海人民出版社2008年）

先贤时哲所言，予人颇多启迪。

我们常说的经典，是指那些具有重要影响的、经久不衰的著作，其内容或被大众普遍接受，或在某专业领域具有典范性与权威性。

如果我们不讨论专业经典，仅就一般意义上而言，那么经典具有三重特性或三要素：

（1）影响力。影响力体现了作品内容的吸引力。那些进入"经典"的作品，无不在一定区域具有重要影响力，如《周易》《孙子兵法》等。当然，影响力有积极的与消极的，也有长期的与短暂的。那些"影响一时"的作品，可称之为名著。而影响力，应当说并不完全出自作品的自身，或者说这种绝对自然发生的影响力是不存在的。我们每个人的阅读都受到很多因素的影响，如政治形态、家庭、个人的素质和兴趣、老师与同学、环境以及广告等。我们对读物的选择或理解，都会受到这些因素的影响。

（2）时间性。一部作品，或许影响一时，或许在某一特定的时期被人顶礼膜拜，但时过境迁，往往很快就被人们遗忘或抛弃。经典，需经得起时间的检验，需经久而不衰。也就是说，一切著作若要成为经典，都必须经得起历史的考验。

（3）广泛性。我所理解的经典（非专业领域的经典），必须是广泛的，是指它所讨论的问题是人们所普遍关心的，是大家普遍接受的。比如《诗经》《论语》《史记》《三国演义》等，它们的内容是广泛的。《诗经》三四千年以来，它讨论的话题我们今天仍然关心；有不少诗在今天还成为流行歌曲，像《在水一方》等。

我想说，这三点，也就是影响力、历史性和广泛性，大概就是经典所需要具备的因素。

二、中国人的阅读传统：经典崇拜

在中国悠久的阅读历史中，逐渐形成了丰厚的读书传统。这种传统的积淀与承继，对后世读书人有着重要的影响；读书人在心理上和阅读的价值取向上，无不受其支配。虽然，目前我们对阅读传统的总结还做不到系统与深入，但这一话题显然对中国阅读史的研究具有意义，对经典的认识与理解有重要帮助。

作为中国阅读传统的一个重要内容，是阅读的思想与方法。这方面，学术界已有很多的讨论。1996年，我们在译注《读书四观》一书时，钱婉约在这本书的序言《亘古常新的精神追求》中将读书概括为三个方面：第一，强调读书为学的首要意义是修身宏道，以追求崇高的道德境界；第二，读书须求广博，为学须求通达；第三，读书为学须"思""习""行"相结合。正如《中庸》中所概括的："博学之，审问之，慎思之，明辨之，笃行之"。

然而，阅读的目的与动力还有着强烈的现实需求，这种需求深刻而广泛地影响着读书人的阅读价值观。

第一，是"学而优则仕"。从孔夫子提倡读书做官，到《大学》中阐发的修身、齐家、治国、平天下，从隋代初创科举制度，到宋代流传的"书中自有黄金屋""书中车马多如簇"等，都有一个很鲜明的目的：读书以致富贵。这一传统是中国文化传统和价值观中的重要组成部分，对中国文化的发展有着不可低估的影响。

第二，勤学苦读。在中国阅读史上，勤学苦读的感人事例层出不穷，如"悬梁刺股""凿壁偷光""囊萤映雪""韦编三绝"等。这些故事数千年来曾激励过无数读书人发愤攻读，积极进取，其影响至今犹存。

第三，对文本的尊重。过去的读书人，往往都是藏书人或抄书人。印刷术在我国发明得很早，但印本书籍的流传仍不是很普及。宋代的雕版印刷术虽然已经流行，但印出的图书品种一定不是很多，或仅限于一些经史名著。在11世纪初期，《史记》《汉书》等，一般读书人还要靠手抄。古代中国读书人的抄书，是一种很普遍的现象。过去的学者认为，好书当抄，抄书有益。抄书也是一种读书与学习的方法。书既不易得，读书人对书的敬重与珍视是可想而知的。清代藏书家孙从添在所著《藏书纪要》中的一段记叙，颇能反映读书人的一般心态。他说：

> 且与二三知己，与能识古本今本之书籍者，并能道其源流者，能辨原板翻板之不同者，知某书之久不刷印、某书之止有抄本者，或偕之间访于坊家，密求于冷铺，于无心中得一最难得之书籍，不惜典衣，不顾重价，必欲得之而后止。其既得之也，胜于拱璧。即觅善工装订，置之案头，手烧妙香，口吃苦茶，然后开卷读之，岂非人世间一大韵事乎？［孙从添《藏书纪要》，清光绪十五年（1889）刻本］

书不仅因贵重而被珍视，同时，书也是读书人生活中不可缺少的组成部分。无法想象，对于读书人来说，没有书的生活是一种怎样的生活。明代一学者曾说：可无衣、可无食，不可以无书。衣、食本是不可无的，这里只是想表明书的重要。读书人常常嗜书如命，并从中获得乐趣。

在读书人尊重文本的基础上所构建的私人阅读空间，书房的内外环境、买书、藏书、借书、抄书、读书，某些读书人的如痴如疯，正是中国阅读史中最具特色和感人的篇章。

书籍是读书人生活的重要组成部分，这是尊重文本的重要原因。在书籍中，经典又具有重要而特殊的地位。在读书人心目中，经典具有力量，经典或阅读经典具有重要的象征性意义。唐代魏征在《隋书·经籍志》序中，对经典的力量与象征意义作了极为精彩的概括，他说：

夫经籍也者，机神之妙旨，圣哲之能事，所以经天地、纬阴阳、正纪纲、弘道德，显仁足以利物，藏用足以独善，学之者将殖焉，不学者将落焉。大业崇之，则成钦明之德，匹夫克念，则有王公之重。其王者之所以树风声、流显号、美教化、移风俗，何莫由乎斯道？故曰："其为人也，温柔敦厚，《诗》教也；疏通知远，《书》教也；广博易良，《乐》教也；洁净精微，《易》教也；恭俭庄敬，《礼》教也；属辞比事，《春秋》教也。"（《隋书·经籍志》商务印书馆1955年）

经籍是圣贤智慧的结晶，可以用来领悟宇宙的奥妙，探究天地、阴阳的消息，端正世间的纲纪，弘扬人类的道德。经籍显则可救济世人，经籍藏则可独善其身。读经籍可令人进步，否则就会落后。成大业者能推崇经籍，则将有令人敬重的光明德性；普通人能以经籍为念，则将为世人所重。统治者若要树立政声、显扬德威、敦励教化、移风易俗，哪有不从经籍而来呢？"六经"的作用与意义由此可见。

第一，经籍是知识的宝库，古今中外的读书人，在这方面都持有相同或相似的看法。苏轼在《李氏山房藏书记》中说：经籍是取之不竭、用之不弊的，人的天分不同，贤或不肖，读书都会各有所获。英国哲学家波普尔曾说：假使我们所有机器和工具，连同我们所有的主观知识都被毁坏了，然而，只要图书馆和我们从中学习的能力依然存在，我们的世界就会重新前进的。经籍贮存知识，并为人们的创造提供基础。

第二，在中国科举时代，经书，特别是四书五经，再加上朱熹的注解，一直成为科举的最重要的教科书，成为读书人踏入官场的阶梯。千余年间，读书人无不深受其影响。

第三，经籍有助于甚或影响着国家的治理。我们现在是否能同意这一看法并不重要，至少我国古代学人是这样看的。司马迁在谈到《春秋》时说，《春秋》明辨人事经纪，判别嫌疑、是非、善恶，以宣扬王道，是一部政治、百官之大法，人伦、礼义之大宗，有国者、为人臣者，都不可不知《春秋》。司马光撰《资治通鉴》，并不是一般意义上的著书立说和史学研究，而是具有重要的政治目的。他在给皇帝的《进〈资治通鉴〉表》中称，该书"专取关国家盛衰，系生民休戚，善可为法，恶可为戒者，为编年一书"。又说，通过此书可"鉴前世之兴衰，考当今之得失，嘉善矜恶，取是舍非，足以懋稽古之盛德，跻无前之至治"。《资治通鉴》成为治理国家的一面镜子，颇受当朝皇帝的赏识，对后世皇帝及大小官员也有很大影响。即便在21世纪，也有些人认为该书也是公务员必读的。

第四，经籍有益于国家的治理、信仰的确立和教化的形成。

第五，经籍或读书具有象征意义，从某种程度上来看，它体现了一个人的地位、权力或特征。读书会使一个人更有教养——至少会使一个人看起来有教养。我们在电视上常常看到，一些被采访的人物常常坐在大书架的前面——这不正说明书是极具象征意义的吗？哪怕这些被采访者根本不读书，或根本没时间读书。当然，从阅读史的角度看，我们更希望书不是象征物，而应该是读物。

三、为什么要读经典：近百年的争论

1.为什么要读经典：问题的提出

在中国，随着西学的引进，科举制度的废弃，传统经典与读书人愈行愈远。五四运动前后，新教育制度的确立和白话文的推行，青年学生特别是中小学生，已不把传统经典作为主要读物了。当时，有学者甚至说要把线装书扔到茅厕里去。因而，为什么要读经典，在那个时代就已被提出。近一百年来，这一问题常常被人们提起。

近十几年来，随着新技术的发展，电视、手机与网络的普及所造成的冲击，使得读书人，特别是青少年，阅读时间大大减少了。因而，读书的问题，引起人们的普遍关心。在其中，随着中国经济实力的增强，所谓文化软实力被学者们不断宣扬，而阅读传统经典、弘扬中国文化，正是这种软实力的必备内涵。

2.为什么要读经典：梁启超的回答

1923年，梁启超在撰写《国学入门书要目及其读法》的同时，还写了一篇《治国学杂话》的文章。在这里，梁氏就为什么要阅读传统经典，提出了两层意见。

第一，作为中国学人，就有必要读一些中国传统经典。他在《最低限度之必读书目》后的附言中说："以上各书，无论学矿学、工程学……皆须一读。若此未读，真不能认为中国学人矣。"

第二，梁氏认为，不仅需要阅读必要的经典，对那些"最有价值的文学作品"和"有益身心的格言"，还需要熟读成诵。他说：

> 好文学是涵养情趣的工具，做一个民族的分子，总须对于本民族的好文学十分领略，能熟读成诵，才在我们的"下意识"里头，得着根底，不知不觉会"发酵"。有益身心的圣哲格言，一部分久已在我们全社会上形成共同意识，我既做这社会的分子，总要彻底了解他，才不至和共同意识生隔阂。一方面我们应事接物时候，常常仗他给我们的光明。（梁启超《国学指导二种》，中华书局1936年）

那些传统经典中的好文学，灌溉和滋养着我们的心灵，使我们有涵养与情趣；而圣哲格言，在为人处世方面，给我们以指引，不致使我们陷入困惑的黑暗中。在20世纪90年代，经过多次动荡的中国教育界，多少已意识到梁启超的深意，开始强调学生的素质教育。

3.为什么要读经典：鲁迅的回答

1925年，孙伏园在自己主持的《京报副刊》上，发出"青年爱读书十部"与"青年必读书十部"的征文启事。"青年必读书十部"征文，当时有七十余位学者、作家应征投稿。

1925年2月21日，《京报副刊》刊出鲁迅的答卷。在"青年必读书"一栏中，鲁迅说："从来没有留心过，所以现在说不出。"在"附注"中，鲁迅说：

> 我看中国书时，总觉得就沉静下去，与实人生离开；读外国书——但除了印度——时，往往就与人生接触，想做点事。
> 中国书虽有劝人入世的话，也多是僵尸的乐观；外国书即使是颓唐和厌世的，但却是活人的颓唐和厌世。
> 我以为要少——或者竟不——看中国书，多看外国书。

少看中国书，其结果不过不能作文而已。

但现在的青年最要紧的是"行"，不是"言"。只要是活人，不能作文算什么大不了的事。(《鲁迅文集》4，甘肃文化出版社2018年)

鲁迅的观点发表后，引起很大争议，也遭到不少人的批评。在今天，他的观点也难为大多数人接受。

4.为什么要读经典：唐文治的回答

1934年，《教育杂志》主编何炳松向全国教育界征询"读经"的意见。次年五月，《教育杂志》将收回的70余篇文章以专辑的形式推出。其中收录时任无锡国专校长唐文治的意见。唐文治说：

> 窃维读经当提倡久矣！往者英人朱尔典与吾华博士严幼陵相友善，严尝以中国危亡为虑，朱曰：中国决不至亡。严询其故，朱曰：中国经书，皆宝典也，发而读之，深入人心。基隆扃固，岂有灭亡之理？余谓朱说良然。吾国经书，不独可以固结民心，且可以涵养民性，和平民气，启发民智。故居今之世而欲救国，非读经不可。(《全国专家对于读经问题的意见》，《教育杂志》1935年第5期)

在唐文治看来，经书是国家的根基，可以团结人民、提高素质、开发智慧，创造和谐社会。

5.为什么要读经典：朱自清的回答

1942年，在西南联大任教的朱自清，写成《经典常谈》，此后多次出版或重印。这部书开列了十余部经典，《说文解字》第一、《周易》第二、《尚书》第三、《诗经》第四、"三礼"第五、"春秋三传"第六(《国语》附)、"四书"第七、《战国策》第八、《史记》《汉书》第九、诸子第十、辞赋第十一、诗第十二、文第十三。以求能启发读者的兴趣，引他们到经典的大路上去。作者在序言中说：

> 在中等以上的教育里，经典训练应该是一个必要的项目。经典训练的价值不在实用，而在文化。……再说做一个有相当教育的国民，

至少对于本国的经典，也有接触的义务。（朱自清《经典常谈·序》，人民文学出版社2022年）

由朱自清的"文化"二字，可见80多年前，中国的知识分子就已经意识到中国文化受西方文化冲击的问题，担心中国人走向世界时会忘掉本民族的文化。中国文化如何传承的问题，在当时就已经是很重大的问题了；一直持续到现在仍然存在，不仅没有得到解决，而且矛盾更尖锐、更危急。我们现在的青年人，更加消极地对待这个问题。可能很多人会说，这跟我有什么关系，我不必承担如此沉重的历史责任。但如果我们每个读书人都不承担这样的历史责任，那么这个文化将会中断，以至于彻底消退。这个民族的每个知识分子，都有着传承民族文化的责任。80多年来，《经典常谈》也成为人们习读经典的经典。

6. 为什么要读经典：钱穆的回答

1978年，香港中文大学新亚书院设立"钱宾四先生学术讲座"，请84岁高龄的钱穆作了"从中国历史来看中国民族性及中国文化"系列讲座。在讲演中，钱穆指出，有七部书是"中国人所人人必读的书"。他说：

我们今天一个知识分子，一个读书人，应该读四部书：一部是《论语》，一部《孟子》，第三部是《老子》，第四部是《庄子》。读了这面，还应读那面，这就叫"一阴一阳"。

又说：

这四部书都是古代的。若要再读后代的，则我更举三部。一是禅宗慧能的《六祖坛经》。……第二部是朱子选的《近思录》。……第三部是王阳明的《传习录》。

拿唐朝以下的三部，汇合上战国时代的四部，可成为中国新的"七经"。（钱穆《从中国历史来看中国民族性及中国文化》，九州出版社2011年）

钱先生终生致力于中国文化的研究，是一位"对其本国已往历史有一种温情与敬意者"（钱穆《国史大纲·凡读本书请先具下列诸信念》，商务印书馆1994年）。其"七经说"，乃其一生的读书经验之所得。

7.为什么要读经典：余英时的回答

钱穆高足余英时，长期在美国大学执教。20世纪末，作《怎样读中国书》，主张读传统经典，提倡"旧书不厌百回读"。该文中有一段话，很值得我们思考。他说：

> 中国知识界似乎还没有完全摆脱殖民地的心态，一切以西方的观念为最后依据。甚至"反西方"的思想也还是来自西方，如"依赖理论"、如"批判学说"、如"解构"之类。所以特别是这十几年来，只要西方思想界稍有风吹草动（主要还是从美国转贩的），便有一批中国知识分子兴风作浪一番，而且立即用之于中国书的解读上面，这不是中西会通，而是随着外国调子起舞，像被人牵着线的傀儡一样，青年朋友们如果不幸而入此魔道，则从此便断送了自己的学问前途。（余英时《钱穆与中国文化》，上海远东出版社1994年）

8.为什么要读经典：美国人的回答

我们注重传统经典的阅读，或许源于中国悠久的传统所赋予我们的与生俱来的情感。然而，在美国，习读经典名著，特别是习读传统经典，同样是受人关注的话题。早在20世纪初，哥伦比亚大学就创设了"文学人文"和"当代文明"两门本科生的必修课。前者致力于提供一个欧洲文学名著的标准选目，后者提供一个哲学和社会理论名著选目。这两个目录包含了大量的西方传统经典。40年代，美国许多大学开设了这类课程。直到今天，有一些大学仍继续开设，如哥伦比亚大学与芝加哥大学。一位哥大的校友在谈到母校坚持开设这类课程的原因时说：

> 学校很清楚地知道，消费主义和平庸趣味的污染从来没有远离过这些经典著作名单。学校试图通过它组织和教授这两门课的方式驱除这种污染。首先，阅读常常是艰涩的，对当代的学生来说尤其如此。

这是对西方传统的极度尊崇，而且校方坚持认为它是必要的。……它们应该成为每个人的教养的一部分。（[美]大卫·丹比《伟大的书》，江苏人民出版社2003年）

这位哥大校友名叫大卫·丹比，美国《纽约》杂志的电影评论家。1991年，他48岁，突然回到母校选修"文学人文"与"当代文明"这两门课，重读西方经典。他之所以这样做，主要源于他自身的知识危机。作为媒体中的人，他深感：媒体给予信息，但信息在90年代已变成了瞬息万变、十分不稳定的东西。一个人永远不会得到充分的信息，这就是美国人现在为什么焦虑不安得像半疯了一样的诸多原因之一。20世纪末，媒体威胁着要"全面接管"。他说："我拥有信息，但没有知识。""严肃的阅读或许是一种结束媒体生活对我的同化的办法，一种找回我的世界的办法。"（[美]大卫·丹比《伟大的书》，江苏人民出版社2003年）

四、阅读哪些经典：也是一个没有定论的话题

不少读书人都认为：图书典籍浩如烟海，在阅读时会遇到图书的选择与鉴别等问题。为了解决这些问题，人们往往通过书目来了解图书典籍的状况，明晓读书的门径。书目，特别是那些指导阅读性的推荐书目，在我们购书、藏书和读书时可提供重要帮助。

然而，由于受多方面因素的制约，推荐书目的推荐性往往并不十分公允、准确与客观。

首先是时间方面的因素。读书是时代需求的一种反映，不同时代的读者对读物的选择是不同的。120年前，张之洞编的《书目答问》面世，很受当时学子的欢迎。100多年过去了，今天的一般读者，不会再依据《书目答问》去读书了。而在1924年，章太炎开列的《中学国文书目》，今天也不适合中学生了。书目中开列的《二程遗书》《十驾斋养新录》《申鉴》等书，恐怕现在学文科的大学生也没有读过。因而，一部好的推荐书目，要能满足时代读者的需要。

　　其次，推荐书目受推荐者的知识与兴趣的影响。1923年，清华学校有一批要出国留学的学生，为了短期得到国学常识，请胡适拟定了一个有关国学的书目。胡适开列了《一个最低限度的国学书目》，选书较多，偏重哲学史、文学史方面，对史部书一概摒绝，如《资治通鉴》这样的书亦未入选。当时梁启超就认为胡适这个书目"文不对题"。30年后的1953年，北京图书馆开列了一个《中国古代重要著作选目》，选书20种。这个书目是经过郭沫若、俞平伯、何其芳等人审订的。然而称为"古代重要著作"，如《周易》《论语》等哲学、思想方面的著作却一本未选，这是很令人困惑不解的。

　　再次，推荐书目的推荐者受偏见或意识形态方面的影响。1945年，英国作家奚普（Harace Shipp），不加时间地域与主题的限制，只就"最重要的书"，选出十本"震撼世界的书"——这里没有中国人的书。1985年，美国《生活》杂志在数以百万计的读者中，评选"人类有史以来的二十本最佳书"——这里也没有中国人的书。美国图书馆学家唐斯（Robert B. Downs）曾写过一本《改变世界的书》，书中选择了从文艺复兴到20世纪中叶出版的16本自然科学和社会科学书籍；其后他又写了一本《自1492年以来塑造现代文明的111种杰出名著提要》。这两本书都没有收录中国人的著作。在后一本书的导言里，作者虽然承认东方的经典"其中有许多书同样对西方产生了深远的影响"，但这些书还是被"略去了"。另一位美国专栏作家费迪曼（Clifton Fadiman）曾出版《一生的读书计划》，向18岁到80岁的读书人推荐了100部名著，这100部名著也都是欧美人的著作。作者在该书的前言里坦陈：

　　　　我所读过的东方典籍，并不能在我心中燃起火焰。这也许是因为世界观的限制所致。我曾试读紫式部（日本古典小说《源氏物语》的作者）、《可兰经》、《一千零一夜》、《圣薄伽梵歌》、《奥义书》及其他十余种东方古典，都不能获得乐趣。因此，老实说，我无法论述这些典籍。（［美］费迪曼《一生的读书计划》，海南出版社2002年）

　　就我们所知，汉籍很早就在东南亚流传并发生广泛影响。17世纪以来，汉籍被译介到欧美逐渐增多，在文学、哲学、思想等多方面都受到人们的重视。然而这些中国典籍仍然被上述推荐者所忽略，这确实是"世界观的限制所致"。也就是说，这些推荐者是深受"欧美中心论"的影响的。

也许，任何一部推荐书目都不可避免地带有推荐者的主观性和偶然性。然而，对于读者来说，准确、客观地去了解、选择、阅读真正的世界名著，往往是十分必要的。

有鉴于此，我们收集了80种中外推荐书目（中国的推荐书目54种，外国的推荐书目26种），运用了计量的方法，对这80种书目所推荐的书进行统计，以各书被推荐次数的多少为序，列出目录。这份书目不带有我们的主观性和偶然性。因而，它在推荐名著方面，应该说更加公允、准确与客观。（参见王余光主编《中国读者理想藏书》，光明日报出版社1999年）

依据上述统计，我们看到，在中国著作中，推荐次数最多的书，亦可称之为经典的，大致可分为八类：①四书五经；②前四史与《资治通鉴》；③先秦诸子；④其他子部书；⑤唐宋诗文；⑥其他诗文；⑦古典小说；⑧其他。

1.四书五经

各目多有收录，其中《诗经》《论语》二书收录次数最多。自汉以来，两千余年间，这些书对中国政界、学界，都有重大影响。这两本书为什么被学者认为是最重要的，还有一个原因是简单易懂，而《尚书》《周易》可不是一般人读得懂的。

《论语》作为孔子的言论记录，一问世就受到人们的尊重。汉代之后，它几乎是每个读书人的必读之书。《论语》经过朱熹的注解后，便一直成为科举考试的最重要的教科书；宋、元、明、清几朝的做官人、读书人，无不受其影响。纵是废除科举以后，《论语》还是读书人经常诵读的书。今天，该书仍是一版再版，发行量之大是惊人的。书中许多词语，即便是在这白话文的时代，仍被人们在书面上或口头上常常使用。可以说，《论语》自问世以来，两千余年间，对中国政治、思想、教育、伦理等多方面无不产生极其广泛的影响。因此，有人称《论语》为"中国人的圣书"。

《诗经》作为古代优秀的文学遗产，具有丰富的思想内容和迷人的艺术魅力，为后代诗人墨客所景仰、学习、借鉴，强烈影响着中国文学的发展。《诗经》中民歌和贵族讽刺诗表现的现实主义精神，开创了我国诗歌创作的传统。《诗经》也影响了散文的发展。唐代中期，韩愈、柳宗元发起古文运动，提倡散文，反对骈文，就都把《诗经》的内容与优美艺术形式的统一作为学习的典范，开创了中国散文文学的一个光辉时期。几乎可以说，《诗经》的影响，渗透了我国文学艺术的各个领域。《诗经》不仅是一部重要的文学作品，同时也是一部有史料价值的古代文献。《诗经》中某些诗歌记录了商、周民族起源的传说，商、周之际的重大历史事件和周民族早期活动的历史，都极有价值，并成为《史记》所依据的材料之一。

　　《诗经》中不少诗非常好懂。其中最晚的诗距现在也有2500年，但今天读起来还非常有意思，其情感描述跟我们今天的情感仍很吻合。从《诗经》起，看三千年来中国人的情爱表述：从热情奔放，到曲径通幽；从禁闭再到开放。《诗经》成为我们情恋长河之源。我举一个例子，《诗经》中常提到两条河——溱水与洧水，有首诗就名叫《溱洧》：

> 溱与洧，
> 方涣涣兮。
> 士与女，
> 方秉蕑兮。
> 女曰："观乎？"
> 士曰："既且。"
> "且往观乎。
> 洧之外，
> 洵訏且乐。"
> 维士与女，
> 伊其相谑，
> 赠之以勺药。

　　该诗写于春秋之时的郑国，地点在今河南新郑县，溱水尚存，洧水现名延河。这首诗写的是，在上巳节（阴历三月初三）的时候，青年男女来到溱、洧之畔沐浴嬉戏。他们手拿兰草，又互赠芍药，以表达心中之爱。

可以说三月初三应为中国的情人节，定情之花应为芍药。

2.前四史与《资治通鉴》

各目多有收录，其中《史记》与《资治通鉴》二书收录次数最多。在传统史籍中，《史记》《汉书》与《资治通鉴》最受重视。

史家之绝唱，无韵之《离骚》——这是鲁迅对《史记》的称赞，也是对《史记》在史学和文学史上卓越成就的精辟评价。《史记》可以当小说看，《史记》里的纪、传跟小说一样很通俗，很有情节。《史记》说起来是一本史说，但实际上后来很多文艺作品，如电视剧、电影、小说等，多以它为根据，比如《霸王别姬》等。司马迁忍受腐刑的痛苦，完成《史记》，并希望通过对往事的表述，以寄望于未来——作者生命存在的意义，在著述中得到了升华。

中国自古以来有许多文人学士都希望自己的著作能藏之名山，传之后人。然而，邯郸学步，蹈常袭故，汗牛充栋之中，又有几人可与司马迁堪称伯仲呢。司马迁大约用了16年时间写完了这部52万余字的著作；司马迁去世后，他的外孙杨恽才将《史记》宣布于世。《史记》的问世，为中国史学，甚至可以说为世界史学，竖立了一块不朽的丰碑。

《资治通鉴》294卷，北宋司马光主编。全书记载了上自周威烈王二十三年（公元前403年），下讫后周显德六年（959年）共1362年的历史，是中国古代一部著名的编年体通史。司马光不仅是史学家，也是政治家，他在撰写史书的同时，也希望自己的书能为君主治国提供借鉴。

3.先秦诸子

各目多有收录，其中《老子》《庄子》《荀子》《韩非子》《孙子兵法》被收录次数最多。

道家的著作是很多知识分子晚年读的书，其中《老子》和《庄子》是最具有代表性的。几千年来，老庄的学说与思想一直延续不断，对中国人的思想有着很深的影响。西汉初年，政治推行"无为而治""与民休息"的政策，即是以老子的思想为其基础的，并带来了文景之盛。东汉，道教产生后，《老子》作为经典，为道教徒所诵习。魏晋玄学家们以祖述老庄立论，将老、庄与《周易》合称"三玄"。唐代，《庄子》成为道教的主要经典之一，被尊称为《南华真经》；老子被道教奉为教主，庄子也被神化了。《韩非子》对我们认识中国政治大有帮助，它是一部政治教科书。即便在今天，《孙子兵法》在军事、企业管理方面仍有借鉴意义。《荀子》一书在汉代与《孟子》同列诸子，并颇受学者所重。大概是主张"性恶说"，故受后儒诟厉，未能列入经书中。然而《荀子》对儒学的贡献和在中国学术、思想界的地位，是不可忽视的。冯友兰曾作一个比拟，他说：

> 孔子在中国历史中之地位，如苏格拉底之在西洋历史，孟子在中国历史中之地位，如柏拉图之在西洋历史，其气象之高明亢爽亦似之；荀子在中国历史之地位，如亚里士多德之在西洋历史，其气象之笃实沈博亦似之。[冯友兰《中国哲学史》（上册），古吴轩出版社2021年]

4.其他子部书

被各目收录较多的书是：《论衡》《坛经》《颜氏家训》《明夷待访录》。

近代以来，《论衡》一书受到学者们的普遍关注。章太炎认为王充是"汉代一人"，绝未过火。侯外庐等人在《中国思想通史》里对王充作了这样的评价，他指出：

> 王充的反谶纬反宗教的思想，毫无疑问是中世纪思想史上第一个伟大的"异端"体系，是两汉以来反对"正宗"思想的与反对中世纪的神权统治思想的伟大的代表。[侯外庐、赵纪彬、杜国庠等《中国思想通史》（第二卷），人民出版社1957年]

颜之推的《颜氏家训》问世后，一直受读书人的重视，宋、元、明、清历代学者颇多赞誉，认为古今家训，以此为祖；在古代中国的家庭教育中，极具影响。黄宗羲的《明夷待访录》被蔡尚思与几家大学书目收录，可见此书受当前学界重视。这部思想史上的名著，对中国两千年的专制制度进行了批判，对中国近代思想启蒙起到了极为重要的作用。

5.唐宋诗文

各目多有收录。1949年以前各目多收个人文集，如李白、杜甫、白居易、韩愈、苏轼等人。1949年以后各目多收选本，如几家大学书目均收《古文观止》《唐诗三百首》等，反映了大众读书的一个基本倾向。

2000年元旦，中国青少年发展基金会和国家图书馆联合举办"中华文明火炬传递仪式"，一个重要内容是学生齐诵古典诗词。举办者认为：背诵古诗文，是让民族精神的血液在一代一代人身上流淌，是激活传统、继往开来的有力之举。据最近的调查：73.1%的家长和86.7%的教师认为，背诵古典诗文能弘扬传统文化；88.7%的家长和96.7%的教师认为，对孩子的修养和人格发育有好处；94.2%的家长和100%的教师认为，对提高孩子的语言文字能力有好处。(《诵读古典诗文，有助人格发育》，载《中国青年报》2000年1月5日)以上数据表明，人们对这一问题基本上达成共识：阅读传统经典，对我们传承文化和提高素质是大有裨益的；而那些优秀的古诗文，特别是唐宋诗文，更受人们重视。

6.其他诗文

以《楚辞》《文选》《陶渊明集》《世说新语》收录次数最多，宋代以后的诗文被推荐的较少。

《楚辞》作为中国文学的源头之一，与《诗经》差不多有着同等重要的地位。春秋中叶以后，流行于黄河流域的诗不再有人续作了，而南方长江流域的楚国，文化渐渐地发达起来，在文学上更有不少建树，这就是楚辞的兴起。正如梁朝刘勰在《文心雕龙·辨骚》中所说：自从国风、小雅、大雅以后，不大有人继续写《诗经》那样的诗了。后来涌现出一些奇特的妙文，那就是《离骚》一类的作品了。《楚辞》兴起在《诗经》作者之后，活跃在辞赋家之前，大概由于离圣人还不远，而楚国人又大都富有才华的原因吧？《楚辞》产生在长江流域，与《诗经》在风格上多有不同。陈耀南在《典籍英华》[陈耀南《典籍英华》(下)，台湾学生书局1983年]中，将它们的差异概括为：

(1)《诗经》所收作品，多属黄河流域(北)；《楚辞》属长江流域(南)。

(2)《诗经》多写人事、写实、含蓄；《楚辞》多神话、想象奔放。

(3)《诗经》多短句叠字，以四字为主；《楚辞》多长句，以五字为干，加虚字以咏叹。

（4）《诗经》各章多重整齐，反复唱叹；《楚辞》不分章，意或重而语少复。

（5）《诗经》作者多失主名；《楚辞》多知作者主名。

可以说，《诗经》与《楚辞》同为后世韵文之祖，堪称我国远古先民的绝唱。

7.古典小说

以《红楼梦》《三国演义》《水浒传》《西游记》为主。

1949年以前，除胡适书目之外，其他书目均不收录小说。在中国，小说是向来不算文学的，并受学者的轻视。可以说，只是从胡适开始，才真正重视小说的研究。胡适写过一系列古典小说的考证性文章，并积极协助上海亚东图书馆出版古典小说的标点本。因此，胡适在他的书目中，推荐了《西游记》《水浒传》《儒林外史》《红楼梦》等。虽然如此，1949年以前的其他几家书目，仍然没有古典小说的位置。1949年以后，大多数书目都推荐了古典小说，古典小说的影响与日俱增。据一次对北京市民的调查问卷（收回有效问卷932份）结果表明：对被调查者影响最大的中外书籍，《红楼梦》《三国演义》《水浒传》《西游记》分别排名第一、第二、第五、第十，足以表明四大古典小说的影响力。（康晓光、吴玉伦、刘德寰等《中国人读书透视》，广西教育出版社1998年）

8.其他

以《说文解字》《左传》二书收录次数较多。

1949年以前，各书目重视推荐《说文解字》，这是受"读书以识字为先"的治学传统的影响。因而，朱自清的《经典常谈》第一篇即为《说文解字》，并说：

从前学问限于经典，所以说研究学问必须从小学入手；现在学问的范围是广了，但要研究古典、古史、古文化，也还得从文字学入手。《说文解字》是文字学的古典，又是一切古典的工具或门径。（朱自清《经典常谈》，人民文学出版社2022年）

1949年以后，这种治学传统的影响逐渐消失，《说文解字》不再受推荐者重视了。

《左传》一书古代列入经部，长期又受到史学家与文学家的重视，一直有着持久与广泛的影响。《左传》记事起自鲁隐公元年（公元前722年），终于鲁哀公二十七年（公元前468年），是我国最详备完整的早期编年史。《左传》详于记事，对春秋各国的政治、军事、外交等都有很好的记载；特别是记载军事，不仅写得很详细，而且也很生动。此外，书中对当时的朝聘盟会、天文地理、氏族和少数民族等，都各有详略不同的记载。《左传》的出现，标志着我国编年体史书已达到比较完备的程度。史学家刘知几、章学诚都把它看作是编年体史书的鼻祖，给予很高的评价。《左传》善于描写人物，烘托场面，经纬史事，是我国历史文学的开山之作，成为后人学习和模仿的典范。

五、结语

从以上各类传统经典被推荐的情况来看，不少经典有着持久的生命力，如《诗经》《论语》《孟子》《史记》《资治通鉴》《老子》《庄子》《荀子》《韩非子》《楚辞》《文选》《左传》等书。有些经典，其影响力则随着时代的变化而变化，如《明夷待访录》、《古文观止》、《唐诗三百首》、古典小说、《说文解字》等。从总的方面来看，近百年来，传统经典阅读的基本倾向是从艰深到浅显，从文言到白话，从原本到节本，从专集到选本，体现了传统经典阅读大众化的发展方向。

以上各部经典，都写成于古代，近人或今人的著作都未进入。这或许从一个侧面反映了中国读书人的一种珍古典、重基础的心理。长期以来，中国学人强调辨章学术、考镜源流，以上这些著作，真正是中国学术之源。而作为经典，是要经得起时间的考验，这正是明证。

中华民族是一个重古训、尊先法的民族，对前人圣贤的大道理看得特别重。在这样一个民族社会的背景下，结晶着前辈思想的经典，就不仅具有一种狭义的学术意义，同时在政治、思想、文化等方面都发生着不可估量的影响作用。

在这斑斓的文化园地里，大道名儒，各树一帜；诗词曲调，连峰叠起……每一位哲人的每一本宏著，构成了这一古老文化的精神实体，并垒起了这一厚重国体的思想基础，塑造着民族的灵魂与性格，也在感召着每一代人自强不息。

（讲座时间：2021年7月）

第九讲

未成年人图书馆阅读推广与服务创新

范并思

一、导言

　　未成年人是一个法律的术语。成人具有某些法定权利与义务，对于那些尚未达到一定年龄，不适合承担相应权利与义务的人，可称为未成年人。

　　未成年人在某些意义上等于儿童。如联合国《儿童权利公约》界定儿童为18岁以下。但是儿童的概念有时小于未成年人，如国际图联（IFLA）曾制定《婴幼儿图书馆服务指南》《儿童图书馆服务指南》《青少年图书馆服务指南》，这三份指南分别对应0—3岁，3—13岁和13—18岁的人群。

　　我们国家为未成年人提供图书馆服务，具有深远的战略意义。首先，儿童是我们国家和民族的未来。儿童的阅读能力，实际上决定了未来国民的素质及竞争力。其次，儿童阅读能力并非自发形成的，而是需要家庭、学校与全社会共同培养，需要国家提供保障与服务。再次，图书馆是为儿童阅读能力的形成提供保障、提供服务的机构，公共图书馆、少年儿童图书馆和中小学图书馆是国家为未成年人提供阅读服务的主力军，其他类型的图书馆也肩负为未成年人服务的使命。

　　世界上绝大部分国家的图书馆未成年人服务体系，一般都是由公共图书馆、学校图书馆和其他类型图书馆一起组成的。而在我们国家，是公共图书馆、少儿图书馆、学校图书馆和其他类型图书馆，一起组成了图书馆的儿童服务体系。

《国际图联0—18岁儿童图书馆服务指南》规定：图书馆儿童服务的使命是成为一个信息、学习和文化中心，为社区的儿童及相关人员提供信息、活动和服务。此处提供信息可以理解为参考咨询、信息查询等服务，提供活动可以理解为开展阅读推广，提供服务则可以理解为文献服务及其他服务。

图书馆未成年人服务的目的，是向所有年龄和能力的儿童提供多种媒介形式的资源和服务，以满足他们教育、信息和个人发展方面的需求。所有年龄的儿童，指的是0—18岁儿童；所有能力的儿童，指的是无论阅读能力、学习能力的强弱，甚至可能有阅读障碍症，或者因其他残疾不能到图书馆，以及因为经济能力不能满足自主学习等要求的儿童；多种媒介形式，指的是纸媒和其他媒介。

在计划经济时代，我国少儿图书馆一般将服务对象的年龄界定为4—16岁。这种界定的依据是：4岁以下的儿童不具备"阅读"能力；而16岁以上的则具备独立的民事能力，可以进入成年人图书馆。现在公共图书馆和少儿图书馆的服务对象大为拓展，例如深圳少儿图书馆将服务对象的年龄定为0—99岁。

但是，由于未成年人服务的特殊性，并非图书馆大门一开，宣布对所有年龄的读者开放，就可以满足各年龄段儿童的阅读需求。现代公共图书馆未成年人服务对象是全体儿童和青少年，以及儿童的家庭成员、监护人、儿童教育或儿童研究人员。公共图书馆在满足为所有人平等服务的基本原则的基础上，重点为上述人群提供图书馆未成年人服务。

除了继续做好学龄前儿童和小学阶段儿童的服务外，以往图书馆未成年人服务较为忽略的人群是0—3岁的婴幼儿和16—18岁的少年，他们是最需要公共图书馆主动拓展的服务对象。

16—18岁未成年人，在国外被称为"年轻的成人"（Young Adults），因为16—18岁是过渡阶段，将完成从未成年人到成年人的转变。这一群体的服务特征是处于成人服务和儿童服务之间，图书馆服务应该立足于培养他们的社会意识、公民意识和成人意识。除了可以对他们开放成年人的服务，还可以提供志愿者活动、讲座（关于择校、就业、两性话题等）、展览等服务项目。

0—3岁的儿童，在我国一般被称为婴幼儿，国际图联称之为"婴儿和学步儿童"（Babies and Toddlers）。他们不具备独立行为能力和阅读能力，按传统儿童阅读理论和图书馆服务理论，图书馆无法为他们提供阅读服务。现代儿童阅读研究证明，面向婴幼儿群体的图书馆服务，对于儿童阅读能力的形成至关重要；对婴幼儿说话、唱歌、朗读，开展与书本有关的活动，有助于他们语言能力的发展和早期阅读能力的形成。公共图书馆的阅读推广、分级阅读和亲子阅读等，可以帮助婴幼儿家庭培养婴幼儿的阅读能力。

国外有一个实验，让一批婴幼儿在玩耍的时候给他们一些书，并且告诉他们哪个是书的正面，哪个是反面——开展这些看上去和阅读没有任何关系的活动，等到他们4岁以后和对照组一起进行测试。测试结果表明，经过这种活动的婴幼儿，他们对书本的关注度、持续关注时间、亲近程度，都要优于对照组。也就是说，在4岁前给他们开展跟书本有关的游戏，可以帮助他们提高语言能力和早期阅读能力。

二、儿童与阅读

大量研究表明，阅读能够促进儿童心智及健康发育。图书馆未成年人服务的目的是培养儿童的阅读习惯与阅读能力。

阅读是一个美好的词汇，得到过古往今来无数名人、伟人、专家、学者的赞美。一个人的精神发育史就是他的阅读史。阅读与文字同步产生，是最古老的人类行为之一，是人类获取知识和信息的最常见、最主要方式。知识有客观知识、主观知识，主观知识是在个人大脑中的知识，客观知识是已经记录下来的知识。阅读是自主获取客观知识的唯一方式。客观知识不一定完全要靠自主获取，老师讲课也是一种方式，但是人在一生中主要还是通过自主方式获取客观知识的。因此，书籍是人类进步的阶梯，知识和信息是人类社会生活的基础。

　　儿童阅读具有非常重要的意义。个人阅读行为取决于阅读能力，而阅读能力是一种后天形成的能力，儿童阶段则是人的阅读习惯和阅读能力形成的最关键阶段。特别是在低幼阶段形成的阅读能力，对于人的影响至关重要。新生儿大脑的重量一般为成人大脑的25%左右，到5岁时可以增长到80%左右。伴随着脑容量的增长，儿童的行为能力、语言能力和学习能力逐步形成。

　　那么，我们应该如何促进儿童阅读？自古以来，中华民族就非常重视儿童阅读，官方和民间文献中传颂着许多儿童阅读的佳话，激励儿童阅读。但是，儿童阅读是一个儿童教育与认知科学的问题，目前关于儿童为什么读、如何读的理论问题，有实证依据的科学研究较少。特别是对于阅读习惯与阅读能力尚未完全形成的儿童，如何对其阅读行为进行干预，包括引导、训练、帮助和服务，我们的研究也还不够。

　　现代的神经生物学研究表明，儿童0—5岁是大脑发育最迅速的阶段，这一阶段的阅读是可以促进大脑发育的。经常在照顾者干预下阅读的学龄前儿童的大脑，代表儿童大脑语言和读写能力的有组织的白质发育清晰；而每天在电子产品屏幕上玩两个小时的儿童大脑，有机白质的发育不足和混乱。

　　关于读书的好处，有诸多相关的研究。德斯马里斯（Christina DesMarais）的《根据科学，应该每天阅读的4个理由》（*4 Reasons You Should Be Reading Books Daily, According to Science*）一文指出，根据牛津大学对两万名1970年出生人群样本的研究，阅读可以帮助人们获得更好的工作。根据耶鲁大学肯·普格（K. Pugh）的研究，阅读能够锻炼大脑。《发育与行为儿科学杂志》（*Journal of Developmental & Behavioral Pediatrics*）发表的一篇论文表明，阅读可以培养并提高沟通技巧。根据科尔曼（J. Coleman）对《哈佛商业评论》（*Harvard Business Review*）中记述的商业领袖事迹的研究，阅读可以帮助人成为更好的领导者。

　　这里我再特别强调一下上面第一个研究。它是英国的一个非常有名的项目，叫BCS70，即对1970年出生的人群的跟踪研究。这个项目对两万名1970年出生的英国人做了调查，分别从他们3岁、5岁、7岁开始，持续到16岁、28岁、38岁，进行长期调查。到2003年的时候，也就是这些人30多岁的时候，将他们的数据与16岁时的数据进行比较，结果发现16岁时喜欢读书的人，30多岁时他们的工作更好。这个研究数据非常可靠且具有说服力，因为它是对同一批人进行的长期跟踪所获得的数据。

《世界经济论坛》等媒体也经常讨论阅读的理由。例如：阅读可以帮你延长寿命。根据耶鲁大学斯莱德（Martin D. Slode）等的研究，不论性别、财富、教育或健康状况如何，阅读书籍的人比不阅读的人寿命要长2年。根据阿尔茨海默氏症协会的研究，阅读有助于防止大脑恶化，能降低患老年痴呆症的风险。根据卢因（Lewin）在《悉尼先驱晨报》发表的文章《阅读疗法：读书如何改善心理健康》（Bibliotherapy: How reading books can improve mental health），阅读有助于治愈心理疾病，每天30分钟阅读可以获得快乐，减少焦虑，提高自尊、同理心和情商。根据金斯敦大学罗斯·特纳（Ross Turner）的研究，喜欢读书的人对他人观点有更好的理解，对他人有更高的同情心，阅读使人更友善。

就家庭藏书与阅读的关系而言，需要强调的是，家庭藏书对于儿童具有十分重要的影响。PIAAC（经合组织国际成人能力评估调查）于2011—2015年间调查分析了31个国家16万名成年人，其中有关于青少年家庭藏书调查与读写能力的测试。调查结果表明：家庭藏书达到约80本时，该家庭孩子读写能力可高于平均水平；而一旦超过350本，藏书数量和读写能力的正相关就不明显了。

有一次我在图书馆听一位专家讲课，这位专家说：家里藏书不能超过10本。理由是他家里藏书就没有超过10本，而他的小孩考上了很好的大学。我认为这位专家的结论比较武断，个人的特例不具备规律性。而PIAAC的结论，肯定就比这位专家说的"家里藏书不能超过10本"的数据更具有说服力。上述的调查与研究数据也说明了，儿童语言能力、学习能力的形成机制非常复杂。

尽管儿童语言和学习能力的形成机制十分复杂，至今并未有定型的结论，但有一点共识：阅读能力的形成需要干预或促进。而社会、家庭、学校和图书馆有责任培养儿童的阅读饥饿感。阅读饥饿感属于精神饥饿感，这种感觉导致强烈的阅读冲动。不同于生理饥饿感，阅读饥饿感是后天形成的，需要培养、训练。因此，有关儿童阅读干预，产生了大量阅读要素与方法的研究。

L.阿林顿（L. Allington）和E.加布里埃尔（E. Gabriel）的《每一个孩子，每一天》（*Every child，every day*）认为，儿童阅读有六个要素，对于任何地区、任何年龄的儿童都是合适的。文中每一要素都有大量研究作为支撑。儿童阅读六要素包括：①阅读他自己选择的读物；②保持精准地阅读；③阅读他理解的东西；④在阅读过程中书写对个人有意义的东西；⑤与同龄人谈论阅读和写作；⑥听成年人流畅地大声朗读。

美国家庭教育网综合各方经验，介绍了改善儿童阅读的十大方法，包括：①每天为你的孩子留出固定的阅读时间；②在你家里让阅读材料无处不在；③有一个家庭阅读时间；④鼓励各种阅读活动；⑤经常带小孩去图书馆；⑥了解孩子的进步；⑦寻找阅读的问题；⑧及时得到阅读帮助；⑨使用各种辅助工具帮助阅读；⑩鼓励阅读热情。

三、图书馆未成年人服务的发展趋势

公共图书馆最初是为成人服务的。随着图书馆服务的发展走向未成年人服务和不分年龄的平等服务，其他类型的图书馆也尝试开展未成年人服务。

最初，公共图书馆的服务对象主要是成年人，因为大工业生产需要大量有文化素养的劳动者，但资本主义初期的劳动者大多没有条件受教育。为了解决市民终身学习问题，同时也为了给予劳动者文化娱乐的机会，公共图书馆出现了。随着社会的发展，公共图书馆服务于成年人终身教育的任务逐渐减轻，培养儿童阅读习惯与阅读能力的任务逐步上升。今天，未成年人服务在公共图书馆服务中所占比重过半，未成年人服务已成为公共图书馆最重要的使命。

在1876年以前，美国只有三所图书馆提供未成年人服务。1894年，L.斯特恩斯（Lutie Stearns）向美国图书馆协会（ALA）年会提交了一份《青少年阅读报告》，随后卡耐基图书馆普遍兴起，推动了美国图书馆未成年人服务的发展。1929年ALA青少年阅读圆桌会议成立，1949年改名为青少年馆员协会。1967年ALA修订《图书馆权利宣言》，增加了对于年龄的权利项：一个人使用图书馆的权利，不因为其出身、年龄、背景或观点而被剥夺或削减。

英国是公共图书馆出现最早的国家。1858年英国图书馆员提出设立儿童阅览室的建议，1861年这一建议被英国图书馆协会通过。1862年曼彻斯特一所图书馆开始面向儿童提供服务。1865年伯明翰公共图书馆开始对儿童外借图书。1882年诺丁汉公共图书馆系统中独立出来了儿童图书馆。1932年英国图书馆协会年会上成立了一个儿童图书馆服务工作组。1937年成立了儿童图书馆员协会。

在日本，1902年山口县立图书馆设置了儿童阅览室。1905年京都市下京区开设私立修道文库，这是公认的独立的儿童专门图书馆。1908年东京市立日比谷图书馆设置了儿童阅览室；1913年该馆开始儿童图书的外借；1914年起，儿童阅览免费。1956年日本图书馆协会公共图书馆部会成立儿童图书馆分科会。

我国公共图书馆的未成年人服务开始得也比较早。1912年我国第一家儿童图书馆（室）在湖南省双峰县青树镇成立。1914年京师通俗图书馆已设立儿童阅览室。1917年天津社会教育办事处创办了中国最早的正规的儿童图书馆。20世纪20—30年代，吉林、上海、浙江也先后设立了儿童图书馆。1940年应永玉筹款并发起创办了上海少年儿童图书馆，这是现上海少年儿童图书馆的前身。

1949年后，我国少儿图书馆有了快速的发展。20世纪50年代，北京图书馆曾设立过儿童阅览室；在北京、上海、兰州、天津、武汉等地新建了几所独立的少年儿童图书馆和成人馆的少儿分馆。1953年全国60%的公共图书馆设立了儿童阅览室。1957年7月文化部在上海召开了儿童图书馆（室）工作会议，促进了20世纪50—60年代少儿图书馆事业的迅速发展。

1980年中共中央书记处通过《图书馆工作汇报提纲》，1981年国务院转发《关于全国少年儿童图书馆工作座谈会的情况报告》，两个文件推动了中国儿童图书馆事业大发展。90年代初，公共图书馆陷入低谷，独立建制的少儿图书馆大量关闭，上述两个文件确定的建立少儿图书馆的战略思路受到挑战。进入新世纪后，公共图书馆开展免费服务，建设图书馆服务体系，发展未成年人服务，由此，公共图书馆未成年人服务进入新阶段。

今天，世界各地的公共图书馆，不论是大型馆还是社区分馆，几乎无一例外地提供未成年人服务。不仅公共图书馆，部分大学图书馆甚至国家图书馆也开始尝试提供未成年人服务。如2009年美国国会图书馆成立儿童阅读中心，一位国会议员表述了国会图书馆开展未成年人服务的目的：我们需要为这个世界上最大的图书馆培养下一代读者。2010年中国国家图书馆成立少儿图书馆，与美国国会图书馆不约而同开展未成年人服务。此外，我国高校图书馆提供未成年人服务的案例很多，如重庆大学设置亲子阅览室，乐山师范学院图书馆、广州体育学院图书馆开展与少儿相关的阅读援助活动，等等。

四、图书馆未成年人服务的重要文献

国际组织、中国政府和图书馆行业的相关法律、政策、指南类文件，是图书馆人研究未成年人服务理论、从事未成年人服务实践的理论来源和法理依据。

（一）儿童权利与儿童发展

1.《公民及政治权利国际公约》

这是联合国在《世界人权宣言》基础上通过的一个公约，该公约于1966年由联合国大会决议通过，1976年正式生效。我国政府于1998年签署了该公约。该公约第24条提出要求：每一个儿童应有权享受家庭、社会和国家为其未成年人地位给予的必要保护措施，不因种族、肤色、性别、语言、宗教、国籍或社会出身、财产或出生而受任何歧视。这个公约是我们保护未成年人权利的一个最重要的文献。

2.《儿童权利公约》

1959年联合国大会通过了《儿童权利宣言》，明确了各国儿童应当享有的各项基本权利。因宣言不具有法律约束力，1978年联大通过决议起草《儿童权利公约》，1989年11月联合国大会通过，1990年9月正式生效。中国则是在1990年签约，1992年批准，1992年生效。该公约规定了4项儿童权利：生存权、受保护权、发展权、参与权；还规定了4项基本原则：不歧视原则，儿童的最大利益原则，确保儿童的生命权、生存权和发展权完整的原则，尊重儿童意见的原则。

3.《中华人民共和国未成年人保护法》

1991年9月全国人大常委会通过，2006年12月第一次修订，2020年10月第二次修订。这个保护法重申了《儿童权利公约》，即国家保障未成年人的生存权、发展权、受保护权、参与权等权利。其中，涉及图书馆的条款包括：第四十四条（图书馆应当对未成年人免费开放），第五十六条（图书馆应当设置搜寻走失未成年人的安全警报系统），第六十九条（图书馆为未成年人提供的互联网上网服务设施，应当安装未成年人网络保护软件或者采取其他安全保护技术措施）。

4.《中国儿童发展纲要》

该纲要在2011—2020年版首次提出"儿童优先原则"，在2021—2030年版又增加了"儿童与家庭"和"儿童与安全"两个领域。纲要的总体目标包括：保障儿童权利的法律法规政策体系更加健全，促进儿童发展的工作机制更加完善，儿童优先的社会风尚普遍形成，城乡、区域、群体之间的儿童发展差距明显缩小。儿童享有更加均等和可及的基本公共服务，享有更加普惠和优越的福利保障，享有更加和谐友好的家庭和社会环境。

（二）国际图书馆儿童服务

1.《公共图书馆宣言》

该宣言强调了不分年龄的平等服务，是公共图书馆儿童服务的依据。公共图书馆应不分年龄、种族、性别、宗教、国籍、语言、社会地位或其他任何特性，向所有的人提供平等的服务。不同年龄的人都应该在图书馆中找到适合其需要的资料。该宣言中涉及儿童的图书馆使命包括：从小培养和加强儿童的阅读习惯，激发儿童与青年的想象力和创造力，支持与参与并在必要时组织不同年龄组的扫盲活动与计划。由此可见，儿童服务在《公共图书馆宣言》中有非常重要的地位。

2.《学校图书馆宣言》

又译为《中小学图书馆宣言》，1980年联合国教科文组织正式发布，

1999年修订。该宣言对其他图书馆未成年人服务也具有指导意义。宣言规定了中小学图书馆服务的宗旨：向学校内的所有成员提供平等的服务，不论他们年龄、种族、性别、宗教、国别、语言、专业和社会地位的差异；向不能获得图书馆正常服务和资源的用户提供特殊服务。

3.《公共图书馆服务指南》

2001年发布，名为《公共图书馆服务：国际图联/联合国教科文组织发展指南》；2002年中译本名为《公共图书馆服务发展指南》；2010年修订，改为现名。指南第一章声明了公共图书馆对于未成年人服务的责任，第三章有两个小节分别论述为儿童服务和为青少年服务。该指南称：通过提供大量的资料和举办各种活动，图书馆为儿童提供了一个体验阅读乐趣、探索知识和丰富他们想象力的机会。

4.《婴幼儿图书馆服务指南》

国际图联儿童和青少年服务部同国际图联其他部门联合制定，2007年发布，直译为《婴儿和学步儿童图书馆服务指南》，有官方中文版。该指南主要内容包括图书馆婴幼儿服务的使命、满足婴幼儿家庭的需求、目标群体、服务于幼儿的目标、服务、馆藏和筛选标准、环境、合作、宣传推广、馆员、管理和评估、资金等。该指南是专门为婴幼儿服务提供的一部指南，反映了国际图联对于婴幼儿服务的高度重视。

5.《儿童图书馆服务指南》

由国际图联儿童和青少年服务部制定，1991年初次发布，2003年发布最新修订版。主要面向13岁以下儿童。该指南共分为3部分：第一部分是儿童图书馆的使命；第二部分包括满足儿童的需求、服务群体、目标、经费、馆藏及其筛选标准、空间、服务、合作网络、宣传推广、馆员、管理和评估等；第三部分包括寻求更多的帮助和补充信息，倡导、鼓励更多的人加入并投身于图书馆儿童服务中。

6.《青少年图书馆服务指南》

1996年由国际图联儿童和青少年服务部制定。该指南共分6个部分：①图书馆服务青少年的目标和使命；②服务对象的界定、服务对象的需求、资源服务、青少年的参与、推荐活动的实例、馆员；③与其他机构的合作；④规划和评估，主要是对服务的评估；⑤宣传推广与促进；⑥精选的优秀案例。

7.《0—18岁儿童图书馆服务指南》

2018年由国际图联儿童和青少年服务部制定这个指南取代了上述第4、5、6这三个儿童图书馆服务指南（原指南对图书馆未成年人服务仍有指导意义）。指南共分7个部分：儿童图书馆的使命与目的；人力资源（能力与知识）；馆藏建设和管理；馆内活动和社群延伸活动；空间设计和温馨场所创建；营销和推广；评估和影响。

8.《学校图书馆指南》

国际图联于2015年发布该指南第二版。章节目录包括：第1章，中小学图书馆的使命与目的；第2章，中小学图书馆的法律与财务框架；第3章，中小学图书馆的人力资源；第4章，中小学图书馆的物理和数字资源；第5章，中小学图书馆的推广活动；第6章，中小学图书馆的评估和公共关系。

（三）我国图书馆法规与标准

1.《中华人民共和国公共图书馆法》

第十二届全国人民代表大会常务委员会2017年11月通过，2018年1月1日起施行。该法中一些条款与图书馆未成年人服务有直接关系，如：第三十三条"公共图书馆应当按照平等、开放、共享的要求向社会公众提供服务"；第三十四条"政府设立的公共图书馆应当设置少年儿童阅览区域，根据少年儿童的特点配备相应的专业人员，开展面向少年儿童的阅读指导和社会教育活动，并为学校开展有关课外活动提供支持。有条件的地区可以单独设立少年儿童图书馆"；第三十七条"公共图书馆向社会公众提供文献信息，应当遵守有关法律、行政法规的规定，不得向未成年人提供内容不适宜的文献信息"。

2.《公共图书馆少年儿童服务规范》

它是以规范形式发布的标准，标准号GB/T 36720—2018。该标准规定了公共图书馆少儿服务的以下内容：服务原则、服务对象和需求、服务资源、活动、服务时间、服务方式、营销与宣传、协作网络。标准规定了公共图书馆少儿服务的根本目的：帮助少年儿童掌握阅读方法及信息技能，促进少年儿童阅读素养、信息素养、科学素养的发展，满足少年儿童教育、信息、文化、娱乐方面的需求。此外还强调：本标准适用于县（区）级以上公共图书馆（包括少年儿童图书馆），其他图书馆或服务点参照执行。

五、服务理念与原则

按照国际和国内的儿童权利、儿童保护文献和图书馆服务指导性文献精神，图书馆未成年人服务应当坚持以下理念与原则。

一是儿童权利原则。儿童权利原则是图书馆未成年人服务最基本的原则。现代社会的图书馆一般由公共资金建造与维护，公共资金来自公众税收，因而公众是图书馆理论上的主人。儿童是公众的一部分，享有图书馆服务是儿童的权利。儿童权利原则，是联合国关于权利和儿童的一系列宣言、声明和公约所规定的，并受到我国有关儿童的法律、法规、纲要等的支持。政府部门进行图书馆规划，图书馆管理者制定规章制度，图书馆员进行管理和提供服务，都应当有儿童权利意识。不应因任何管理方面的原因而制定有损于儿童权利的政策。

国际图联对此也有非常明确的规定。《青少年图书馆服务指南》中指出，图书馆已经建立清晰的政策声明，青少年对于图书馆资源和信息来源具有自由获取的权利；图书馆尊重青少年根据自己的需要选择资源且不受审查的权利。《婴幼儿图书馆服务指南》中同样指出，在家庭学习和终身学习的社会背景下，3 岁以下儿童无约束地使用免费公共图书馆，是一项基本人权。这也是提高婴幼儿算术能力和读写能力的重要因素。

二是普遍服务原则。普遍服务（Universal Service）是现代公用事业的重要原则。该原则产生于电信业，后用于其他公用产品或服务。普遍服务原则旨在通过国家法律或政策的引导，保障全体社会成员能够普遍地、公正地分享公用事业产品与服务。该原则要求图书馆坚持对全社会普遍开放的服务原则，不得拒绝为某一特征（年龄、能力、表现）的儿童办证。

这个原则在实践中也是经常产生争议的。比如以前有一个省会城市在新区建了一所公共图书馆，这个公共图书馆建好以后，很多读者觉得非常新鲜，就都拥进去看，特别是小孩在里面吵吵闹闹，甚至出现了小孩跑到书库里随地小便这样的问题。图书馆被搞得焦头烂额，因此自作主张地发了一个公告，不允许14岁以下的小孩进馆——当地媒体还对这件事进行了正面报道。这个就非常不合适。图书馆没有权利禁止任何一个年龄段的儿童入内，不能为了自己管理的方便，就拒绝对儿童提供服务。

三是平等服务原则。对所有人平等服务，是公共图书馆最重要的特质。《公共图书馆宣言》称，公共图书馆应不分年龄、种族、性别、宗教、国籍、语言、社会地位或其他任何特性，向所有的人提供平等的服务。该宣言还称，公共图书馆或少儿图书馆在保障儿童平等、自由地获取阅读资源，培养儿童阅读兴趣与阅读能力方面，有着不可推卸的责任。公共图书馆或少儿图书馆不可因设施达不到服务要求，或儿童达不到管理要求，而拒绝为儿童提供服务。

平等服务原则是提升图书馆未成年人服务质量的最重要原则。常见的违背平等服务原则的例子：一是以设施不合适、成年人不欢迎、儿童太吵或不守规则为理由，拒绝对部分儿童提供服务。二是以教育儿童为理由，拒绝儿童自我选择阅读形式和阅读内容。比如有专家说数字阅读不好，所以我们就拒绝让儿童进行数字阅读——这也是非常不合适的。三是管理员不能平等对待儿童读者。很多图书馆馆长告诉我们，他们接到的最多的投诉，就是儿童吵闹，影响成人看书。对待这种问题，图书馆应该做好引导，妥善处理。

四是儿童优先原则。《中国儿童发展纲要（2011—2020年）》首次将"儿童优先原则"作为中国政府促进儿童发展的基本原则之一。纲要（2021—2030年）重申了该原则。儿童优先原则是儿童权利的重要体现，图书馆未成年人服务需要考虑：服务项目的设计要优先考虑儿童阅读特点；场地、文献和人员等阅读资源向儿童倾斜；场地、设施和服务政策能够保障儿童安全。

图书馆不能以设施设备不符合儿童阅读要求作为拒绝对儿童提供服务的理由。一些图书馆声称他们的场地都是给成人设计的，对儿童不安全，所以小孩不能进来看书，这是不合适的。如果场地不适合儿童阅读，就应该改造场地；如果没有针对儿童服务的文献，就应该更多地采购儿童文献；如果设施服务政策不能够适当地保护儿童安全，那就应该改变政策。

在图书馆未成年人服务中落实儿童优先原则，需要在制定法律法规、政策规划和配置公共资源等方面，优先考虑儿童的利益和需求。以人员配备为例，英国图书情报专业协会曾制定馆员与读者的比例，见表1。

表1 英国图书情报专业协会制定的馆员与读者的比例

读者年龄	馆员：读者	读者年龄	馆员：读者
2岁以下儿童	1：3	3—5岁儿童	1：8
2岁儿童	1：4	成年读者	1：15

在实践中常见的问题是，如何处理儿童进入非儿童专用的空间。现在很多图书馆的楼层非常多，可能第一层是小孩的空间，楼上是成人空间——图书馆就会在一楼、二楼之间贴一块牌子，说明未成年人不得入内。在我看来，这也不是特别合理。我们应该把儿童区域改造得更加友善，更加适合儿童的特点，更加吸引儿童，从而把儿童吸引在儿童空间里，让他们不会对成年人的区域感兴趣。但是我们不能够拒绝，因为有些小孩可能也会希望读一些成年人的读物。当然，实在要限制的话，也应该是另外一种处理，比如儿童进入成人区域需要有家长的陪同，或者是需要提出申请。

五是人文关怀原则。 近代公共图书馆是人文关怀的产物，图书馆未成年人服务理应遵循人文关怀的原则，应当是充满人文关怀的、有温度、有关爱的服务。如开展面向残障儿童、阅读（学习）困难儿童、边缘人群儿童（外来务工人员子女等）的服务，善待不受某些读者欢迎的儿童。

而在实践中的问题是，儿童竞赛类活动的设计，如何更具关爱性。竞赛活动往往意味着强势儿童在这里面更加占优势——如果我们对这个问题不加考虑的话，可能这样的活动最后的得益者或者获奖者都是那些能力非常强的儿童，而那些能力稍微弱一点的儿童，在这里面就很容易受到伤害。比如我见过一个图书馆的竞赛活动，主持人手拿话筒和卡片，读完一张卡片，底下小孩都举手；他往底下一指，在学生回答完后，直接给出正确与否的评价——错！这种比较粗暴的方式，会导致很多儿童受到心理伤害，因为这似乎证明答错了的儿童往往就是能力不够强的。

我在国外见到过一个设计得更好的活动，活动在一个阅览空间里举办，一边是书架，一边是书桌。在书桌这边开展活动的时候，同样是提问，当小孩的回答错误时，主持人会说：对不起，现在我要请你去某个书架找某本书看一下。这个儿童当然也是灰溜溜地去看书了。没想到小孩过了一会儿突然很兴奋地跑过来，说他从书里找到答案了。主持人照样给了这个小孩一个奖励。这样的活动设计，就是充满了人文关怀的、有温度的设计。

第六是包容性服务原则。包容是现代图书馆核心价值中最重要的概念之一，图书馆包容性服务是指图书馆服务不会对特定人群产生系统性排斥。图书馆管理者不是试图去改变或"规范"少数读者的言行举止，而是希望所有读者学会共存，学会与他人融洽相处。举一个很典型的例子，杭州图书馆曾经发生过乞丐入馆的事件，当时有读者就去投诉；对此，图书馆馆长褚树青掷地有声地说了一句话："我无权拒绝他们入内读书，但是您有权选择离开。"由此引发了网民的热烈追捧，中央电视台也曾多次邀请褚馆长。

第七是多元化服务原则。多元文化服务，是图书馆服务的核心原则之一。国际图联《多元文化宣言》提出：各类型图书馆应反映、支持和促进国际、国家和地方各个层面上的文化和语言的多样性，并为跨文化对话和公民积极参与公共生活作出贡献。图书馆未成年人服务更加需要多元文化服务，包括面向不同需求儿童的服务、面向不同能力儿童的服务、面向不同族群儿童的服务。

广州图书馆、嘉兴市图书馆都开展了阅读障碍症儿童服务，这就是多元化服务的一个案例。阅读障碍症不是一种真正的残疾，有些人将阅读障碍症儿童称作"聪明的笨小孩"。他们可能在某些方面能力特别强，但是认字、看书不行。这时图书馆就可以通过一些特殊的方式来为他们提供服务。

最后是服务细分原则。图书馆未成年人服务应当尽量满足儿童多样化的需求，针对不同年龄段儿童特点，设计多样化的服务。图书馆未成年人服务与成年人服务的最大不同，就在于服务的细分。不同年纪的成年人对图书内容的需求差别很小，但是每一个年龄段儿童的阅读需求都不一样。活动类型可以细分为参考服务、借阅服务、推广活动、志愿者活动等。在实践中的问题是，如何开展绘本阅读。一讲到绘本阅读，都是拿一个绘本给小孩讲故事。其实很多的绘本阅读都是静读、默读，听别人讲固然可以，但自己看也是一种绘本阅读。

另外，服务对象的年龄可以细分为婴儿、幼儿、学龄前、小学低年级、青少年等。比如苏州图书馆举办的一个活动，名为"不一样的两岁半"。很多图书馆都是针对一个年龄段，如低幼儿童年龄段开展活动；但苏州图书馆已经细分到了"两岁半到三岁"的儿童。这一年龄段的儿童，基本上还不具备自主阅读能力，但是已经有一定的行为能力，可以自己活动了。他们可以在地上爬，可以关注你，甚至可以同你说话，但是他们通常不会自主看书。而苏州图书馆的活动，就是一个年龄细分的优秀案例。

六、未成年人服务的管理

图书馆未成年人服务的管理包括文献资源建设、环境建设、人力资源管理、服务产品研发与管理、社会合作等。

1.文献资源建设

文献资源建设是图书馆服务的基础，图书馆未成年人服务也不例外，需要文献资源作为服务的基础保障。国际图联《0—18岁儿童图书馆服务指南》指出：儿童图书馆应提供各类形式的、与其发展相适应的资料，以满足所有年龄群体的需求。图书馆未成年人文献资源建设程序，同公共图书馆文献资源建设相同，需要一个较长的建设周期，经由文献采访、分类编目、典藏上架等步骤完成。

由于当代图书馆服务类型拓展，许多创新服务对文献资源的依赖度减小，图书馆未成年人服务更是如此。例如：儿童手工制作活动、创客活动、表演竞赛、娱乐休闲等，基本不需要文献资源的支持。故事活动、亲子阅读活动等，对文献的依赖程度也不高。尽管如此，仍不可忽视优质的文献资源对服务的支撑。

现在很多图书馆在做红色阅读。去年在浦东图书馆召开的一个学术会议上，我看到了安徽滁州图书馆介绍他们的红色阅读案例，其中有一个"长征系列"，图书馆员非常用心地选了6本书，都是一些弘扬英雄主义、歌颂忠诚和勇敢的读物，非常适合儿童阅读。

图书馆文献资源建设需要持续、稳定的政策。我国公共图书馆未成年人服务文献资源建设原则包括：充分考虑少儿对文献资源需求的差异；全面平衡地采选适合各年龄段的资源；注重少年儿童馆藏资源的类型、体裁和载体，全面平衡地采选馆藏资源；应采选多语种和残障人士可使用的资源；选择有利于少年儿童身心健康发展的、使用无危害的馆藏资源。

除了制定藏书政策，选书技巧也很重要。朱永新通过试验得出结论：童书的主题不同，对儿童的选择影响显著。如儿童倾向于选择侦探、科学主题的童书。标题如果比较有童趣，儿童对书的评价就较高。封面上有图画，儿童就更愿意购买。不管书里面有无插图，封面上如果有图画，儿童就更乐意购买。若不同时具备童趣的标题和有图的封面，那么儿童对有插图的书的评价更高；若两者同时具备，书里是否有插图就无关紧要了。

2.服务环境建设

环境建设是图书馆未成年人服务的重要组成部分，良好的环境对于提升图书馆的知名度、吸引更多未成年人走进图书馆、改善阅读服务效果具有重要意义。近年我国公共图书馆建设速度加快，涌现了一批环境幽雅的图书馆，有些甚至成为"网红"图书馆。与此同时，一批已建成的图书馆通过空间再造，打造出新的阅读环境，受到少儿读者的普遍欢迎。尽管如此，图书馆服务环境的建设仍值得关注。

图书馆未成年人服务环境由物理环境和人文环境两部分组成。物理环境指独立于人以外的客观条件，包括自然环境和人工环境。人文环境是图书馆管理者通过办馆理念、管理水平与管理风格所营造的图书馆人文氛围。图书馆馆舍内环境，包括图书馆建筑、空间、文献资源、阅读设备、玩具、教具、活动道具等，它们是开展图书馆服务所必须具备的。图书馆馆舍外环境，指图书馆建筑之外的广场、周边绿化等，这些环境是读者进入图书馆前所接触的，或者是在图书馆阅读时可以观察到的，它们间接影响了图书馆服务的质量。

图书馆未成年人服务需要进行服务环境的再造或空间再造，空间再造应该在图书馆理论框架下进行。现有图书馆未成年人服务空间再造，受图书馆人性化服务理论支持，也受图书馆创新服务理论支持，主流趋势是建立更加美观、舒适、休闲的空间，这也是儿童最喜欢的空间。但是，过分追求空间的舒适性，会使图书馆空间再造的目标背离图书馆未成年人服务的使命。如某市级公共图书馆，在靠窗户的最好位置上放的不是书桌，而是长沙发。这种长沙发不是特别适合看书，坐在上面看书远远不如在书桌旁看书舒适，所以它就成为一个供别人睡觉的地方——这就违背了图书馆空间改造的初衷。

现在很多图书馆在进行空间再造、建设儿童区间的时候，特别喜欢建一些异形阅读家具。图书馆员好像特别喜欢这样的环境，例如将儿童屈身躺在异形书架中看书的照片拿出来晒，还成为网红。我个人不太主张建这样的空间。图书馆的空间应该要培养儿童的阅读习惯，让他学会以正确的姿势、安安静静地认真读书。

图书馆未成年人服务的管理，应该加强对图书馆阅读环境的理解，从建造一个舒适、有童趣的娱乐休闲环境，走向建造一个激励阅读、提升阅读效率的环境。图书馆的基本使命是促进儿童阅读，在国家倡导全民阅读的大环境下，图书馆应该更加关注将建设新型阅读环境与促进阅读结合起来。图书馆阅读环境建设，应该向社交媒体阅读、书店阅读和大型游戏数字环境学习。

我曾经遇到过一个书店的老板，他会经常把书店的视频拿出来分析，看看在书店的空间内，哪些地方读者会在这里睡觉，哪些地方读者会在这里看书，然后去分析背后的原因，并对环境进行改造，使其更有利于读者阅读。

3. 儿童图书馆员

图书馆员是服务质量的关键，而未成年人服务对儿童图书馆员要求更高。一是服务设计更复杂，未成年人服务需要设计更多的项目；二是服务技能要求更高，除了图书馆服务一般技能外，还涉及幼儿教育、婴幼儿护理保健、青少年心理等多方面知识；三是服务态度的影响更大，服务态度对未成年人的心理影响极大，一次不良的服务体验足以完全改变儿童对图书馆的认识。

我有次在一个儿童图书馆遇到一件很感人的事情，一位青年女图书馆员捧着一堆书在阅览室走，碰到一个很小的孩子问了她一句话，她就蹲下来回答小孩的问题。我看到后非常感动，这就是图书馆未成年人服务应该有的图书馆员，能够考虑到读者的感受，不是对这个小孩不理睬，也不是站在这里居高临下地对他说一句话就走，而是蹲下来，以平等的身份跟小孩说话。这样的图书馆员能够使儿童对图书馆产生良好的认识。

儿童图书馆员能力要求。ALA下属的儿童图书馆服务协会（ALSC）发布《图书馆员儿童服务能力》，规定了七个大项六十二个小项的能力。七大项为：对用户的承诺（价值和使命承诺）；参考咨询和用户服务（信息服务）；推广活动技巧（阅读推广服务）；资源的知识、保管及管理（文献服务）；推广和宣传（图书馆宣传）；行政和管理技能；专业主义和专业发展（图书馆员的个人发展）。

我国《公共图书馆少年儿童服务规范》对图书馆员背景知识的要求为：少年儿童服务馆员应具备图书馆学、情报学、信息学、儿童心理学、教育学、儿童文学等相关知识。对职业素养的要求包括：遵守社会公德，具备良好的职业道德；理解和尊重少年儿童；了解少年儿童读者的需求；保护少年儿童的权利；尊重和维护少年儿童隐私权。对服务技能的要求有：熟悉少年儿童读物，熟悉馆藏；具备导读、参考咨询服务知识与技能；具备策划并组织各项少年儿童读者活动的能力；具备与少年儿童及成人沟通的能力；具备管理技能和协调各项工作及应对突发事件的能力；具备运用现代信息技术的能力。

其次是规章制度与预案。做好未成年人服务的基本前提是：保证服务质量和安全，制定健全的规章制度，制定各种应急预案。未成年人在面对各种危机时，不能和成人读者一样自主地作出相应的评判和选择，图书馆员必须承担起自己的责任。2003年团中央的"儿童意外伤害大调查"，10811名中小学生和17759名家长对4个生活环境——公共场所、大自然中、学校、家里进行选择，结果是：最不安全的地方是公共场所和学校。

这里以托马斯·克兰公共图书馆（The Thomas Crane Public Library）的儿童安全政策为例进行说明：①4岁以下的儿童在任何时间都必须被一位负责的成年人或14岁以上的儿童严密看护（在视线范围内）。②5—9岁的儿童必须得到一位负责任的成年人或14岁以上的儿童的直接看护（在图书馆内的同一房间或地方）。③10岁或以上而没有被看护的儿童，必须是懂事和能够服从图书馆使用守则的。④13岁以下无人看护的儿童在图书馆关门时将被视为高危儿童，等等。

七、少儿图书馆服务创新

少儿图书馆是我国图书馆未成年人服务体系中特有的图书馆类型，它没有现成模式可借鉴，需要通过服务创新走出自己的道路。

少儿图书馆是我国图书馆的一种类型，主要承担儿童服务。我国少儿图书馆专指独立建制的少儿图书馆。判断独立建制的标准，一般为经费、编制和建筑的独立性。个别仅有独立建筑的少儿图书馆，也被视为独立建制。我国少儿图书馆数量不多，从业人员少，与相对应的服务人口不匹配。

少儿图书馆数量少、员工人数少的原因之一，或许是少儿（儿童）图书馆不是国际"标准"的图书馆类型。ISO、NISO等国际和国家标准化组织及我国图书馆学教材所列图书馆类型，均不包含少儿（儿童）图书馆。在国外文献中常见的儿童（青少年）图书馆，一般是隶属于公共图书馆的一个机构或空间，相当于我国公共图书馆少儿服务部或少儿阅览室。因此，我国少儿图书馆的发展，无法完全借鉴发达国家图书馆儿童服务的先进经验，因此没有现成的发展道路可走，需要进行深入的探索。

发展我国少儿图书馆服务，唯一可行的道路就是创新。少儿图书馆无法复制公共图书馆总分馆服务模式，对读者开展就近便捷的平等服务。因此，若要保障儿童平等享受图书馆服务的权利，需要探索新的服务体制。少儿图书馆也无法完全复制公共图书馆少儿服务部门的模式，灵活调动各种资源开展服务。因此，如果要适应儿童服务特点，保证服务资源的弹性，需要探索新的管理模式。此外，少儿图书馆如果想实现在独立馆舍中既坚持公共图书馆对所有人平等服务的原则，又确保儿童优先原则，还需要进行服务创新。

少儿图书馆的创新应聚集下列领域：一是成为图书馆儿童服务理念的传播者，落实儿童权利与儿童优先原则。二是成为图书馆儿童服务制度的创建者，创建可指导未成年人服务的服务制度。三是成为图书馆儿童服务的服务示范者，创建优质服务项目，向图书馆儿童服务体系传播推广。四是成为图书馆儿童服务的研究、评价者，研究与评价对图书馆未成年人服务的作用。

（讲座时间：2022年5月）

第十讲

新技术在图书馆中的实践应用

邵 波

【主讲人简介】

邵 波 南京大学图书馆副馆长，南京大学信息管理学院教授、博士生导师。主要研究方向为智慧图书馆、安全大数据等。当前图书馆领域主要业绩包括：主持国产下一代图书馆服务平台的研发与成功运行，联合主持图书馆服务类机器人的研发与落地运行工作。

谈及新技术在图书馆中的实践应用这个主题，我们首先需要对"新技术"进行界定。回顾图书馆事业的发展历程，不难发现，图书馆对"技术"的运用已经有相当长的一段时间了。严格意义上，每一个年代都有属于当时的"新"技术；但随着社会的发展，技术在不断地更新迭代，原有的新技术变成了老技术，甚至在历史长河中逐步被淘汰。

早年间，南京大学信息管理学院开设有"图书馆现代技术"一课，当时所教授的新技术是缩微制作技术。目前这技术在国内已是一种非常小众的技术，仅有少量图书馆还在使用。随着计算机专业的发展，图书馆学侧重文献情报学，开始实施计算机管理，其间开始运用条形码技术。早期的条形码技术为一维条形码，现已革新为二维码、多维码。随着自动化的发展，开始出现新的RFID技术。到2012年，社会进入大数据时代，出现了大数据、无线革命、智能制造三个典型代表。

回顾中国图书馆年会（以下简称"年会"）和高校发展论坛，同样也有助于梳理技术在图书馆行业的发展。以我的经历为例，2016年年会报告关注的是基于室内导航技术发展图书馆服务，高校发展论坛报告所讨论的是"互联网+"；2017年高校发展论坛报告的核心重点是机器人技术的投入及使用；2018年年会报告的是人工智能与图书馆服务内容的结合，高校发展论坛上的报告则重点探讨了下一代平台技术路径的选择问题；2019年年会报告开始研讨新一代图书馆服务平台建设与服务，以及"智慧、融合、跨越"等问题。

通过追溯不同年代图书馆行业的热点话题，能够清晰地厘清技术发展的脉络，看到其迭代升级的过程，以及这些技术本身对图书馆服务所产生的影响。换言之，随着时代的发展，社会各类新技术应该被不断地吸收并进入图书情报领域，转化成一种为用户服务的路径和方式。展望未来，图书馆的发展方向，是打造全国范围内的智慧图书馆体系。

接下来，我将以图书馆发展作为问题导向，重点阐述新技术在图书馆中的具体实践。

一、数字图书馆的发展历程

（一）初期阶段

1988年，美国国家科学基金会（NSF）伍尔夫（W. Wulf）在其撰写的《国际合作白皮书》中，正式提出了"数字图书馆"的概念；1993年9月，美国国家科学基金会、国家宇航局（NASA）和国防部高级研究署（AKPA）联合公布了《数字图书馆启动计划》；1995年，IBM公司发布了"IBM数字化图书馆"的倡议，帮助各种类型信息的拥有者，使他们的信息能在全世界的网络上传播。同年2月25—26日在比利时布鲁塞尔召开了全球信息社会讨论会。这次讨论会被视为西方主要发达国家在社会信息化进程中的一个重要里程碑，会议将11项示范计划之一的"全球数字图书馆计划"，与"数字博物馆计划"等，作为全球信息社会化的组成部分。

1986年3月，为进一步跟上世界先进水平，发展中国高技术，国务院批准了《高技术研究发展计划纲要》（简称"863计划"）。1997年7月至1999年12月，北京图书馆、广东省中山图书馆、上海图书馆、深圳图书馆、辽宁图书馆、南京图书馆、文化部文化科技开发中心共同承担实施中国试验型数字图书馆（CPDLP）项目。该项目实施包括两大部分：首先，研制一套初步成形的数字图书馆的实现技术，它应具有与国际接轨的特点，同时要适合在中国推广。其次，逐步建设一个规范化的分布式数字资源库。1999年11月12日，国家"863计划"中国数字图书馆发展战略组与首都图书馆，在北京国际会议中心就建立中国数字图书馆工程示范试点单位一事，签订了合作意向书，并举行了新闻发布会。

（二）关键技术发展阶段

数字图书馆的发展与互联网的发展紧密联系。1997年，美国制作了全球电子商务框架体系。美国商务部紧接着连出了三份报告，分别是1998年出版的《浮现中的数字经济 I 》，1999年出版的《浮现中的数字经济 II 》，以及2000年出版的《数字经济2000》。从报告名称的变化也可以发现，进入到2000年后，互联网电子商务步入高峰期。

同样地，受到互联网的影响，数字图书馆体系的建设也随之发展起来。在此过程中，图书馆的管理系统是重中之重。因为管理系统与图书馆的整个业务及管理体系都存在着密切关系。1995年，美国国家数字图书馆联盟成立，进一步推动了图书馆行业在工作内容、技术应用、服务方式等方面的完善。在此阶段，我国的数字图书馆也在积极发展，中国科学院国家科学数字图书馆项目（CSDL）与中国高等教育数字图书馆项目（典型代表是CALIS和CADAL，现合称为CADLIS）相继开展。

数字图书馆涉及的学科广泛，在对信息的创造、检索、存储的过程中，相应地也涵盖许多技术类型。不同的技术都随着时间的向前推移有所变化。图书馆对这些技术的应用也在不断变化，其间的研究热点包括数字化、元数据、信息检索。这是一个承上启下的过程。

（三）集成应用阶段

进入第三阶段，伴随着互联网从WEB1.0到WEB2.0再到WEB3.0，其技术在不断地革新，研究热点也在发生巨大变化；当下所关注的是数字出版、个性化推荐、云计算、数字人文、用户画像、信息素养等概念。以CALIS编目专业认证为例，图书馆发布了许多关于信息检索的课程，从信息素养到数字素养、数据素养。

通过回溯数字图书馆的发展历程，我们可以看到，其概念内涵的发展呈现出一种不断创新的脉络，即：从以资源为中心，演进到以技术为中心，最终转变成现在的以用户为中心。所谓以资源为中心，就是馆藏只以数字化电子格式存在；以技术为中心，是将计算机技术、通信技术、微电子技术等合而为一，形成综合的信息服务系统；以用户为中心，则是通过一个知识收集、分析和应用的智能决策支持系统，一个复杂和一体化的自动控制系统，为用户提供先进的自动化的信息和知识服务。

二、从数字图书馆到智慧图书馆

从2012年开始，"智慧图书馆"的概念便开始使用。但基于当时的背景而言，远未达到"智慧"的效果，只能说将互联网的技术和服务作为借鉴对象，其技术走向开始倾向于基于互联网化的应用。在这个应用过程中，具体涉及了Web服务、知识发现、手机服务、终端交互以及学科服务。

提出向智慧图书馆转变的原因在于，当时的数字图书馆建设已经面临许多问题。例如，面对越来越多的图书馆管理系统，如何更好地进行管理，能否将后台打通？为此，建设一体化的智慧服务系统，成为当时图书馆发展的一个主要思路。

2017年，关于"智慧图书馆"的主题会议在杭州召开，自此开始，智慧图书馆的概念在业界正式使用。也就是说，从数字图书馆走向智慧图书馆，花了5年的时间。在此期间，也产生了一系列的项目。比如在2013—2014年间，主要有机构知识库、本校文库、科学数据管理的项目，其中技术的中心是关于机构知识库的建设。这项工作的开展涉及很多内容，面对的是一个复杂工作体系。不像早期数字图书馆的建设过程中，一个系统的服务制作内容单一，只需实现对应的功能，但后期需要进行大量的关联，而这正是技术工作的重心。接下来，是室内导航，关于它的精准服务。另外，还做了外文电子书发布管理平台，希望解决资源和技术的两重问题。总而言之，在建设数字图书馆的过程中，逐步出现了智慧图书馆的理念和思维，取得了理论和实践的进展。

从智慧图书馆的发展脉络来看，最早是在2003年由芬兰学者提出"智慧图书馆"这一概念。然后到了2008年，"智慧地球""智慧城市""智慧校园"的概念开始兴起。接着到2010年，学界开始大量撰写相关主题的文章，并尝试对"智慧图书馆"下定义。需要注意的是，定义本身也是会不断前进的，随着时代的发展，概念也需要得到不断修正，这是技术进步的一个体现。例如，华中师范大学信息管理学院院长、图书馆原馆长李玉海提出，智慧图书馆以物联网、大数据、区块链、智能设备技术为基础，是虚、实有机融合的图书馆。进入2012年，大家已经开始关注下一代平台，出现了Alma、FOLIO等。但国产下一代平台的正式上线，是在2019年4月，技术核心在于阿里云的云部署、微服务架构，实现纸本资源、电子资源、数字资源的一体化智能采购管理。从技术层面总结来说，图书馆的部署从本地进入云端。

在技术进步过程中，数字图书馆时代逐步走向智慧图书馆的时代。各个时间节点上，都有相应的技术引发争议，引发大家的集体讨论。所以在这个行业体系中，理念的冲突是比较多的，这也是这个行业的魅力所在。

时间来到近几年，图书馆行业越来越少谈论数字图书馆，而是主要讨论智慧图书馆了。当下所阐述的"新技术"，就是指智慧图书馆时代的新技术。如前文所述，每个时段有属于每个时段的技术内容，因此谈技术不能忽略技术进步这个视角。例如在2019年11月，我们的讨论围绕智慧图书馆的发展展开，在新的背景下探讨下一步的发展方向。2021年，有一个智慧图书馆大会在武汉召开。此时已进入"十四五"期间了，所以用了"新时代大格局智慧图书馆建设'十四五'开局之问"作为主题。这次会议参与人数较多，设有多场技术展览，呈现了业界很好的状态。

从技术发展的角度而言，智慧图书馆做到了怎样的程度，是我们所关心的一个问题。因此，智慧图书馆的评估体系，是我们重点关注的部分。在评估体系方面做得比较早的，是2020年中新天津生态城制定的智慧图书馆的指标体系。我也参与了这个指标体系的研究。该指标体系侧重将图书馆作为智慧城市的一部分来进行评估。这个体系中有5项一级指标，26项二级指标；而且绝大多数不是定性的指标，是定量的指标，全用数值表示，相对而言更具统计学意义上的科学性。我认为对于公共图书馆体系和大学图书馆体系而言，都应该实施智慧图书馆的指标的评价，测定图书馆技术及管理或者融合的发展水平。智慧图书馆的发展水平是很重要的一项内容。

除了评估体系外，智慧图书馆的建设与转型升级方向至关重要。2019年中国图书情报档案学界十大学术评测结果的第四个，就是智慧图书馆建设。大家都在探讨智慧时代图书馆发展的新的业态和转型升级。转型升级也就是说智慧图书馆未来的发展方向问题。目前的情况是，"digital library"已经提得越来越少了，而更多用"smart library"来描述整个图书馆体系。毫无疑问，这同样是新技术替代老技术的过程。何谓新技术？与时俱进的技术才是新技术。但这并不意味着原来的技术就完全不用了，很多技术都还在发挥它原有的功能。

具体而言，智慧图书馆该如何建设呢？我们从一篇关于智慧图书馆建设的博士论文中可以窥见一二。这篇论文主要是关于智慧图书馆建设评价模型的应用研究[①]，探讨智慧图书馆的技术应用所达到的程度。在这篇论文出现之后，一大批的硕士论文、博士论文的选题也偏向于这个领域的研究。

大数据人工智能时代，简称"数智时代"。数智赋能已经成为引领图书情报档案学创新发展的驱动力，深入影响其研究范式和实践逻辑。这与我国的国家政策也是息息相关的。

有学者认为，图书馆建设要从"智能"达到"智慧"很不容易，必须要通过技术来牵引进入"智慧"阶段。具体而言，需要人工智能的牵引。

---

① 段美珍.智慧图书馆建设评价模型与应用研究[D].北京:中国科学院大学(中国科学院文献情报中心),2020.

我们再来看一篇2013年的研究论文，这篇论文认为，要以AI为核心来定义智慧图书馆[①]。它提出了两个问题，首先，要以解决不同场景的用户核心诉求为服务目标；其次，服务内容方面，知识服务要体系化、结构化、智能化。其间图书馆行业实践是通过百度推出的八大技术应用（自动驾驶、数字城市运营、机器翻译、生物计算、深度学习框架、知识管理、AI芯片、个人智能助手）来推进智慧图书馆建设。从中我们能够发现，在智慧图书馆建设中，对技术的描述应该是多方位的。

三、人工智能技术与智慧图书馆

人工智能技术在我国较早的应用，是科大讯飞在语言体系上的应用。1956年美国达特茅斯学院就有了人工智能研究，从此人工智能领域的发展势不可挡。到目前为止，人工智能进入了一个快速的发展期。从传统图书馆走向数字图书馆，是信息化发展的必然结果；技术不断累加，必然要走向智能化。在这一过程中，数据的价值逐渐凸显。现在的图情行业、信息管理学院纷纷涉足数据管理等与数据相关的专业，也揭示了这种趋势。我们进入了知识服务时代，是设备、机器、系统平台淘汰人的时代；因此，我们的工作重点也应着重于数据的管理。这涉及一些相关的理论、技术、方法、软件、工具软件，需要我们去学习。

运用人工智能或者说实现AI+"X"必须满足三个条件：第一，掌握核心技术；第二，掌握行业数据；第三，要有行业专家。其中技术是最为重要的主体部分。

人工智能介入图情领域，大大地促进了图书馆向智慧化发展。我们的目标是很明确的：要便捷、要轻松、要有效、要能增值。人工智能应用到图书馆，已经形成了多种应用，如OCR识别、视觉识别、网站架构、图书馆服务系统、二维码扩展、身份识别、人脸识别、RFID体系化，等等。

---

① 李显志,邵波.国内智慧图书馆理论研究现状分析与对策[J].图书馆杂志,2013(8):12-17.

面向图书馆的智能设备越来越多，得益于围绕它的设备供应商逐渐增多，这也是智慧图书馆发展更快的一个因素。

人工智能在图书馆的应用，有许多内容值得研究，比如图书的定位、自主导航、智能避障等相应的技术内容。怎样来定位？怎样实现自主导航？怎样实现机器人智能避障？这些问题都很值得研究。再比如为什么用高频标签？超高频标签有什么样的特点呢？这个行业的生态组成又是什么样的呢？RFID的技术跟条形码的技术到底是什么样的关系呢？条形码技术也在不断地进步，有一维条码，有二维条码，有三维以上的多维条码。RFID有高频，有超高频，还有更高的频率，它应用的过程又是什么样的？这些都值得我们去进行研究。所以技术融合进来的程度越深，可能我们要考虑的技术细节就越多。比如我们要实施图书的盘点，可以用什么样的方式来构建呢？怎么样来构建呢？应该用什么样的形式呢？这个技术到底有多大的难度？或者说图书馆的专业馆员能够驾驭这种技术？

我们还可以把别的行业中的技术跟我们这个领域相结合，然后产生新型的服务，获得良好成效。比如，图书盘点涉及定位、大数据，可以利用RFID来感知信息。再比如，我们可以把图书馆机器人这个应用实践写到图书情报专业硕士的案例教学中。案例教学是一种重要的教学方式。

图书盘点还是比较复杂的，光靠RFID能不能解决问题呢？未必能解决。所以要有视觉盘点、视觉识别，需要新技术加入，这样工作效率和精度才能提高。视觉处理的过程又涉及人工智能，要对它进行数据的训练。所以我们现在推出的这种图书盘点机器人是含两种技术的，一种是基于RFID的，一种是基于视觉识别的，这样才能确保精度达到一定的水准。同时，图书馆积极参与自己行业体系中有关国家标准的制定，这是非常有必要的。

四、图书馆管理系统

数字图书馆建设的一个很重要的方面就是图书馆管理系统。业务管理系统是图书馆行业体系中非常重要的组成部分，因为它与主流的业务密切相关。因此，下一代图书馆服务平台受到了巨大的关注。

下一代平台会有一些大的变化，实际上是纸、电、数一体化的管理，这些为后续的智慧发展奠定了基础。下一代平台的应用，就我们图书馆的管理而言，强调的是管理的深度与开放互联的广度。这二者应受到重视。因此，我们现在很多的应用，实际上都是围绕上面这些方面来进行的。围绕下一代平台所开展的相关主体技术有云部署，纸、电、数一体化的管理，微服务架构。微服务体系是基于下一代平台构架来打造智慧业务流程、智慧业务体系，促进数字图书馆逐渐向智慧图书馆全方位过渡。具体到技术层面而言，我们经历了从 MVC（Model-View-Controller，模型－视图－控制器）的架构到 RPC（Remote Procedure Call，远程过程调用）的架构。面向 SOA（Service Oriented Architecture，面向服务架构）的开发，我们现在正走向微服务架构的方式，后面会继续有新的技术不断出现。所以说，技术一直在进步，驱动图书馆事业前进的步伐。

我认为，下一代平台是智慧图书馆提供数据与业务保障的核心平台。要基于数据做好业务基础的部分。发展 AI 为大数据和空间场景服务，必须要获得平台的支持。这个平台必须是开放的，可以对接其他类别平台。这个平台的核心部分就是纸、电、数一体化管理，微服务架构，云服务，加上开放的 API（Application Programming Interface，应用程序编程接口）接入环境，这是当前技术的定位。

当然，在后面的发展过程中，下一代图书馆服务平台的内核受新技术的驱动一定会发生变化。但我们现阶段所做的工作，可以使得我们的服务达到一个较为理想化的状态。不同图书馆体系在技术层面会有不同的侧重，但整体的大方向是一致的。从我们应用的角度来讲，2020 年 9 月，南京大学下一代图书馆服务平台迭代为 NLSP 3.0，进入了成熟阶段；通过技术的介入，融入新的内容，进行了各项功能的升级。

智慧图书馆的建设要求我们要熟练应用工具，例如知识图谱等。智慧图书馆的发展，以 CNKI、超星为例，国内从 2009 年开始做，到 2011 年时实际水平还是很低的，2012 年以后才有大幅的提升，其发展速度是比较快的。海外基本也是这样的状态。在应用的过程中，智慧图书馆的一些产品、技术不断被精细化打磨。

从知识图谱的角度分析，我们也可以看出，2010—2012年是智慧图书馆发展的起步阶段，2013—2016年是稳定发展阶段，2017年以后被认为是加速发展阶段。早期有物联网、云计算、RFID、智慧城市，到后期有"互联网+"。2015—2018年，图书盘点兴起。2019—2021年，用户画像、5G、数字孪生、数字人文成为最新的研究热点。

我们从事技术研究，能不能用思维导图把涉及的主体技术呈现出来，是我们应该好好考量的内容。在慢慢地走向智慧的过程中，数字图书馆技术与智慧图书馆技术实际上没有必要明确划分。

关于智慧图书馆建设，我们主要讨论的是下一代系统平台，需要深度地考察它的业务重组与数据管理。例如2021年、2022年的论文在讨论要把LSP（Library Service Platform，图书馆服务平台）发展到KSP（Knowledge Service Platform，知识服务平台），知识服务平台能不能进化的问题，及它的可行性问题，应该怎么样来推进从LSP到KSP这一进程。图书馆在换了下一代平台以后，各个层面的东西或因素变化了以后，后面的平台和平台服务我们如何重构呢？这些是很关键的问题。

智慧图书馆可以有哪些东西呢？这也是对智慧图书馆建设的思考。我们应该思考，对哪些技术是需要进一步了解的？它的走向是什么？我们怎么样运用这个技术去解决其实际的应用问题？解决哪些问题？比如，现在国家重点关注图书馆中古籍等一系列涉及文化的部分，围绕智慧图书馆技术组合，哪些技术可在这个领域中发挥重要作用呢？比如大数据与我们图书情报行业相结合，可以是人工智能+图书情报行业，也可以是区块链+图书情报行业，也可以是元宇宙+图书情报行业。哪些技术可以进入图书情报行业而为我所用？可能后面还会有新的技术不断地涌现，最大限度的发展会是什么样的形态呢？这都可能颠覆你的认知，可能还会产生一种新的形态。

五、智慧图书馆的新技术

智慧图书馆中新技术的应用，无疑是一个重要方面。是不是存在"智慧图书馆技术"这样一个专门的技术领域？不一定，但是也可以暂时这样来称呼。智慧图书馆的技术层面需要解决以下问题。

第一，技术框架怎么搭建？体系结构、运行模式、服务模式，无疑是智慧图书馆应该包含的内容。这涉及智慧的建筑、智慧的管理、智慧的服务，这也是我们前面所讲的智慧图书馆组成的三大板块。

智慧服务应该与人打交道，智慧服务涉及 Wi-Fi、室内导航、5G、RFID标签、传感器、智能芯片等，我们有什么样的系统平台来支持它的整个技术架构？架构以后，围绕智慧图书馆的技术会有哪些呢？哪些新技术的发展可以促进智慧图书馆由理论向实践进一步发展？这些技术都可以作为新技术的组成。比如说物联网概念的引入，但物联网这个技术体系在图书情报领域怎么样体现呢？这个技术推进了什么？比如说现在RFID的使用非常普遍，还包括高频的、超高频的。条形码标签技术也是如此，现在二维条码被大家所熟知，但多维条码就很少被人知道。多维条码为什么在当前没有被普遍应用？是因为这项技术的运用需要依赖摄像头的水平。也就是说，假如未来摄像头的水平越做越好，多维条码自然会大范围出现。因为人们只需要用设备摄像头扫一下再转化，所有信息就都能收集起来。换言之，多维条码的适应范围更广，可能就会把二维条码给替代掉——这种可能性是存在的。技术的进步可能会推动新形式的产生。条形码在美国出现的时候叫"公牛眼"，获得了美国技术发明奖章。

现在的大数据技术，我们是不是做好了数据管理呢？是否能很好地做数据搜集、清理等一系列工作？当下图书馆做好用户分析，做好基于内容的管理，做好知识服务，都跟大数据密切相关。

大数据与人工智能这个领域中，图书情报行业如何反哺它原来的技术？图书情报行业在未来技术的发展过程中将起到什么样的作用？这些都值得深入探讨，而不是仅仅将某个行业的技术进行应用就可以。研究技术一定要考虑反哺技术，这涉及云计算、5G、区块链、人工智能引入图书馆建设，还包括可穿戴技术、复杂网络技术、虚拟现实技术的进入。

有大量的公司及创新性的企业涉足图书情报领域。这是一个很好的业态表现。创新企业越多，意味着该行业越红火。所以对待新技术，我们应该有更加开放的胸怀；要有容错的态度，要发展、要创新，就必须要允许犯错。

当然这之中涉及很多挑战，比如这些智慧技术如何融合进来成为智慧图书馆研究的重点内容。如刚才所说的标签技术，涉及条码——一维条码、二维条码、多维条码，涉及RFID——超高频、高频以及整个RFID体系。我们如何开展这项技术研究呢？诸如此类问题，都需要我们进一步探讨和分析相关技术，并且把它融合进我们的行业中。

简单举一个例子来进行说明。射频识别技术（RFID）现在应用得越来越普遍。因为它的价格逐步走低，技术逐步成熟，技术实现了国产化等。那么高频标签、超高频标签，其技术体系应该是什么样的？对应图书馆行业的时候，我们怎样来认知这一类技术？仅这个标签而言，它的大小，怎么样适应图书，贴在什么位置，怎么确保它的安全性等一系列问题，都需要去深入地探讨。我们对RFID的射频标签，高频或者是超高频技术的认知，应该有一定的深度。

第二，大数据技术范围比较广，但是具体到图书馆行业，对于用户和图书馆而言，我们应该掌握什么样的数据？我们要对技术了解到什么程度？这会直接影响我们对数据掌控的能力。可以运用大数据做一系列分析，比如应用大数据技术进行行为分析。江苏地区公共图书馆已经把13个地市级的数据统一收集起来，做一系列分析工作。通过大数据技术，在图书馆的应用中，我们可以细分在哪些领域有哪些具体的应用实践。

对于人工智能技术，我们要考虑什么？我们现在用图书馆的语言描述：资源检索的智能化、资源推送的精准化、客户体验的综合化，等等。比如信息内容的精准推送，智慧机器人的服务，在说明和功能以及技术上，分别是什么样的对应关系呢？

再比如，知识检索与发现。知识发现本身也是一个技术发展的领域，在图情领域中特别受关注。这涉及自然语言处理、数据挖掘、神经网络、语音识别、语义检索、系统过滤等。如何就这个知识技术的体系形成一个主体呢？

再例如云计算。云计算用理论描述很复杂，但实际上现在应用起来是非常简单的。例如，图书馆从事技术工作的工程师或者是图书馆员，原来运行的管理体系很复杂，可能涉及小型机的并行运行，涉及数据库是用Oracle数据库还是用其他数据库，涉及从百兆、千兆到万兆，涉及数据安全。现在使用云端，我们发觉，原来一个相对来说比较大的图书馆的管理，被放到云端以后，会转变成一个轻型化的东西。比如说像南京大学这个体量的图书馆，不要去看它有多少台服务器、小型机，有多少个刀片，有多大的存储器。你只要看看图书馆中心机房外面有多少台精密空调就知道了。

同样，关于5G。很多人研究5G技术，也在图书馆做了很好的实践，即通过5G技术更好地提升图书馆的感知度，更好地提升它的服务。

5G时代智慧图书馆的服务模式，在精准服务、个性服务、知识服务、多元服务上，怎样来开展相关工作？这也是我们很多图书馆员在撰写论文时经常提到的内容。所以，一项新技术的产生，必然需要从多方面进行思考，从理论逐步走向实践，形成经典的服务。

现在谈到的区块链技术，在图情行业中如何应用？或者说，在智慧图书馆体系中怎么应用？最近关于这一方面的论文也开始多起来，而且从理论探讨逐步开始出现专项实践，寻求怎么样落地，在哪个领域中落地。以此技术来解决内容的分配，还涉及版权保护问题，以及深度的管理问题。

因此，就图书管理人员的实际工作来讲，我们处在一个知识管理工具的时代。在一个工具淘汰人的时代里，技术的进步非常之快捷。我们只要看一下在这个领域中，围绕知识内容这个闭环，所涉及的技术方法和平台——如从文献管理软件到知识图谱，到各种各样的知识管理工具——就能发觉，生态环境已经形成了。所以我们大量的工作内容被机器所替代。

元宇宙技术尚未普遍应用于图书情报工作，虽然目前也做了很多的落地展示，但是整体数量还是很少。举个例子，我们图书馆很多年前把裸眼3D放在大厅中间，学生非常感兴趣；但是资源跟不上，多少年过去了，还是为数不多的几项内容，新意自然就没了。换言之，必须要将内容和技术相匹配，知道所借助的技术需要什么内容来进行填充。AR/VR也是如此，包括可穿戴的技术和导航。这些个性化服务在近几年发展速度相当之快。

除了技术之外，还需要关注服务。技术与服务是紧密结合在一起的。

首先，技术应该进一步推进服务的完善，智慧服务应该是智慧图书馆区别于其他形态图书馆的最大的特点。其次，创新服务。如前所述，技术进步融合到智慧图书馆体系，是一个逐步的过程。哪怕是在早期的数字图书馆时代，成功与失败也是并存的。但成功也往往源自一次次失败积累的经验，毕竟成功是可以占有一定比例的，假如说做十件事能够成功两三件，这个概率就已经很高了。所以，我们讲创新服务，无论是在服务模式、学科服务，或者是服务方式方面，都可以做相应的努力。

例如位置服务。最近位置服务又重新热起来，因为走向精准服务是很关键的一步。从技术面上，位置服务涉及哪些技术？涉及 Wi-Fi、RFID、蓝牙、二维码等技术，围绕这些技术在智慧图书馆中开展各种基于位置的服务，也是一种创新活动；核心在于做比较深入的研究以及用户测定，才能达到良好的效果。

不能说智慧图书馆就是全新的，这是技术不断积累的结果。刚构建图书馆的时候，最老的一种服务是参考咨询。参考咨询这种形式，也是与时俱进的，不能说到了智慧图书馆时代就没有参考咨询了。需要思考的是，参考咨询能不能从传统的参考咨询，转化成数字的参考咨询，再升级为智慧的参考咨询。需要深度探究的是，这究竟是一种服务还是一种技术，抑或是服务与技术的结合。回顾参考咨询的发展历程，不难发现，技术的进步和服务的发展就是在互相推动。怎么样深度解读这些内容，是很值得我们去探讨的。

再比如个性化服务，这是图书馆事业在不同发展时期都会提及的话题。从智慧图书馆体系的角度来看，要实现个性化服务，就需要思考应该用什么样的技术。以前所讲的是个性化推荐与定制服务，个性化推荐与报道服务，个性化知识决策服务。进入智慧图书馆以后，这个工作应该如何来做？有哪些方法？在智慧体系中，大量的用户画像被采集，知识内容的汇聚更加丰富，应该能更好地开展个性化的服务。

技术体系还应该包括效能，这也是讨论技术问题的一个视角。因此，智慧图书馆技术还包含服务效能的问题。智慧图书馆到底达到了什么样的服务效能，这是至关重要的。

当然还有远景问题，仍需要通过技术以及管理促进我们智慧图书馆走向未来。服务场所的泛在化、服务空间的虚拟化、服务手段的智能化，这都是老生常谈的问题。但是我们想达到这样的效果，要不断地融入新的技术，要注重服务的集成化、服务内容的知识化。智慧图书馆建设的深入发展，应该体现在服务内容的知识化上面，服务内容从粗放的文献单元向深层次挖掘的精准知识单元转化，即知识元的转化。接下来，我将围绕几个重点问题进行进一步阐释。

第一个问题是如何实现"智慧"的状态。这是关于云平台和云服务的问题，安全、数据处理等一系列的问题。因为智慧图书馆最大的特点就是互联、高效、便利。

第二个问题是如何具体让智慧图书馆达到相关水准，这涉及业务重组问题。图书馆走向"智慧"，如不对它的业务进行重组，这种"智慧"是存在问题的。所以我们应该从技术、管理等方面来思考业务重组的问题该如何解决。实际上，业务重组的核心是数据。所以我们的工作重心要转移到数据管理方面，这也是一个重要的转向。因此，当我们谈论转型升级时，业务流程的重组才能达到更佳的状态。特别是在业务流程的智慧化，以及服务流程的智慧化上，可以大大提升效率，获取更多的绩效。

第三个问题是数据管理。当前，数据管理是图书馆最欠缺的。因此，回答行业体系中的图书馆员转型问题，答案一定是要转向数据馆员，这是必然的。原来只需要考虑传统的管理系统，现在是加上电子资源管理，形成一个新一代的基层管理系统。基层的管理体系涉及我们原来的纸质管理以及现在的电子资源管理。不仅如此，还需要对数字资源进行统一的监控与分析。所以，数据管理问题特别重要，包括如何在下一代平台中构建好数据中心。实际上在管理过程中，本身就要呼吁关注监控与调度的问题，归根结底都是数据管理的问题。因此，务必要找准核心技术，正确认识图书馆数据和大数据管理。

最后是联盟服务，因为联盟是图书馆的一个法宝。图书馆体系仍然需要通过联盟体系来构建，并共同解决一些技术问题、管理问题、互补性的问题。技术是新联盟建设中非常重要的组成部分，在联盟重建之前，需要着重讨论。

六、技术举措与展望

最后一部分就技术举措与展望这个话题进行阐述。

（一）技术举措

以南京大学图书馆和图星软件公司合作的下一代平台为例，由LSP（Library Service Platform，图书馆服务平台）向KSP（Knowledge Service Platform，知识服务平台）发展，我们现在要做好这个数字的基座，然后做好一体化的平台，包括数据一体化、业务一体化，最终做应用市场，实现一种全场景、全终端提供的形式。可总结为以下三点：微服务为基、业务平台为核、应用为翼。所以，智慧图书馆的发展，图书馆首先要做好自己的工作，即智慧业务流程的工作，这是关键所在。因此我们提出来要把LSP升级到KSP，并做了大量尝试。关于KSP的发展，我们正处在1.0的时段，未来需要多少时间克服其中的一些困难，以顺利过渡到2.0时段，是我们所要讨论的问题。

未来的KSP平台要面向馆员、面向读者、面向馆长，以及面向馆与馆，所以我们做了四项工作：

第一，图书馆业务流程的智慧化。主要包括书目更新自动化、采访流程合理化、采访工具智能化、模型构建个性化。

第二，平台处理。在信息化的进程中，我们发觉越来越多的业务流程都需要在互联网上完成。这就需要考虑图书馆员的业务内容，自身业务是否能与平台关联，在平台进行统一处理。这也是一个很重要的技术原则。

第三，知识资源的立体集成。当知识集成以后，我们可以将知识服务的生态链全面升级，从而大幅提升服务的效益。我们说智慧图书馆的发展阶段，实际上是图书馆内部数据管理升级的过程。只有当该项内容达到一定水平后，才能使用户真正感受到智慧图书馆的特点与优势，也才能更好地体现出"智慧"的力量。例如我们现在所处的大数据时代，实际上在起步阶段耗费了许多资金与时间，也出现了一系列的问题。但是当数据越来越完备的时候，服务自然也就越来越流畅。通常来说，刚开始的时候是一个劳动密集型的过程，迈过之后就会快速发展。

第四，服务研发。智慧图书馆毕竟是为用户服务的，用户的体验是智慧图书馆服务的重要检验标准之一。因此，为了保证"智慧"的形式，我们要不断强化它的支撑保障体系。保障力度越强，服务体验就会越好。例如，残疾人是否能在馆内自在通行，对各类残疾人的服务是否都——具备。只有让用户感到方便，才能说服务到位了。

除了上述工作以外，关于智慧空间的探讨，也是当下比较热门的话题。对此，我们重点对基于生物特征的无感知体验、基于物联网的空间管理智慧互联、连接用户的公共共享空间做了一些建设研发工作。总体而言，就是能不能基于智慧空间管理下的一系列服务，把整个场馆空间的事项解决好。目前，关于智慧空间的建设，很多研究者在管理过程中提出制作图书馆、档案馆、博物馆文化设施一体化的解决方案。但如果一些地方这三馆本身就是一体化的，能不能做好这种空间的服务呢？比如我们提出了安全预警、室内导航、空间预约、人脸识别、消防安保、绿色节能、灾害防护等方面的机制。上述这些内容，仍需要进一步研究和实践。

智慧空间也是一个不断生长的有机体。我们可以去实现书与书、书与人、人与人、书与空间、人与空间、物理空间和虚拟空间等多种关系的流转，让读者能够在其中拥有良好的体验、感受。而这种感受体现在很多的细节中。

接下来，再讲一下机器人的扩展。我们现在的重点放在了各类机器人研发上，开始做智能咨询引导，配合盘点做场景的数字化，尝试在智慧图书馆体系中进一步拓展人工智能体系。

（二）技术展望

涉及展望的内容比较简单。当我们研究技术的时候，不妨先从研究的角度去看一些问题。当前，对智慧服务的模式、信息技术的应用研究较多，也就是新技术的应用和智慧空间实践方面的研究热点比较多。

在关注这些热点的同时，我们也要对学界的研究成果有较多的了解。

从行业研究的角度看，国内在这方面的研究最近比较活跃，包括复旦大学的智慧图书馆学研究中心、国家图书馆在内的机构等，都在这个方面做了大量研究。我们需要进一步关注国内各大高校、图书馆以及企业就此做了哪些理论上的拓展和技术上的研发，以此来把握好对新技术的理解与应用。这是专业馆员必须具备的能力。

最后，提出几点意见供大家参考：

第一，重视智慧图书馆技术融合的研究。实际上，图书馆行业的发展不追求单一的新技术，往往更需要多项技术的融合。技术的融合在于促进图书馆知识的融合，需要将二者结合起来考虑，才能实现优质的知识服务。

第二，强调效能。智慧图书馆的核心就是服务效能的提升，因此要注重人、技术、智慧空间相互结合，更好地体现其效能。

第三，关注具体实践。理论联系实际的同时，要更加注重于实践。相对而言，论文书写较为容易；但项目技术的实际落地与实践，才是关键。切忌光谈理论不谈实际，要两条腿走路，且重点在于实际的效果。

第四，加强行业图书馆联盟的合作，具体可参见前文。

第五，强调多层面推动图书馆员的有序转型。智慧图书馆不能缺少具备图书馆智慧的馆员，良好的人机系统才能提供更好的智慧服务。

（讲座时间：2022年6月）

第十一讲

面向智慧图书馆的元数据馆员角色定位及能力提升

贾君枝

【主讲人简介】

贾君枝　中国人民大学杰出学者、教授、博士生导师,《中国图书馆分类法》编委会委员,担任《图书情报工作》等多个刊物审稿专家。长期从事词表、元数据、关联数据、本体等信息组织研究。主持并完成多项国家社科基金项目、两项国家标准,发表论文150余篇,出版著作4部。

本讲内容主要探讨以下几个方面:第一,在目前智慧图书馆的发展背景下,智慧图书馆和元数据发展战略之间到底是什么样的一种关系;第二,我们国内外的编目环境到底处于什么样的一种变革状态,它对我们现有的元数据到底有什么样的影响;第三,在智慧图书馆建设的大环境中,馆员应该承担什么样的职责;第四,如何更好地提升元数据馆员的能力,以及具体的提升途径。

一、智慧图书馆与元数据之间的关系

(一)智慧图书馆的发展历程

图书馆发展经历了若干次变革,从以藏为主,或以纸质图书管理为核心的传统图书馆，发展到基于网络环境的数字图书馆。在这一变化中，我们的馆藏资源不仅限于我们的印本资源，还包含一些电子资源，而且电子资源已经逐渐地占据了主导的地位。所以说数字图书馆更着重于馆藏资源的数字化建设。在现有的这种建设过程中，图书馆逐步积累了丰富的数字化资源，这是我们传统资源逐步向数字化资源的转型过程。

在这样的转型过程中，现有信息技术的快速发展带来了更好的契机，也带来了对资源深层次开发和利用的问题。在现有的资源开发基础上，如何推动服务专业化，如何提升图书馆服务质量，是需要我们认真思考的。就我的认识，如今的智慧图书馆应着眼于怎么样提升图书馆服务的专业化能力，这应是智慧图书馆的发展方向。

智慧图书馆的发展也经历了若干个阶段。它最早是由芬兰奥卢大学图书馆的 Markus Aittloa 提出。他提出来的"智慧图书馆"更多是指如何更好地帮助用户找到其所需的图书和相关的资料。而后，人工智能（AI）技术迅速发展，进一步推动了智慧图书馆的发展。有很多学者在此领域开展研究，希望以此来提升图书馆的服务效率。如学者 Carry Syma 提出了智慧图书馆的三大特征：创新、移动与个性化服务；王世伟、初景利也分别对智慧图书馆应该是什么样的，作出了定义。"无人图书馆""24小时图书馆"是智慧图书馆早期形态。今天的智慧图书馆能够实现物理空间和虚拟空间层面上的有机集成——通过感应设备来获得用户的数据，在此基础上感知和预测读者的需求，提供针对性的服务。

以上是智慧图书馆从雏形到基本形成的发展历程。今天我们仍在实践中逐步探索。

（二）智慧图书馆发展的动力

目前，传统图书馆、数字图书馆可以说进入了智慧图书馆时代。在这种大的历史背景下，不论大馆、小馆，都应积极迎接智慧图书馆的转型。当前时期也是非常适合转型的时间节点，从政策层面、信息技术层面和图书馆机构层面，都为智慧图书馆的发展提供了动力。

首先，在政策层面，大到国家政策，小到我们图书馆自身制定的规划，都在一定程度上反映了对于智慧图书馆建设的需求。智慧图书馆建设，对于推动国家文化建设、推动读者更好地接受图书馆均等化服务具有重要意义。国家文化数字化战略积极推动了全国智慧图书馆体系建设，由中共中央办公厅、国务院办公厅印发的《关于推进实施国家文化数字化战略的意见》也和智慧图书馆建设息息相关。比如，从"夯实文化数字化基础设施"到"形成中华文化数据库，搭建文化数据服务平台"，"为文化数字内容提供多网多终端分发服务"，"提供精准数据分析服务"，再到形成良好的"线下线上的一体化"文化体验，管理层形成"文化数字化治理体系"——这些要求，都涉及智慧图书馆建设和国家文化数字化战略的契合问题。

其次，在图书馆机构层面，从图书馆自身的角度来看，智慧图书馆的发展，实际上是图书馆推进数字化转型道路上的进一步实践。我们前期已经做了一些数字化的建设，已经形成了从传统图书馆到现在数字图书馆的转型。已经初步有了一些数字化文化的基础设施，形成了一些资源库。不论是馆藏库，还是购买的电子资源库，以及自建的机构库或特藏库，这些资源库实际上证明了我们在近二三十年里已经初步形成了一个比较有规模的资源体系。此外，在传统图书馆的基础上建成了比较完备的服务体系。现在一些基层图书馆做得非常好，专门为公众提供阅读推广活动、讲座等各种服务。这种服务体系的形成，为智慧图书馆的建设提供了很好的基础。据《中国统计年鉴》显示，我国县级、地市级图书馆的从业人数、机构数占全国从业人数/机构数比例很大。值得一提的是，他们所开展的借阅、阅读推广活动、展览、讲座等基础服务做得非常扎实。但在服务层面，还有进一步的发展空间。

智慧图书馆的良好发展，需要我们在图书馆机构层面解决一些问题。第一，数字化基础设施的支撑保障能力有待提升。第二，数字资源的深加工与关联整合亟须加强，需要解决涵盖的内容和内容之间的关联性问题。第三，图书馆系统中不同类型资源之间的集成与关联，有待进一步提升。如多模态的资源、馆藏资源和用户资源、馆内的资源和馆外的资源、馆外同类型同行业资源、社会资源的集成问题。第四，数字服务的线上线下联动发展还不充分。应探索怎样围绕图书馆的资源，开展线上线下的阅读服务、展览服务及讲座。第五，城乡一体、普惠均等的数字服务体系尚未健全。尽管我们可以看到，目前数字化服务已经缩小了一些差距，但是事实上我们在这方面还有进一步提升的空间。

最后，在技术层面，高新技术推动了智慧图书馆建设，使其成为可能。人工智能引入参考服务中，可以代替馆员的工作；通过问答的方式，可以回答一些读者常问的基本问题。当然，一些复杂问题可能仍需要人工参与。如何将人工智能技术和图书馆相结合呢？在理论层面，有一些学者开展了相关的研究与讨论。在实践层面，目前也有一些图书馆已经利用人工智能技术开展图书馆服务。比如说国家图书馆，通过人脸识别实现图书馆图书的借还；南京大学图书馆、深圳图书馆使用了智能机器人。对于智慧图书馆而言，人工智能领域的知识图谱、云计算、物联网、地图可视化等技术的广泛应用，具有重要意义。

第一，知识图谱技术与图书馆领域息息相关。知识图谱技术发展得非常快，它采用图的方式表示资源的特征，采用网状的方式展现资源间关系，以可视化的方式非常形象地把读者感兴趣的资源呈现出来。举例而言，我们用搜索引擎搜索一个人的名字，如果嵌入知识图谱的技术，屏幕右边则会推出这个人的一些基本信息，并且罗列出这个人和其他人的关系，便于做一些资源的推荐。用户访问了这个人，可能对与这个人有关的其他人也比较感兴趣，这样的推荐有效地实现了资源的浏览及发现。

第二，云计算技术对于图书馆而言同样具有重要意义。云计算可以基于现有的多个平台，形成智慧图书馆的云平台。通过资源共享与交流，缓解基层图书馆经费不足、技术水平低等问题，提高文献资源利用率，惠及全国各地用户。

第三，物联网技术的应用。作为人工智能技术的一个体现，物联网采用了一些传感设备，能够有效采集数据用于推动场景化服务。我们可以看到，目前物联网也广泛地应用到图书馆，比如说采用RFID、无人机、区块链、人工智能和VR、AR等技术来提升服务质量。如南京大学的盘点机器人，可以通过RFID技术自动定位图书架上的图书，解决书籍错架乱架、上架、排架等问题。再如自助借还功能，利用物联网技术，通过有效地获取点对点的数据做一些相应的判断和决策。再比如说沉浸式阅读，改善了纸质阅读的枯燥体验，扫描书上的二维码，立体化的图片、视频等就得以展现，便于帮助读者在阅读中理解一些相关的知识点，改善读者的阅读体验。

第四，地图可视化技术的应用。地图可视化技术可以实时展示图书馆的基本位置。通过地图定位，读者可以知道每一个区域的服务内容与设备设施，迅速地了解图书馆的总体概况。此外，它还能够展示某区域存放的具体资源。实际上，通过这种VR/AR技术，用户不需要去物理空间的图书馆，在虚拟空间中同样可以浏览图书馆的所有相关资源。

综上，智慧图书馆的发展，基本上是由政策、机构、技术三者驱动的。

（三）智慧图书馆的构成要素

有学者撰文指出，智慧图书馆是由四大要素构成的，即智慧服务、智慧人、智慧空间、智慧治理。如果仅仅拥有某一个要素，我觉得不能称之为智慧图书馆。

首先，智慧服务要素。智慧服务强调利用语义网技术对资源进行细粒度揭示，通过全流程的智慧化管理来开展智慧服务。同时，智慧服务也强调用户的"贴身化"，即如何更好地基于用户的需求，根据用户的偏好向其推送最适合的资源。此外，智慧服务要求智慧图书馆作为一个大的信息生态系统中的一部分，作为一个有机的智能体，可以嵌入其他空间之中，实现彼此的信息交互和服务互联。比如说，智慧城市是一个复杂体、复合体，实际上需要把涉及的要素、涉及的各个部门的相关数据进行有机整合，并且数据之间进行有机流动，从而形成一个非常有机的生命体、生态系统，使城市服务更加智能化和人性化。智慧图书馆就是智慧城市中一个非常有机的部分，它能够和智慧城市中教育、医疗、政务等有机地进行一些数据的交换和服务的集成。这样智慧图书馆才能发挥它的效率，这才是智慧服务。

其次，智慧人要素。智慧人的构成实际上是两部分，一是工作人员，二是用户，二者形成了一个智慧社区。在这个社区中，智慧人是生产知识的主体。将资源隐含的一些知识有机地提炼并表示出来，这样的过程可以被认为是知识生产的过程。一方面，馆员在智慧图书馆建设中要发挥积极主动性，利用专业化的能力素质，承担生产知识的任务。另一方面，用户应该参与到整个知识生产的环节中，而不是被动接受图书馆所提供的服务。图书馆的智慧服务应努力挖掘智慧人的能动性，提升知识生产的效率。

再次，智慧空间要素。智慧空间主要涉及两个方面，一方面是打造绿色图书馆，即图书馆建筑的可持续发展。另一方面，是怎样把图书馆发展成提升用户生活质量的智慧建筑，吸引用户走进智慧空间，并且能够使其沉浸其中。智慧图书馆可以为用户的工作、生活、学习提供相应的服务，帮助人们实现智慧生活。

最后，智慧治理要素。图书馆管理层面无疑希望提升其管理决策的科学性和准确性。图书馆内部的管理活动经历过不同的阶段，从以人为中心的主观性管理发展到依赖数据决策的客观性的管理。智慧治理要基于一些客观的数据做分析，在此基础上做决策。这些决策可能不仅仅是图书馆的一些战略决策问题，还可能涉及馆藏的采购问题，比如具体怎么去采，形成哪些特色馆藏。前期对馆藏数据的分析，能够更好地指导我们怎么去决定馆藏的数量分布、类型分布、主题分布等。这是智慧治理在管理层面的提升。

（四）智慧图书馆建设的核心

如何实现这四大要素的有机集成，最核心的就是数字资源的问题。不论是智慧服务或智慧人发挥什么样的作用，也不论把空间建设成什么样、采用什么样的管理模式，但万变不离其宗，智慧图书馆建设的核心和基础问题是资源的数字化、数据化和集成化。也就是说，图书馆最大的核心优势实际上也是资源优势。相比其他的机构，我们是信息处理机构，所收纳的资源是高质量资源，并且是经过专业人员深加工的资源。因此，智慧图书馆依然要以资源为核心来进行深入开发。

图书馆资源有很多种，比如基础的馆藏资源、特色资源、电子资源，还有图书馆机构外部的开放性资源及外部采购的数字化资源。除了资源部分，还有一部分涉及读者数据，这部分也是不可忽略的。读者数据有些是读者的静态信息，即读者的基本情况；还有一些是动态信息，比如读者的借阅数据，以及到馆情况、网站访问情况、电子资源下载量等。

怎样把现有的读者数据和资源数据有机地集成在一起，是智慧图书馆要解决的问题。也就是把计算机读不懂的非结构化的馆藏资源进行结构化，以数据库形式进行数据存储以便我们获取。实际上，从非结构化到结构化还远远不够，智慧图书馆不仅要求资源"可读"，还要"可理解"，要让机器可以像人一样读得懂资源中所涉及的内容信息。也就是说，从机器的"可读"走向"可理解"。如何更好地实现这一转变，正是智慧图书馆的发展方向。从"不可读"到"可读"，再从"可读"到"可理解"——这一过程离不开元数据的支持。所以说，从资源的数字化到资源的数据化，再到数据的集成化，这个过程很大程度上依赖于元数据管理。

我们对这部分作一个简单的总结。首先，希望大家能够了解智慧图书馆是目前图书馆的一个基本发展趋势。基层图书馆是公共文化建设的核心力量，所以基层图书馆应该以此为契机，投入智慧图书馆建设中，推动图书馆转型。其次，智慧图书馆实际上是智慧服务、智慧人、智慧空间、智慧治理的复合体，所以智慧图书馆和拥有一些先进的技术设备之间不是直接画等号的。并不是说买一个机器人或者采用RFID技术就完成了智慧图书馆的改造——这是非常片面的理解。真正的核心是馆藏数据化，智慧图书馆的建设一定要落实到图书馆的数据层面，只有把数据变成机器可读、可理解的形式，才能为未来的智慧图书馆提供可能，完成智慧空间的构造与智慧治理。

（五）元数据发展的必要性

我们看一下元数据的发展。从事编目业务的人可能对元数据不陌生。元数据的出现，主要是基于对数字资源管理的需求。数字资源的快速增长，要求我们对其进行有效的管理与定位，从而使用户能够快速检索到所需资源。这种需求也促使我们采用元数据的方式有效地进行资源管理。

何为元数据？举例而言，馆藏机构的一条书目数据就可以理解成一条元数据记录，所以我们的馆藏数据库是由若干条元数据记录构成的。就其最简单的定义而言，元数据就是数据的数据。我们对各种类型的资源的特征进行描述，从而形成结构化数据，便于对数据进行管理、检索、定位、查找、选择。

就功能而言，元数据首先可以实现定位。比如根据图书的分类号，读者可以知道这本书放在哪个书架上。其次可以进行数据交换。比如说采用MARC格式来描述图书，小型图书馆不必自己去著录，可以去国家图书馆下载数据，因为大家的格式是一致的，所以有利于作数据交换。再次，可以作资源保存与管理。元数据的类型非常多，如描述性的元数据、结构性的元数据、管理类的元数据等。描述性的元数据就是这本书的基本特征信息，如题名、作者、页码、价格、主题词、类号等，这一类实际上是元数据中的核心元素；结构性的元数据体现的是资源和资源之间的关系，比如说目录和每个章节之间的关系，书的不同版本之间的关系等；管理类的元数据更多的是记录资源的知识产权、技术特征信息，有助于实现对资源的管理，比如创建者、责任人、文件类型、收藏地点等。

（六）元数据发展历史

元数据也经历了很多年的发展，我们给它分为几个阶段。在20世纪60年代之前，对纸质资源著录形成的书目，如卡片目录，实际上就是元数据记录，但是没有数字化管理。到了60年代，数字化管理实际上推动了元数据的发展，最典型的就是MARC记录。在90年代后的网络环境下，元数据又得到快速发展，尤其是以网络资源描述为主的元数据标准出现了。比如都柏林核心元数据标准，它其实更适用于我们对网络资源的描述。在2000年之后，元数据的发展又达到了一个新高度，聚焦于元数据怎么去更好地共享的问题。比如将元数据转换成关联数据，将其发布到网上，便于大家进行存取。而且元数据的用户不再局限于人了——更多的是让机器去读它、分析它，从而出现了对元数据形式化表示的要求，导致元数据的格式发生了变化，采用XML、RDF（Resource Description Framework，资源描述框架）的格式，从而使机器高效地获取到这些数据并进行分析。我们可以看到，在2000年之后出现了针对MARC的XML格式，针对DC的XML的格式，或者RDF格式。

（七）元数据标准类型

元数据由元数据标准与元数据记录构成。元数据标准主要定义了所描述的数据基本包含了哪些元素。以描述一本书为例，ISBD标准或者《文后参考文献著录准则》会规定它应该有哪些基本的元素，比如说题名、责任者、主题词、出版机构、ISBN号、价格、出版时间等，我们把这些称之为元数据标准。根据元数据标准对资源进行描述，描述结果称之为元数据记录，如CNMARC记录实际上遵循了《文献著录准则》的标准而形成。元数据记录和标准大家要能够区分。标准实际上体现的是规范性问题与一致性问题，也就是说要遵循统一标准。这样，我们形成的数据就是统一的、可交换的。在这个标准的基础上，通常会形成相应的一条条元数据记录。记录受制于标准，所以说元数据中标准是非常关键的。

国际上基本达成了共识，元数据标准主要分为四大类型：数据结构标准、数据内容标准、数据值标准、数据交换标准。

第一，数据结构标准，定义了一系列的元素。实际上，针对图书资源的标准MARC，它就定义了一系列元素。还有我刚才讲的DC，也定义了15个核心元素。此种标准称作结构标准。

第二，数据内容标准，不仅定义了结构化的元素，并且指导如何描述。编目规则通常归到这个数据内容标准里，如ISBD、AACR2、《中国文献编目规则》等，以及最新的RDA，这些都可归到数据内容标准里面。

第三，数据值标准，主要规定了数据的取值范围。比如分类号怎么生成呢？如果是来自《中国分类主题词表》（简称《中分表》）的类号，那《中分表》实际上就是一个数据值的标准。数据值标准实际上包含了很多受控词表，包含大家熟悉的《中图法》《中分表》《汉语主题词表》《美国国会图书馆标题表》，这一类属于数据值标准。

第四，数据交换标准，主要作数据交换，更多地从格式层面来定义。也就是说数据存储的基本格式是什么，比如MARC，大家都用ISO 2709标准格式。再如XML、RDF、JSON的这些格式，都被称为数据交换标准。

（八）元数据服务

我们了解了元数据的基本定义与基本类型后，下一步是开展元数据服务。元数据馆员应该清楚元数据服务包含什么内容。

首先，我们来讲元数据的生产及开发的服务，即怎么生成一条元数据记录并进行编辑更新，还涉及元数据查询、设计、开发、工具选择等。

DC模板（https://metadataetc.org/dctemplate.html）是一个DC元数据记录生成的平台，确定所描述的资源对象后，用户可以为每一个元素填充相应的值，完成提交后，平台能够自动地生成一条元数据记录。国会图书馆开发的Marva Editor平台，作为BIBFRAME的编辑平台，帮助用户生成基于BIBFRAME模型的各种资源记录。

其次，元数据仓储，它解决的是什么问题呢？它旨在集成多源异构数据，支撑统一的数据获取。如果将多来源异构数据集成在一起，需要实现不同元数据标准的映射及其元数据间关联，涉及库和库之间的集成及其数据的获取、转换及其链接等。这些是元数据仓储要解决的问题。

很多图书馆联盟机构将成员馆的数据统一集成到元数据的仓储库，实现成员馆之间的资源共享。如世界最大的书目库WorldCat，收录了覆盖全球33亿个图书馆的5亿条书目记录，供全球用户使用。我国CALIS联合目录中心数据库，收录800多万条书目记录，服务的成员馆有1319个，很大程度上推动了资源共建共享。

最后，元数据注册，关注于元数据标准的设计、存储、管理、查询及其维护。元数据的注册需要借助于注册平台，实现对元数据标准中元素及其语义关系的定义，包含给定语义标签、取值限定及其定义输出格式，并提供维护管理及检索浏览的服务。

元数据注册平台 open metadata registry（http://metadataregistry.org/），许多机构在该平台自行注册自己的相关标准信息，而且可以共享。在此平台上，用户可以把需要的元数据下载到本地进行使用。注册平台提供浏览、检索、下载功能，可以定位到具体的元数据标准或者元素。我们国内也有一些元数据注册平台，比如国家科技图书文献中心的元数据登记系统，提供了处理科技文献所应用的各种元数据标准，可供访问与查询。

（九）元数据发展战略

很多图书馆已经意识到元数据的重要性，由此提出了元数据发展战略，将其作为图书馆发展战略中一个非常重要的组成部分，来支撑图书馆整体战略的实施。英国国家图书馆自2015年就意识到图书馆馆藏元数据的重要性，先后提出了主题为"释放价值"（2015—2018年）与"未来基础"（2019—2023年）的元数据发展战略，将元数据视为重要资产，并作为基础设施加以建设，以更好地提供访问、协作和开放式重用。英国国家图书馆对馆藏数据进行了非常详细的分析。在馆藏数据建设过程中，它对参与主体进行了一些分析，不仅仅包含图书馆机构内部用户，并且还有一些外部用户。比如一些标准化的组织，还有一些其他的同类型机构，如成员馆、档案馆、文化馆等类似于图书馆的文化机构，以及一些项目的支持者和技术机构，参与馆藏元数据构建的机构是非常丰富的。因此馆藏元数据的有效管理，不再是一个单纯的机构内部的数据管理问题，可能会涉及机构外的合作问题、数据共享的问题。通过对元数据的高效管理，实现馆藏资源的可见性及价值发现。

联合计算机图书馆中心（OCLC）也从2015年开始推广它的元数据战略，提出了下一代图书馆元数据转变的目标，旨在将MARC记录转变为编码良好、可共享、可链接的记录，以实现机器理解。OCLC提出的元数据发展战略的题目是："向下一代的元数据转变"的战略思想。在这个战略报告中，我们可以看到它关注的几个问题：我们现有的元数据是不是发生变化了？发生了哪些变化？怎么变化的？我们的人员如何适应这样的变化？馆藏资源原有的MARC格式应该变化，向关联数据和标识符过渡。同时馆藏资源集合描述的对象也发生了变化，也就是说，馆藏资源对象原来可能是比较单一的，现在可能包含了馆内和馆外资源，同时还包含了多种媒体的资源集合。此外，其发展战略还关注如何提升元数据服务。围绕这些处理好的元数据，如何在数据评估、咨询、决策、计量和语义索引等方面提升服务，这是它的一个转变。

我们可以看到：强调元数据发展战略，其实更多的是涉及怎么构建统一的基础设施，以对元数据进行有效的开发利用和维护；同时进一步优化馆藏元数据管理的整体业务流程，最终能够实现资源的可视化。即，一方面能够把这些馆藏数据呈现出来，另一方面把馆藏资源的利用情况呈现出来。具体而言，可视化呈现馆藏的数据分布，还有数据利用的基本分布情况。不仅如此，未来的管理要将元数据嵌入管理和服务中，作进一步的开发。

关于元数据，我们简单总结一下。我们了解了智慧图书馆对元数据发展的必要性。我们首先要知道元数据是什么，它发挥什么样的作用；其次，元数据的重要性体现在哪里。目前从国际和国内的发展看，元数据的发展已经受到很多关注，而且许多国家把它提升到了战略层面。因此，馆领导应该重视起来，要明确所在馆里有哪些比较好的元数据资源，如何有效地对这些资源进行开发利用，馆藏的元数据目前是什么样的状况，它还存在什么样的问题，它如何与未来的服务进行必要联系等问题。只有这样，图书馆未来才有可能向智慧图书馆转型。尽管基层图书馆内数据量不是很大，但我们要意识到，在网络的开放性、合作性、共享性之下，我们可以充分利用网络将馆内资源与馆外资源联通，与馆外机构进行合作。同时可以把互联网上非常有价值的资源纳入馆藏集合中，更好地为我们的转型提供可能。

对于我们未来的图书馆人员来说，不应满足于现有的工作，要去尝试有关于元数据的新工作，掌握新的方法、新的工具和技能，通过学习，围绕元数据开展一些服务，并尽可能地推动其成为图书馆服务的关键核心业务。

二、国内外编目环境的变化

信息技术升级、馆藏资源变化、图书馆服务类型增多等对图书馆的编目业务造成了很大的冲击。下面主要讲国内外编目环境的变化。

（一）编目环境的变化

首先，编目业务萎缩。这一现象基本上是大家公认的。究其原因，一方面在于自动化水平的提高，另一方面是现有编目业务很大程度上是外包的，这造成了现有从事编目工作的人员数量持续下降，图书馆的编目业务逐渐边缘化。

其次，信息技术的升级迭代。信息技术的变化致使编目馆员角色发生变化，需要更新其编目知识及技能。当前出现了对元数据馆员的需求，馆藏资源深加工及图书馆系统转型同时对传统编目人员的元数据能力提出了更高的要求。

再次，图书馆系统的变革。图书馆内部多个独立的系统以及异构的元数据，催生了对图书馆系统的变革要求，元数据管理越来越得到重视。

最后，对下一代集成系统的新要求。下一代集成系统涉及不同资源的元数据导入、规范、合并、共享等管理活动，对元数据管理提出了新的需求，即完整的生命周期管理、不同资源类型兼容、标准规范兼容、互联网环境下的书目与规范控制、知识组织与知识融合等。

（二）编目规则的变化

编目规则实际是元数据标准，规定了基本的描述项目及其编目活动所遵循的原则，用以指导编目人员，保证生成的元数据记录的标准化与规范化，推动图书馆之间的数据交换。随着不同资源之间集成的需求增加，元数据在编目活动中的重要作用日渐增长。目前出现了一些新的编目规则，以推动资源描述从文献层面向内容层面发展。

我们可以看到编目规则发生了很多变化，《书目记录的功能需求》（FRBR）最终报告的提出，实际上是希望图书馆从实体资源向数字资源转化。现有的资源描述与检索（RDA）标准，是基于FRBR模型形成的，它对资源的描述与我们原有的以MARC为中心的描述方式有所不同。原有描述是线性化的描述，如图书馆订购了一本书，只对这本书的题名及责任者项、出版发行项等进行描述。而新的描述则转化成了立体化、层次性的描述，从作品、内容表达、载体表现、单件四个层次进行分别描述，并对每个层次之间的关系进行表示。

现有编目规则的变化，即从ISBD、AACR2到现有的RDA标准，其初衷是希望能够应用比以往更为丰富的知识、技术、工具，来实现对我们现有馆藏资源内容的揭示。此外，还希望提出的规则不仅限于对图书馆内部资源的管理，而且适用于图书馆外部资源管理；目的是希望图书馆的数据不仅在各自图书馆内部使用，还能够融入外部网络环境中，被更多的机构所利用。将智慧图书馆融入大的生态环境中，加快"数字中国"建设。微观层面上，编目规则的变化为其实现提供了可能。

这一变化原因还在于MARC的复杂性和封闭性，其数据和格式之间的捆绑，使得图书馆内部的数据无法和外部的资源进行有机的集成，影响了图书馆资源的进一步开放与利用。RDA编目规则，通过多层次描述，能够让孤立的数据之间建立联系，并转化成XML、RDF格式，较好地揭示了资源的内容特征，增强获取资源的便利性，易于实现资源的发现。

（三）编目系统的变化

编目系统是图书馆业务人员开展编目活动的信息系统，其功能也随着编目业务活动的变化而变化。原有编目系统存在一些问题，比如，不同资源的编目活动隶属于不同的编目系统，这样不同的编目数据之间就会涉及维护成本高、数据整合与交换难的问题。所以，如何优化现有的编目流程，并且通过一定的系统平台来支持流程优化，是新一代图书馆服务系统需要考虑的。2011年以来，新一代图书馆系统把许多的流程整合到一个系统中，贯通采购、编目、流通、电子资源管理、关联解析、资源发现等全业务流程；并且具备开放性、共享性、互操作性等优势，支持用户对跨媒体资源的内容发现、识别、选择、获取与导航。

新一代编目系统具有诸多功能。第一，支持实体资源和电子资源的统一编目，容纳包括MARC、DC、RDA等不同类型的元数据编目标准；第二，能够建立元数据与数字对象之间的关联，以实现对电子资源的全文获取；第三，能够建立不同元数据标准的映射，提供不同元数据记录之间的转换功能；第四，可以提供数据清洗、质量校验功能，确保元数据的准确性、规范性、一致性；第五，可生成多种格式，编目生成的元数据记录能够以MARC、XML、RDF多种格式展现，以满足不同用户的需求；第六，支持元数据"收割"，基于标准协议或者标准接口，能够从出版商、数据库商、图书馆联盟等机构获取到不同来源的数据；第七，提供开放系统接口 API，允许元数据导出，支持元数据重用，提升元数据价值；第八，支持关联数据的发布，建立与外部资源的关联，提供对外元数据服务。

例如新一代编目系统 Alma，可以支持元数据的管理，支持多格式数据的发布，还可以进行数据的交换、数据的上传、数据的自动创建。这些功能在它的系统中都有体现。

（四）编目业务流程的变化

编目业务流程实际是对不同类型资源特征的描述及揭示，以生成元数据记录的过程。业务流程的标准化能够保证编目数据的质量。因此我们应该有一套非常规范的业务流程，并且在业务流程中有一些专门的质量控制手段，来保证编目数据的质量。

我们传统的编目业务流程有哪些问题呢？一方面，业务不规范。传统编目流程主要是规定实体资源的，对于电子资源、开放资源、自建资源等缺乏详细而明确的规定。另一方面，编目质量难保证。对于外包的编目数据缺乏明确的质量控制程序和有效的质控手段。这些因素在很大程度上制约着编目数据的质量及其管理水平。

在这种情况下，怎么去优化它？首先，应该把实体与电子资源合并编目，实现统一管理。其次，在编目流程中转换思想，实现由编到管的转化，实现从元数据产生到元数据服务的全流程管理。对此，要注重开放性、互联性，不仅限于文献单元，还要关注数据之间的联系，如数据之间、内容之间的关联，馆内和馆外机构的数据关联等。最后，编目机构应该逐步向元数据管理机构或者控制中心进行转化，负责元数据全生命周期管理，并围绕元数据开展系列应用。

编目流程的变化，涉及哪些元数据管理职责呢？第一，要规范化的编目流程，熟悉不同元数据标准，尤其是新型编目规则；第二，熟悉元数据表示的各种形式化语言，能实现不同语言格式的数据转换；第三，明确在服务平台中对应的角色分工及操作规范；第四，管理、控制元数据质量；第五，对生成的元数据记录进行有效管理，包括导入、导出、"收割"、映射、继承等。

这一部分我们主要讨论编目环境的变化。不论是编目规则、编目系统还是编目业务流程都发生了比较大的变化。随着这些因素的变化，我们的元数据管理意识要增强，这是非常重要的。当前我们图书馆管理的元数据标准呈现出多样化、开放性的特点，不再是单一的MARC数据。所以我们的元数据管理应该体现在图书馆的各个层面，如战略、业务和功能层面。我们原有的编目人员，仅仅熟悉编目平台、了解MARC数据各个字段的含义；但对元数据管理来说，这远远不够。因此，我们要重点提升未来从事这方面工作的人员的能力。

三、元数据馆员的核心能力

一些机构已经发布了一些对编目和元数据馆员基本核心能力测定的指标，如美国图书馆协会制定的编目和元数据专业馆员核心能力指标体系，它把编目和元数据专业馆员的能力主要分为三大块：知识能力、技术能力、行为能力。

（一）知识能力

知识能力包括几个部分：第一是编目和元数据原理的基本知识，第二是系统和技术知识，第三是编目和元数据专业趋势知识。编目技术和元数据发展迅速，会出现新的编目标准，因此要了解这些最新趋势的知识。

我们详细看一下知识能力的每一部分都包括什么。在编目和元数据原理方面，要掌握元数据原则和历史背景、身份管理和名称规范控制档、数据标准化、图书馆数据概念模型等相关知识。在系统和技术知识方面，要掌握索引和数据库结构、图书馆服务平台、管理系统、机构知识库、联合书目数据库以及元数据创建、编辑、分析和转换等相关知识。在专业趋势方面，要有"大局"意识，理解编目工作如何适应图书馆行业和文化传承的大环境，要了解最新的发展趋势等。

（二）技术能力

技术能力，主要是对馆员技能提出了一些要求。首先，要熟悉概念框架、标准和原则在书目系统中是如何应用的。其次，要了解通用标准本地化的过程。选用的标准如果不适合，需要对其进行本地化改造。第三，要掌握书目记录的映射、转化。

（三）行为能力

就行为能力而言，元数据专业馆员要与很多部门打交道，就会涉及各种能力，比如沟通、服务、创新、专业好奇心、解决问题等诸多能力。所以说，对于一个元数据馆员，图书馆对其专业能力的要求还是比较高的。

（四）元数据馆员招聘信息及分析

对馆员的核心能力要求也可以从元数据馆员的招聘广告来窥探一下。这些招聘信息对馆员技能的要求非常详细。如美国康奈尔大学的招聘信息，围绕元数据有不同的具体岗位名称，还有非常详细的能力要求：在知识能力方面，要求了解各种 MARC 和非 MARC 元数据标准和模式，有能力创建、编辑、增强、转换或迁移旧版元数据；在专业技能方面，要能够展示脚本语言和数据操作工具，如 Python 等；在行为能力方面，要有学习新技术和元数据标准的能力，要有强烈的服务意识和对图书馆用户价值的兴趣以及出色的合作、沟通和分析的能力。此外，所招的元数据馆员要能够承担多种职责，包括元数据管理和协调、元数据服务、元数据研究与开发、元数据培训和教育等。

前期我们对国外的元数据馆员作了一个调研，在此给大家分享一下。我们从一个很大的招聘网站上获得了一些关于元数据馆员的招聘信息，并对此进行分析。下面从不同角度给大家介绍一下具体情况。

关于招聘单位类型，招聘单位不仅限于图书馆，还涉及金融、娱乐、医院等行业，此外还有各种学会、博物馆、档案馆，此类单位都对这个岗位有一定的需求。

关于招聘岗位，在对元数据馆员的招聘中，岗位类别比较丰富，各有侧重。如元数据馆员、编目和元数据馆员、数字资源馆员等，有做具体的业务工作的，有专家类的，还有做一些协调管理工作的，或者是做服务工作的。

关于招聘元数据馆员的所属部门，涉及馆藏管理与编目部门、数字图书馆和数字项目部门、信息技术部门、单独的元数据部门。

关于招聘的元数据馆员岗位职责，招聘信息中的岗位职责主要包含这几个方面：元数据的创建和管理、编目和分类、元数据服务、元数据的培训与顾问、围绕元数据开展一些相关的活动。

关于馆员知识能力要求，包括元数据架构与标准知识、资源编目与资源发现知识、相关工具与系统知识、岗位发展趋势知识。

关于馆员经验也有一些要求，包括项目管理经验、编目经验、培训和咨询经验，还有数据库管理、软件平台的相关经验。

关于所招聘馆员的综合素质，除了具备元数据基本能力外，元数据馆员还应该具备其他的素质，如要求具备有效沟通的能力、独立工作能力和协作能力、时间管理能力以及项目管理能力、创造分析能力，并且要具有服务意识。

四、元数据馆员能力提升路径

最后我们来看一下如何提升元数据馆员的能力，即元数据馆员能力提升的基本途径有哪些。实际上，我们国内无论是高校图书馆还是公共图书馆，目前还没有"元数据馆员"这样的馆员称谓，但实际上国内有些机构的数据管理岗，已经很大程度上承担了部分元数据馆员的任务。所以，尽管我们可能不会设置这样的专门馆员类型，但是对元数据的管理仍是不可缺失的。也就是说，需要有专人负责图书馆的元数据资产管理，对图书馆内部馆藏元数据进行管理，从而为后期更好地转型、为智慧图书馆的发展做好充足的准备。

（一）多方努力，促进馆员能力提升

国际图联提出的《持续专业发展：原则与最佳实践》，认为我们应该

意识到社会是不断变化的，技术也是在不断发展变化的，新知识在不断增长。在这种情况下，如果我们图书馆员还是守着原来那些知识，或者"以不变应万变"的方式去面对这种形势，这样是不可取的。所以，我们的馆员要考虑怎样发展自己的专业技能来适应当前社会的发展，从而推动图书馆的进步。任何机构的可持续发展，比如图书馆要开展创新性的服务，不是单纯依赖丰富的资源，依赖先进的设施，更要依赖人。因此，作为馆长，就应该给馆员提供好的、能够提升能力的环境；而作为馆员，也要有自我成长意识，通过各种学习手段和方法来提升自我的能力与技能，才能够适应未来的发展。要做一个有准备的人。我们也许不能很好地预测未来会是什么样子，但只要我们做好准备，就能够在未来的某一个时刻发挥我们特定的作用。所以说做好准备实际上也是在进行自我提升。

当然个人能力还是非常有限的，除了图书馆的每一个馆员要有自我提升意识之外，应该有更好的环境来推动或促进个人更快地成长——这一点也非常重要。国际图联也提到，不同的机构一起参与、共同推动专业人员在专业技能和专业知识方面的提升，我们的事业才能处于不断上升的状态。

首先，从图书馆机构的角度来看，需要进一步完善规章制度和人事管理政策，完善人才奖励和人才培训制度。尤其是作为馆长，要在这些层面为馆员提供进步的环境，促进其更好地学习，使馆员愿意接纳新知识，把自己的知识应用到业务工作中。同时馆长要有开放的态度，允许、鼓励馆员开展一些创新性的业务活动。

其次，要发挥图书馆学（协）会的引导作用，这对馆员的专业发展有极其重要的作用。支持馆员个人能力的提升，是专业学（协）会的重要功能之一。它能够把更多的专业人员聚集起来，共同交流探讨，提供一些相应的培训，鼓励机构之间进行交流，学习一些新的理论和实践知识，从而推动服务本地的实践活动的举办。图书馆学（协）会在馆员专业技能提升的层面上具有非常重要的作用。

再次，图情教育工作者在帮助图书馆员提升专业能力方面也具有义不容辞的责任。如教育工作者也希望把一些理论知识和图书馆的具体实践活动相结合，实践也是教育的最终目标。本人很荣幸能借此机会和大家交流，也希望未来能有机会参与到图书馆的实验、实践中去，推动专业人员技能的提升，同时也推动我们智慧图书馆的发展。

最后，馆员能力的提升还依赖一些与图书馆业务相关的机构。如一些专业的培训机构为图书馆员提供广泛的培训交流机会；图书馆系统服务商及数据库商等，提供各种培训、会议、同行交流等活动，以提升馆员对图书馆系统、数据库的使用能力。

（二）技能水平提升路径

提升元数据馆员技能水平，可以从以下几个方面入手。

首先，要制定标准。制定元数据能力标准，有利于馆员参照学习。学（协）会在制定元数据能力指南方面具有一定优势，应由图书馆相关的学（协）会负责相应的元数据能力指南设计。国际上有很多机构专门负责制定相应的指南。这些指南可帮助专业人员了解他们需要具备什么样的知识、技能和行为能力；基于能力指南标准，再开展自我教育、继续教育或自主学习。

其次，要进行培训。通过以项目管理为核心的培训，推动元数据管理的相关知识技能的推广和应用。比如，可以让制定标准的机构参与进来，共同开展有关元数据标准的培训，如元数据的基础知识、元数据管理工具的培训。还可以通过会议的交流方式，培养出一批有一定能力水平的元数据馆员。馆员能力得到提升，就意味着后期做智慧图书馆的服务相对会得心应手一些。国家图书馆每年都会有系列培训，这些培训也有一些是针对元数据标准的，这对我们的图书馆员业务能力提升有很大的帮助。再如澳大利亚的DataONE项目，它是专门针对元数据和数据管理这个层面的培训。它分为几大模块，有些是理论的，有些是实践操作的，分别从各个层面来完善理论知识、实践技能。

再次，要进行自主学习。自主学习是馆员自己主动地通过学习达到能力、知识方面的提升。大家也要去了解新知识体系的变革，更新自己的旧知识库。在这方面可以有很多具体的方法，比如馆内如果有擅长元数据方面的馆员，也可以参与编写一些相关资料来推动大家学习。再如通过网络进行学习。现有的网络资源是非常丰富的，很多资源也都是开放的。比如W3SCHOOL网站，旨在推广W3C标准技术，提供了丰富的学习资料。还有一些图书馆系统服务商的网站，在推广它们的系统时，也提供了一些用户帮助视频，以便用户了解系统的基本功能，介绍都很详细。通过视频学习，图书馆员的实践技能也会得到提升。

最后，要利用好学术会议。元数据相关的专业层面会议，是馆员了解现有元数据使用情况和最新技术动态的一个途径。专业的学术交流会议围绕核心知识与热点问题做相关讨论，这无疑对馆员学习有较大的帮助。比如大家想了解一些新的编目规则，美国国会图书馆对BIBFRAME的一些最新研究进展，会通过论坛不断更新发布，大家可以通过跟踪访问其网站进行学习。类似的与元数据相关的会议成果有不少，如DCMI年会、国际知识组织（ISKO）年会，涉及元数据发展进展问题，大家可以通过网络或参加会议去进行学习交流。

五、总结

首先，我们要重视元数据管理。元数据馆员看似是一个新兴职位，但其实是编目馆员在新兴环境下的发展。实际上，随着智慧图书馆不断发展，元数据管理越来越重要。图书馆最核心的资产实际上就是馆藏资源，馆藏资源的数字化就涉及元数据管理。所以，无论设不设置元数据馆员这个职位，每一个图书馆都要意识到元数据管理的重要性。

其次，馆员元数据管理能力的提升依赖于多方合作，整个图书馆界应形成合力，共同推动现有元数据馆员的能力提升。我建议，着重培训一些有元数据管理基础的馆员，通过多种渠道不断提升他们的元数据知识技能，这些馆员将会成为未来智慧图书馆发展的重要力量。

最后，基层图书馆同样要重视元数据管理。基层图书馆同样应该考虑设立元数据馆员职位。未来的基层图书馆要融入本地文化资源建设。本地的特色资源建设，会涉及资源数字化问题，会涉及如何更深层次揭示资源内容的问题，还涉及资源之间有机集成的问题。这些问题都围绕着元数据管理。所以，基层图书馆要围绕本地资源的建设，以项目的方式来带动元数据管理。围绕特色资源开展一系列精深化的服务，可能会做出非常有特色的服务内容。在这一过程中，需要元数据馆员发挥重要作用。所以基层图书馆应该采取相应的措施来培养一部分未来从事元数据管理的人才，为他们提供各种各样的渠道，推动馆员快速成长，以适应未来智慧图书馆的转型。

（讲座时间：2022年11月）

第十二讲

图书馆标准化建设与服务效能提升

周德明

我国各级公共图书馆数量共有3000多个，是文化战线服务大众的主力军。当公共图书馆的数量增长到一定阶段的时候，我们必须要高度重视图书馆的高质量发展，而提升服务效能就是高质量发展的题中之义。当然，提升公共图书馆的服务效能，有不少方法和路径。今天我们要交流的是：如何通过图书馆标准化建设来提升图书馆的服务效能。

一、公共图书馆的服务效能

自2018年1月1日起实施的《中华人民共和国公共图书馆法》（以下简称《公共图书馆法》），其中第八条的内容是：国家鼓励和支持发挥科技在公共图书馆建设管理和服务中的作用，推动运用现代信息技术和传播技术，提高公共图书馆的服务效能。这足以说明服务效能的重要性。

"服务效能"这个词语能在《公共图书馆法》里得到体现，是有其历史原因的。在2012年，党中央就对公共文化服务体系的完善与服务效能的提升提出了要求。在《中国共产党第十八次全国代表大会报告》第六部分"扎实推进社会主义文化强国建设"中，第四点就是"增强文化整体实力和竞争力"，明确指出了"文化实力和竞争力是国家富强、民族振兴的重要标志"，我们要"加强重大公共文化工程和文化项目建设，完善公共文化服务体系，提高服务效能"。

2015年1月，中共中央办公厅、国务院办公厅联合印发《关于加快构建现代公共文化服务体系的意见》，其中第四部分"加强公共文化产品和服务供给"里的第十三条，即为"提升公共文化服务效能"。这是对党的十八大报告中提高公共文化服务效能的具体阐述。该意见强调：要完善公共文化设施免费开放的保障机制，要深入推进公共图书馆、博物馆、文化馆、纪念馆、美术馆等场所的免费开放工作。要建立起群众文化需求的反馈机制，要及时、准确了解和掌握群众的文化需求，制定公共文化服务提供目录，要开展"菜单式""订单式"的服务。

"菜单式"服务是指，我们要将服务项目公示给读者，让读者选择想参与或接受的公共文化服务及活动。"订单式"服务是指，公共图书馆等公共文化服务机构，要按照读者的要求来设置文化服务项目。这些都强调了服务效能的重要意义，要求我们提供的服务和产品要能够匹配广大读者的需求。

如果要测评公共图书馆的社会影响力和读者感受，就要去考察图书馆提供服务的效率、效果、社会效益。公共图书馆的服务效能，就是公共图书馆所实施的服务，以最合适的投入达到预期的结果；或者其服务产生的影响程度，即公共图书馆社会功能的实现程度。

通俗地讲，就是在合适的投入之下，公共图书馆的读者数量众多，图书、期刊外借量高或者数字阅读数量大，读者认可图书馆所提供的书刊、数据库、数字资源的质量，愿意参加图书馆举办的各种活动（如阅读推广活动、讲座、展览等），并认为这些活动的水平够高——如果能够使得读者对公共图书馆提供的服务产品、服务项目拥有以上印象，我们就可以说这个公共图书馆的服务效能高。

提升公共图书馆服务效能的路径，我认为有以下几种：一是建立健全法人治理结构。许多图书馆都已经或正在进行法人治理结构的改革。二是总分馆制的建设，这是《公共图书馆法》的要求，全国各地都在建设以县馆为中心馆的总分馆服务体系。三是建立健全公共图书馆的服务规范，对图书馆运行的技术、服务、资源等，制定各种业务标准。四是建立供需反馈、公众参与的考核评价制度，对图书馆的评估，要有读者的参与。五是持续创新，不断地利用新技术来提高图书馆的服务水平和质量。

今天讲的主要内容是，如何通过图书馆的标准化建设来提升图书馆的服务效能。

二、关于标准

（一）标准的含义

对于标准的概念，《国家标准化工作指南》的第一部分"标准化和相关活动的通用术语"是这样解释的：通过标准化活动，按照规定的程序，经协商一致制定，为各种活动或其结果提供规则、指南或特性，供共同使用和重复使用的文件。这种文件就被称为标准。这里有一个符号"GB/T"，"GB"就是国家标准，"T"可以理解成推荐，也就是说，这是一个推荐性的国家标准。

《中华人民共和国标准化法》（简称《标准化法》）是2017年11月4日跟《公共图书馆法》同一天颁布的。《标准化法》里面写道：本法所称标准（含标准样品），是指农业、工业、服务业以及社会事业等领域，需要统一的技术要求。该法从技术要求的角度对标准进行界定，或者说对标准的外延进行了描述，包括国家标准、行业标准、地方标准、团体标准和企业标准等。国家标准可以分为强制性标准、推荐性标准，而行业标准、地方标准都是推荐性标准。图书馆行业也有许多标准，都属于推荐性标准。

需要说明的是，在其他领域里，我们通常会自觉或不自觉地得出这样一种结论：凡国家层面制定的，如国家标准等，它的水平应该高于地方或者行业制定的，更加高于企业制定的。但其实这个概念在标准层面未必准确；实际情况往往是越基层的标准，技术要求越高。对同一内容进行标准化规范的文件，如果已经有了国家标准，那么行业标准如果有必要存在，它的水平应该要高于国家标准的具体内容，否则就没有必要再制定一个同样内容的行业标准了。再进一步地说，企业标准的指标要求，也应当高于针对同样内容制定的行业标准和国家标准。

制定标准，是为了能让大家的行为有一致性——当然，这种行为是有共同使用和重复使用的特点的。譬如我们进行图书馆的图书编目，是因为许多图书馆都需要做这项工作。而且，在同一个图书馆里，虽然是对不同的图书进行编目，但编目工作是重复性的。如果工作只是一次性的，就不具备标准的特性，也没有必要去制定一种标准。

标准的研制，体现了人们对事物运行规律的探索和认识，是理论研究和实践经验的概括与总结；对我们的日常生活和工作，"标准"具有十分明显的指导价值。因此，如果图书馆的日常工作和读者服务，都能够遵循标准的指引，以标准作为最基本的准则，那么图书馆的运行水平就能够达到一定的高度，能够比较好地展现公共图书馆的服务效能。

另外，我们在谈论到标准的时候，常常有这样一种说法：三流的企业，注重产品；二流的企业，注重专利；一流的企业，注重标准竞争——这种表述，从一个侧面说明了标准的重要作用。

（二）图书馆标准工作的起源与发展

图书馆行业的标准化工作由来已久。1979年，全国信息与文献标准化技术委员会成立，标志着我国现代意义上由政府主导开展的图书馆标准化工作揭开帷幕。

经过40余年的发展，目前已经有三个全国性的图书馆标准化技术委员会：1979年成立的全国信息与文献标准化技术委员会，1984年成立的全国文献影像技术标准化技术委员会和2008年成立的全国图书馆标准化技术委员会。其中，图书馆标准化技术委员会和全国文献影像技术标准化技术委员会，挂靠在国家图书馆；而全国信息与文献标准化技术委员会，挂靠在中国科学技术信息研究所。这三个全国性的专业化标准技术委员会，带领全国图书馆专业、信息与文献技术、缩微技术三个领域的标准化建设工作。

与我们图书馆界关系最为密切的，是全国图书馆标准化技术委员会，简称"图标委"。该委员会自成立以来，围绕着图书馆的标准化研究，尤其是标准的制定、修订，标准体系化的建设，以及标准成果的宣传、推广和落实，开展了大量的工作。

目前，与图书馆业务相关的各类标准有200个左右，覆盖了图书馆的资源、技术、管理、建设、服务五个方面。

图书馆标准，第一种是由国务院标准化行政主管部门批准发布的推荐性国家标准。第二种是由国务院有关行政主管部门（对我们而言是文旅部）批准发布的行业标准，即WH/T。第三种是由各省、自治区、直辖市人民政府标准化行政主管部门颁布的地方标准。譬如上海市，就由市场监督管理局负责标准化工作，制定、修订标准等。

我们平时所说的"图书馆标准化"，实际上是指对图书馆领域标准的制定、修订、发布、实施、宣传及贯彻的过程。那么，国家、地方文旅行政主管部门批准发布的图书馆领域的政策、指导意见和行动纲要等，虽然没有统一的标准号（如国家标准有GB或GB/T，文化和旅游部标准有WH/T，地方标准有DF等），不是标准本身，但对各级各类图书馆、图书馆行业组织仍具有实在的规范作用和参考价值。

此外，图书馆在发展、运行的过程中，如果某一种服务的方式、服务的产品、应用的技术，符合图书馆运行的发展规律，或者是对规律进行了探索，且能够得到行业的认同，那么，虽然它还没有达到标准的程度，但我们也可以参照、尝试，可以把它视为标准制定前的预研和实践。

一份标准的制定，实际上是对相关领域的理论研究成果和实践经验予以概括、提炼，将其上升到标准的高度，使其能对行业内部共同且重复进行的行为产生指导和借鉴作用。

标准的编制工作，事实上也是一个从非标准到标准，再到非标准，又到标准的过程。因为标准是需要不断修订的。当标准已经落伍，跟时代发展的内容不匹配时，我们就要修订它，甚至废除它。举例来说，我国有一个标准是《古籍修复技术规范与质量标准》，最初是2001年3月26日由文化部发布的文化行业的推荐标准（WH/T）。但在2008年，国家主管标准化工作的部门又颁布了同样内容的《古籍修复技术规范与质量要求》，它的统一标准号是GB/T 21712—2008。也就是说，它最初是文化部的文化行业标准；后来经过修订，提升为国家的推荐性标准。

（三）图书馆标准的作用

图书馆标准，实际上是图书馆建设、运行、管理的"法律"。工作中，我们需要找一些依据的时候，譬如图书馆建设应该在哪里选址，就会去参考图书馆建设标准中的信息和要求。

标准也是我们图书馆信息组织的依据。要使馆藏文献信息有序化，必须按编目标准著录，保证书目信息揭示的规范性；即使图书排架，也必定要依据统一的规则来操作——这就是标准化工作的具体体现。

图书馆标准还是读者服务的基础以及资源共享的前提。以总分馆制为例，一个区域内的公共图书馆，如果各自为政、不按照统一的编目标准或者分类法来进行分编，就无法真正在总分馆体系里面实现一卡通借通还。因为同样一种书，如果没有一个统一的索书号，在通借通还或者在联合目录里展示的时候，就会产生很大的问题。当然，现在有相当数量的总分馆制的图书馆，都能够实现目录统一揭示、集中编目等。如此，就使得读者服务拥有了一个比较好的标准化基础。

有一个特例可以一提，即《中国图书馆分类法》。如果以标准的眼光来看，它没有 GB 或 WH 的统一标准号，也就是说《中国图书馆分类法》还不是真正意义上的"标准"；但它确实是图书馆行业共同认可、具有类似"标准"作用的用于分类图书的规则。

三、图书馆标准化工作与服务效能提升

（一）《公共图书馆业务规范》概述

接下来，我们以《公共图书馆业务规范》为例，来讲解如何通过遵循、完善或者创新图书馆的标准化工作，来提升服务效能。

2019年9月4日，文化和旅游部颁发了中华人民共和国文化行业标准《公共图书馆业务规范》。这个标准有三个部分：第一部分是省级公共图书馆，第二部分是市级公共图书馆，第三部分是县级公共图书馆。

有人提出，三个部分能否合成一个部分。我认为，分为三部分或合

而为一，是各有利弊的。分成三个部分的情况下，如果是县级图书馆，只要看其中一个部分就能解决问题了；而合在一起的话，就要去寻找包含这三个不同层级图书馆业务规范中有关县级图书馆的内容，这样会比较累。所以，对于特定用户而言，可能分成三个部分相对更有利于其使用。

关于公共图书馆业务规范，我想先讲解共性与个性的问题。既然称作图书馆，不论是省级图书馆、市级图书馆还是县级图书馆，都属于一个行业，又同属于公共图书馆界，所以拥有共同的性质、相似的功能，都是要为读者服务等。甚至部门的设置也比较类同，包括外借部、期刊部、借阅部、阅览部、采编部等。工作内容也比较相似，而且还有面向全社会的相同服务对象。这就势必会具有相同的运作机制、相似的质量要求和相近的业务流程。

首先，无论是省级的、市级的还是县级的图书馆，在许多专业术语的定义方面，都具有一致性。如"地方文献"的概念，不可能在省级图书馆的业务规范里是一种表述，而在市级或县级中是另一种定义。

其次，图书分类、编目、排架要求、借阅规则、古籍定级、文献修复、数字化作业和数据库建设等，均有统一的标准或规范。省、市、县图书馆，虽然层级不同，但都需要按同一个标准来进行运作。通常而论，同用《中图法》，其要求便是对一种书的分类得出同样的结果，并以此作为同一系统、同一地区或者更大范围内图书馆信息分享及共用的基础。当然，其他的一些图书馆业务也有趋同性的特点。

最后，制定业务规范，从某种角度而言，实际上就是对业界共识的梳理和提炼，对业务研究和业务操作实践经验的归纳和总结。既然是业界的共识，那对各种层级图书馆的要求就可能是一样的。譬如图书著录和标引，其内容就包含图书书目记录的查重，对图书的著录、分类或主题标引，分配索书号，审校数据等；它不会因为图书馆的层级不同而有区别。于是，在三个业务规范中就有诸多相同或相似的表述。当然，各层级图书馆具有它自身的特点，因此，三个业务规范也提出了不同的技术和操作要求。

鉴于各级公共图书馆在定位、职责、主要任务方面的差异性，各地在推行标准化工作时，可以考虑以业务规范为指导或借鉴，做好公共图书馆服务体系的顶层设计工作。因为当图书馆的数量增长到一定阶段的时候，就需要在新形势、新要求背景下重新对所属地域的三级图书馆进行定位的梳理，厘清服务体系的总目标、各自的任务和操作特点。分级制定公共图书馆业务规范就是要在重视公共图书馆业务共性的前提下，引导各级图书馆关注各自的业务特性，谋求新发展。同时，分级制定业务规范也便于各图书馆查寻标准，"按图索骥"。

下面我们以上海为例，介绍如何在新形势下建设三级公共图书馆和谐互补、资源共享的服务体系。目前，上海大概有273个公共图书馆，再加上延伸服务点，总数超过310个。其中，区级成员馆有21个，馆舍总数达54个，街道、乡镇成员馆216个，全市图书馆实行一卡通借通还。

上海市馆在前些年主动把"一卡通"服务中非专业类图书外借的重任，让渡给区馆和街道乡镇馆，在图书内容提供上形成差异化。市馆把经费和外借服务，重点聚焦于专业类及年份久远的图书；年份近的、大众类图书的外借工作，主要交给区馆和街道乡镇馆来承担。这样一来，最近数年的普通图书外借量，市馆大概只占全市公共图书馆流通量的5.8%，而原来是20%左右。如此设计，造就了采购有侧重、有分工，借阅服务有配合、有补位的格局，使全市公共图书馆的年外借量始终保持在3000万册次以上。

而分编工作恰恰相反，上海市馆承担了三级图书馆的图书分类编目工作，既保证了分编结果的高质量和一致性，确保一卡通借通还的顺利进行；又极大地释放了区馆、街道乡镇馆和基础服务点的相关人力和物力。

在参考咨询工作方面，全市共用一个网上联合知识导航站，既发挥参与专家的各自实力，又能够分享市馆的专业解答，提升公共图书馆整体的参考咨询服务水平；在某种意义上也便于带动区馆、街道馆参考咨询服务的水平和质量的提升。这样一来，就能够使得三个不同层级的公共图书馆在业务运行和配合上各有侧重，使各自的个性得以发挥，服务效能自然而然地得以提升。

我国幅员辽阔，各地差异很大，一部统一的业务规范，虽然分了三级来制定，但事实上在业务方面已经是覆盖面最广的一个标准。尽管如此，这个业务规范都不可能面面俱到地满足所有图书馆的所有需求。因此，业务规范的初衷是对共性的业务提供一个可资借鉴的范本，或者说是公共图书馆至少要达到的水平和底线。

鉴于各个图书馆的层级定位高低不一，职责大小也有区别，省馆应承担起对全省公共图书馆系统运行的指挥、协调、监督职责；市级图书馆、县级图书馆应当听从和配合，不能越级。但是在有关业务要求、服务辐射、活动数量等方面，即使"跳级"也未尝不可。譬如"规范"中的读者服务类，对省、市图书馆举办讲座、培训、展览、阅读推广活动等有次数的要求，省级的数量高于市级的；但市级或县级图书馆也完全可以根据需求和实际情况，超越省馆的标准要求。各个层级的图书馆，可以趁这次宣贯的机会重新梳理一下定位，确立新的目标、新的任务。特别是，如果能够在三个不同层级图书馆的配合方面，形成一些新的共识，那将对公共图书馆运行质量的提高有很大的好处。如此，才是《公共图书馆业务规范》宣贯工作的目的。

公共图书馆的业务标准化建设和规范化服务，既是事业发展到一定阶段的产物和必然结果，也是对提高业务运作效率、加强馆际协作、提升资源共享水平和开展普遍均等服务等需要的积极响应。

当然，《公共图书馆业务规范》是对业务工作及活动的指导性规定和原则性说明，不会具体到每一个业务细节——譬如对编目的规定不会具体到各个字段的作业。这是我们在落实标准文本内容时应当注意的。

（二）标准的几个特点

概括来说，一份理想的标准规范文件，应该具有以下三个特点：

第一是对过往经验的归纳性。应对过往经验、理论研究、实践予以归纳。譬如对图书馆相对成熟的业务工作，像文献采集、文献组织等业务流程进行规范，用标准的语言加以表述。

第二是对现实业务的指导性。如果不能对现实的作业进行指导的话，这种标准存在的价值就会被大大削弱。所以这是一个基本要求，是各级公共图书馆运行时都应该做的规定动作。它更多强调公共图书馆服务的共性要求，是对一些共性问题的归纳和描述。

第三是对于未来作业的引领性。人们通过参考标准之后，就能够对未来标准有一个方向性的预测。当前图书馆事业发展中的一些创新实践、创新的项目，就可以纳入规范当中。譬如将新媒体服务、公共图书馆服务体系建设等相对比较成熟的内容，写入《公共图书馆业务规范》。对于一些尚待发展、不太成熟的内容，譬如智慧图书馆建设，暂不列入；待其理论研究形成行业共识、实践操作逐渐完善时，再考虑编制相应的标准。

为了便于讲解，我将标准中的业务内容分为成熟业务、新业务、未列入规范的新业务几个种类。

1.成熟业务（以文献采集中的征集为例）

文献采集，是指图书馆根据馆藏发展政策，结合读者需求，通过接受交存、购买、受赠、自建、交换、征集、复制、传拓、竞拍、接受调拨等方式，将图书、连续出版物、特种文献、古籍、地方文献和特藏文献等各类型文献采选到馆，在文献信息到馆后进行验收登记，并移交至编目环节，以及对未到馆文献进行催交、补缺，建设与维护采访数据库等各项工作。

一般而言，撰写业务规范标准的格式，主要包括名词解释、界定、工作内容、质量要求这几个方面。就征集而论，它的工作内容有如下几个方面，一是通过媒体告示、通知、走访等形式，向社会公众或特定对象收集所需文献。二是建立通过征集方式获取的文献目录。三是对征集所得的文献进行评估。而征集的质量要求包括：一是通过各种渠道收集信息，及时跟踪其中有价值的信息。二是征集渠道与形式多元化，可以适时采用发函、登门访求或者向社会公开发布公告、启示等方式方法。三是在确定征集前对有关文献进行查重，文献信息到馆后进行验收、登记与移交。

举例说明，2021年1月，北京通州区图书馆在其微信公众号上发布了文献征集告示，在某种意义上它是遵循了业务规范而产生的告示，包括几个方面的说明，譬如征集的主题、联络人、联络方式等。这可以作为我们做其他征集工作时参考的范例。

公告｜文献征集～常年进行～

通州区位于大运河的端头，历史悠久，文化积淀丰厚。为了进一步挖掘运河文化底蕴，保护运河文化遗产，丰富和充实馆藏文化资源，使之服务社会、服务百姓，通州区图书馆运河文库长期面向通州区政府机关、企事业单位、社会性团体及个人征集通州区地方文献。

现本着突出运河文化、传播通州人文、提升馆藏价值的原则，制定如下征集标准：

征集范围

①有关地方史志、水利志、资源志、人物志、地名录、民俗风情、历史典故、名人传记、文学作品、书法字画、民间工艺作品及古迹的考证材料等等反映运河历史发展的各类图书、文献资料及实物。

②有关运河通州段的相关图书、文献资料。

③通州区各界著名人士的照片、手稿、日记、信函、传记、回忆录及其主要著作。

④地方出版物。包括本区各部门、企事业单位、学术团体、群众团体及其他各界出版印制的各种资料。

以上资料的载体可包括书刊、报纸、画册、图集、图片、乐谱、碑帖、手稿、照片、录音带、录像带、光盘等各种形式。

另外，民国以前（1912年以前）及"文革"期间，中国境内出版的纸质出版物内容无限制。

征集办法

征集方法由物主提出意见、协商确定。具体包括：

①无偿捐赠，颁发收藏证书。《北京市图书馆条例》第十一条规定鼓励自然人、法人和其他组织捐赠文献信息资料资助图书馆事业发展。捐赠人依照《中华人民共和国公益事业捐赠法》享受税收等优惠。

②按价收购。

③暂借复制。

　　　　欢迎收藏有上述内容图书、文献资料并愿意提供有关情况者，来人、来函或来电与通州区图书馆联系。

联系部门：通州区图书馆运河文库
联系电话：56946785
电子邮箱：beiyuntongzhou@163.com
联　系　人：郝老师
地　　　址：通州区通胡大街76号
邮　　　编：101100

　　2020年2月1日，上海图书馆也在线上发布了面向全社会的上海图书馆中国文化名人手稿馆"抗击疫情、共克时艰，各界名家寄语征集"的告示。当然这个征集是有特定对象的，也就是向各界著名人士征集抗疫寄语手稿。我们在8天内就征集到了近百件手稿，包括张文宏医生以及闻玉梅、葛均波、杨雄里等医学院士的；还征集到了大家比较熟悉的斯琴高娃、易中天、何建明等名人书写的寄语。具体来说，就是请各界名家书写"抗击疫情、共克时艰"方面的寄语，拍照并通过微信等方式传递给上海图书馆；我们再以微信公众号、服务号的形式发布出去。这次活动平均一天发布10条寄语，总计发布了100条名家寄语，取得了很好的效果。

　　后来，等到快递服务恢复以后，我们又请写寄语的名人们把原始稿件通过快递等方式邮寄过来；将之整理、著录并制成目录，评估后最终归档，移交至典藏部门。由此可见，上述工作过程，同标准所述的规范是一致的。

　　《公共图书馆业务规范》对"征集"的概念界定、原则规定、工作流程关键节点的说明和质量要求均有描述，但不涉及具体的征集方法，而这恰能使我们既遵循标准的指引，又可创造性开展征集工作。鉴于文献征集有助于提升馆藏质量和服务效能，下面以手稿征集为例，再简单介绍几种征集方法，供大家进一步理解标准的本意和创造性开展具体工作的关系。

　　第一种方法是自我推销法。在征集工作中，馆员应当勇于自我推销，简单地说就是，要拥有手稿征集意识。有时候，错过的机会很难再出现，因此馆员要具有自我推销能力，要敢于主动与被征集手稿的对象进行交流，提出征集的愿望。没有这种勇气和主动性，手稿征集会非常困难，虽然这种勇敢和自我推销并不在标准文本之列。

第二种方法是"滚雪球"法。通过馆员的规范服务、专业水平来赢得文化名人的尊重和认可，促使捐赠者介绍更多的手稿来源。我认为这是上海图书馆中国文化名人手稿馆能征集到众多手稿的重要方法之一。

第三种方法是全员销售法。当年我们手稿部只有四五位员工，但是每年征集手稿的数量要求是1500件，只靠几个人来收集显然不够。如果上海图书馆的每一位员工都能作为手稿的征集者，宣传图书馆服务、征集图书馆文献信息，那么总量就非常可观了。

举个例子，著名音乐家朱践耳谱写过许多知名交响曲，在他90岁生日的时候，上海市音乐界给他举办了一个音乐会，演奏他所作的曲子。那天晚上我们有位同事去参加了音乐会，他给我打了一个电话说，朱践耳先生的音乐会专场正在进行，据说他手上有很多音乐作曲用的谱子，问我有没有兴趣去征集。我说当然有了，希望能够和朱践耳先生及他熟悉的人士建立联系，我们可以去进行专门的访求，上门征集手稿。

最后，朱践耳先生的所有手稿，包括10部交响曲的乐谱等，全部入藏上海图书馆中国文化名人手稿馆。这首先应归功于我们那位参加那场音乐会的同事具有良好的征集意识，当然我们后续也在一起跟进，达到了手稿征集的最好效果。

第四种方法是平台搭建法。刚才举的"抗击疫情、共克时艰，各界名家寄语征集"活动，就是搭建平台的案例。由各界名人运用自身的影响力，来鼓励大家团结一致，共同抗击疫情。

四种手稿征集方法各具特色，但流程和质量控制均有标准规范。以我个人对征集特别是手稿征集的理解，对这份工作的热爱，以及在工作中，尤其是在跟文化名人的交流过程中所收获的感想来看，让他们感知我们的专业水平，对手稿的征集效果有着极大的影响。譬如要和文化名人讲清楚，手稿被征集到图书馆以后，我们会采取怎样的方式存放（这是标准化工作的内容），又会运用哪种方法来确保手稿能够在尽可能长的时间里得到妥善保存等问题（也是标准化工作事宜）。此外，专业水平也体现在，我们能否讲清楚今后打算如何利用这些手稿（仍然涉及标准化工作）。如果能够把如何保存、如何利用这两项工作，从专业化的视角讲清楚，各色各样的手稿征集方法就会更加引人入胜，从而将职业化、标准化、专业化很好地融合进我们的工作。

2.新业务（以新媒体服务为例）

刚才讲过，我们把有些比较成熟的新业务写入《公共图书馆业务规范》时，有一个共同特征就是只做了一些原则性的规定。因为如果规定过细，也许会不利于新媒体服务等业务的发展。

《公共图书馆业务规范》把新媒体服务定义为：利用互联网、移动终端、数字电视等新兴媒体形态提供的服务。关于新媒体服务的内容，主要规范了三个方面，一是建立并维护手机客户端、微博、微信等新媒体服务平台。二是通过新媒体服务平台发布资源。三是通过新媒体服务平台提供数字阅读、解答咨询、举办活动、宣传推广等。关于质量要求，也强调了三个方面，一是功能应包括查询、借阅、咨询和数字资源服务。二是提供跨平台的各种终端服务。三是把新媒体服务和传统服务结合起来。

那么，我们该如何运用新媒体服务的规范来指导具体业务呢？

首先，我们要了解开展新媒体服务的背景。近十年来，随着各地智慧化城市的建设，网络基础设施已经日臻完善。公共区域的无线网络覆盖率越来越高，移动网速大幅加快，手机等移动终端已经成为接入移动互联网的主要载体。据中国互联网络中心发布的第四十四次《中国互联网络发展状况统计报告》，截至2019年6月，我国网民规模达8.54亿，人均每周上网时长27.9小时，网民使用手机上网比例达99.1%。也就是说，新媒体服务或者利用读者的手机进行BYOD（自携载体）服务，有着客观的可行性。

其次，随着移动通信技术不断发展和应用，由1G到5G的发展，也对图书馆的服务产生了较大的影响。最初，移动通信技术主要用于建立异地的通话联系。以手机为例，它的典型代表"大哥大"，是在1981年左右出现的，主要功能是通话。但是人们发现，随着移动通信技术的更新迭代，出现了一个很有趣的现象，手机技术的改进、功能的拓展等，使得手机的升级换代并不仅仅实现了原先的目标，即提高通话质量，而是对整个社会的经济产业结构、对人们的生活方式都带来了全面而又深刻的影响。

到了2G时代，手机变小了，有了屏幕，可以进行少量文本的传输。

进入3G时代，发生了伟大的变革，手机已经成为新媒体了。2008年4G开始应用，则激发了视频资源的大量涌入，因为传输视频的通道加宽了、速度加快了，所以产生了视频和直播等服务形式。到了5G年代，人们认为要进一步同智能家庭、智慧城市相关联。

从图书馆的角度来看，移动通信技术的发展，对我们服务的多样化和效能提升会产生哪些影响呢？

在移动通信仅仅是"通话"的1G年代，它与图书馆似乎没有什么关系，没发现有利用过"大哥大"来进行读者服务工作的案例。但到了2G时代，手机已经比较普及，图书馆就已经开始利用短信甚至彩信开展群发服务，提供一些新书的推荐、图书到馆通知等服务。这说明我们图书馆界在接纳移动通信新技术方面有着相当的敏感度。

3G年代，随着智能手机的出现，无线上网、微博、微信等图书馆服务随之而来。尽管当时通道还不够宽、传输速度还不够流畅，但由于可以用它传输图文，图书馆很快就开始了微博、微信的服务。而且据我所知，无论是公共图书馆，还是高校图书馆、科研院所图书馆，他们的微博、微信大多先是由员工，尤其是青年员工来注册登记的，然后才慢慢成为图书馆的官方账号——这证明年轻人对新颖的移动终端技术更为敏感，具备将先进技术纳入图书馆业务的良好意识。

4G年代，视频、直播移动平台越来越多，许多图书馆都开展了抖音、短视频服务等，利用第三方平台、社交媒体和技术，丰富图书馆读者服务形式和内容，提高服务的水平和质量。5G年代，我认为与图书馆相关的技术可能是智慧图书馆建设或者新一代图书馆建设。

数字阅读同样是新媒体服务的重要背景。2014年，对数字阅读而言是很不寻常、很有特殊意义的一年。这一年我国成年国民纸质阅读率为58%，而数字化阅读方式的接触率为58.1%。这是自有统计数字以来，数字化阅读方式接触率第一次大于纸质阅读率，超过0.1%；但自那以后，数字化阅读的数据就一直大于纸质阅读率。2020年第十七次《国民阅读调查报告》表明，数字化阅读方式的接触率，超过了纸质文献的阅读率，而且是从0.1%的差距到了现在20%左右的差距。这证明数字阅读的发展非常迅速。因此，把新媒体服务纳入标准，有研究和实践的双重基础。

以上海图书馆为例，2013年上海图书馆开始利用微信平台等尝试手机图书馆服务；之后相关服务功能不断拓展和强化，包括图书查询、图书借阅、期刊借阅、咨询与反馈、读者培训等，都是将"标准"里面的规定和要求转化为图书馆的具体实践。在读者的支持下，手机图书馆的服务量越来越大，现在已经拥有70多万名粉丝，服务效能也提升得比较快，体现了把新媒体服务纳入标准中的必要性。

为了更好地把读者的手机转化为"阅读器"，使之成为能够读书的载体，我们在微信平台上，每周向读者推荐某一主题的、经过馆员挑选的7种全文数字版图书，便于他们拓展阅读；同时，我们要求供应商提供可使用这7种全文数字版图书的版权证明，尽力保证所推荐的图书没有版权问题。据统计，自2015年底至2017年1月，我们一共推荐了539种书，平均每种的使用量为165次，这个数值是普通纸质图书难以达到的，说明数字阅读具有提升服务效能的潜力。

在2019年10月底，我们对自2017年12月陆续上线的全文数字版图书的使用情况作了统计，想了解哪10种书最受读者欢迎，以便掌握近期读者阅读的偏好，为今后文献采购提供参考。有两个发现给我们留下较为深刻的印象，一是排位第一名的数字版图书在不到2年的时间内，被阅读了9689次，证明如果能选对图书、匹配读者阅读需求，那么，数字阅读服务效能可以达到纸质图书"望洋兴叹"的量度，因为数字版图书可供众人同时阅读的特性是纸质版图书所不具备的；二是凡版权使用期比较短的全文数字版图书，读者的使用率往往相对较高，因为热门图书的版权使用期通常较短。

我们还开发了将手机作为借书工具的项目，使读者利用自己的手机直接扫描图书的条形码，完成借书的流程。其主要技术是利用在线"门禁"实时反馈图书外借状态。记得在2019年4月23日世界读书日当天，我们推出了这项服务，即刻得到广泛关注。读者纷纷尝试，在4月23日到5月23日期间，就有4240人用手机借走了12000多册书；截至2019年10月底，有近3万人次使用过手机扫码来完成借书，借书量占全部普通外借量的15%左右。

由此，上海图书馆的自助外借设备（自助借还机）减少了三分之一的机器使用量。这种双轨制的运行方式，使得日借书人流量能达到三四千人的水平。在新冠疫情防控期间，手机扫码外借更是显示了它独特的作用，因为它无须用手指触摸借书机屏幕便可完成借书过程。

这种服务模式还具有哪些优势呢？首先是增加了许多外借点，凡是拥有智能手机的读者，只要绑定上海图书馆微信公众号，就能够用自己的手机完成借书流程；在图书馆排队借书的现象基本消失。其次，图书馆节约了硬件设备的成本，供应商也转化了服务理念，由原来的出售硬件，转化为出售软件、服务和解决问题的方案。读者还多了一种外借方法的选择。最关键的是，绑定上海图书馆公众号、服务号的读者数量不断上升，图书馆的服务效能也因此得到提升。我们越是在手机图书馆的服务链上面下功夫，它的功能越是不断拓展和完善，就越能提高读者黏性，使得数字阅读、参考咨询等服务嫁接在手机图书馆上面，从而再次促进图书馆服务效能的提升。

现在，我们反过来对照一下《公共图书馆业务规范》的表述，可以发现它说明了新媒体服务的种类和方式，强调了质量要求中的服务功能和重点。而这些，恰是上海图书馆在新媒体服务中所遵循的规范要素。

3.未列入规范的新业务（以智能服务为例）

之所以讲这个内容，是因为担心有些图书馆会认为，既然标准里没有讲智能化服务或者智慧图书馆建设的内容，那我们就可以不用去做了。为保证公共图书馆的高质量运行，标准里有的内容，我们应当努力遵循或参照借鉴，而未列入标准的内容，不应理解为可以不做。至少，我们可以把它视为标准的研制和探索阶段，如此才能使得标准化工作的水平越来越高。

智能服务便是如此。这里仍然以上海图书馆的"纸电融合，智能荐书"项目为例进行说明。

2012年1月起，我们开始尝试纸质书和电子书互荐项目的研发工作。读者在自助借书机上外借纸质书时，系统会自动根据读者所借书的类别、以往借书的特点以及其他借过该纸质书的读者曾借过的图书类别等，向其推荐相关电子书。读者用手机扫描屏幕二维码后，便可借得所需电子图书。

系统自动根据读者所借图书的类别，依据分类号识别，推荐相同或相似分类号的其他图书，这背后的自动运算和比较就带有智能的性质。

研发中，我们借鉴了美国数据库营销研究所（Marketing Science

Institute）阿瑟·休斯（Arthur Hughes）的研究成果，并移植到图书馆业务中。研究表明，在商业活动中客户数据库有三个神奇的要素，构成了数据分析的指标，分别是：最近一次消费（recency），我们将之转换成最近一次借书的类别（分类号）；消费频率（frequency），我们转换为读者在借书时最喜欢借哪个类别的图书；以及消费金额（monetary），我们转换为总体借书的数量及类别分布信息。

如此，"纸电融合，智能荐书"项目不仅促进了阅读推广工作，还依靠智能技术将读者服务的精准化体现得淋漓尽致。同时，它事实上也落实了《公共图书馆业务规范》"新媒体服务"中的第三点质量要求，"结合新媒体服务和传统服务"。由此可见，标准对未来业务具有引领性的价值。

此外，我也想强调一下，写入标准的业务工作要求是最低目标或规范之底线。以图书上架速度为例，省级《公共图书馆业务规范》中有要求：文献到馆后应在5个工作日内完成拆包验收，不得积压；拆包验收后的文献，应当在7个工作日完成记到。三个规范还明确：省、市、县馆应分别在图书到馆后20、15、7个工作日内完成上架服务。但这一要求只是至少应达到的水平；而想要提高服务的质量、提升服务效能，还有很多创新性的方法可运用。因此，我们不能完全被标准局限，将"底线"视为"顶线"，否则就失去了利用标准的意义。

进一步分析可以发现，这些规范的制定都有一个特点，均从图书到馆后计算图书拆包到加工的工作日。而想要真正提高图书上架的速度，就必须关注图书的出版发行日。图书馆的图书采集大多数是采用预订法；但若还能利用其他方法，就会加快图书上架的速度。因为对于供应商而言，一旦完成了预订，就好像已经实现了销售，尤其是热门图书，未必能全部在第一时间向图书馆发货。

以上海的《新民晚报》为例，如果采用的是预订法，《新民晚报》到邮箱的时间通常是下午4点钟左右；但如果是通过现场买卖的方式，通常下午两点左右就可以买到报纸。由此可见，供应商未必了解某个图书馆读者的现实需求，一律以同样的方式供应预订的图书，可能会致使需要早到的图书晚到、可以稍晚到的图书早到，这是现状。而想要改变这种现象，使得更多的图书能够在发行后第一时间就被读者借到，需要做好以下几个方面的工作：

一是要加强采访馆员的队伍建设。采访馆员应该了解出版信息、读者阅读倾向和需求，每年单独或者与读者服务部门一起做读者需求的调查，做到心中有书和心中有数，以便与供应商沟通，提出具体的采购要求，保证采访水平。二是与供应商商定建立一个绿色通道，制定启用绿色通道的时间和次数；规定启用绿色通道时，供应商必须在第一时间向图书馆供应某种已预订的图书，使我们能以最快的速度为读者服务。三是规定从图书到馆至上架的时长，省馆最多为20个工作日，上海图书馆的规定是15个工作日。这就是前面提到的各馆标准可以高于行业或国家标准。四是图书馆分编、加工等作业，也可考虑根据具体的图书需求的紧迫性等进行，而不一定采用早到的图书早加工的方法。五是保持和出版社的直接沟通渠道，了解某些图书的出版、发行状况，并且尝试类似于"上图首发"的服务。"上图首发"，即一种新书在首次发行、销售日的当天，第一时间进入上海图书馆，供读者借阅。

一般而言，图书馆都是通过供应商采购图书，但经过的中间环节越多，到馆速度就会越慢。图书的传输链主要包括：从著者到出版社，到供应商，再到图书馆；图书馆还要拆包、分编、加工、上架；最后到读者手中。因此，缩短图书从出版社到图书馆读者之间的传递时间，是确保尽早提供新书服务的一种良方。

而出版社和供应商都有宣传图书尤其是某些新书的需求，他们也需要寻找一个平台，以便让新书尽早同读者见面；公共图书馆有足够的优势成为这种平台，譬如有需求各异的读者，每天有众多的到馆人数，有各种适合图书宣传推荐的空间，等等。

我们采用的"上图首发"方式包括两种，一种是研讨、座谈会发布，一种是直接上架。2013年1月29日，上海图书馆首次进行"上图首发"活动：《刘子集校合编》出版首发暨手稿捐赠座谈会，邀请了本市和外地共30余位著名学者专家，和对该活动感兴趣的读者参加。活动立刻成为作者与读者、作者与专家、读者与专家等共同交流探讨的平台，效果极佳。

座谈会的大致流程为：作者介绍图书内容和创作经过，专家评析图书，读者与作者、专家零距离交流，问答互动。座谈会后，我们把座谈会的有关内容，通过媒体、网站、新媒体等渠道发布，使读者既能在第一时间看到书的内容，又了解了成书的背景和专家的观点，对深入理解图书内容起到了很好的作用。同时，这当然也是一种新颖的图书推荐、阅读推广活动；并且，还可以鼓励学者向图书馆捐赠新作和手稿，凸显了公共图书馆文献收集、信息发布、文化交流的全方位功能和价值。

我们还将"上图首发"这个图案注册了商标，每次在开展类似活动的时候，就把这个商标推出，目前的频率是每年12次到15次，保持匀速发展。我认为，图书馆不可能保证做到把每种书都在第一时间提供给读者，但应保持这种"时间意识"，使读者能享受到更好的服务。虽然，这种做法不在标准之列，但的确是标准期待达成的目标——通过业务创新提升服务质量和效能。

图1 "上图首发"商标

最后，对整个课程做一个归纳。我们一共讲了三个类型的标准案例，第一类案例主要解读《公共图书馆业务规范》里有比较详细描述的业务工作。对此，我们要思考如何落实，即遵照执行，与时俱进。第二类案例，主要解读《公共图书馆业务规范》里有原则规定的业务工作。对此，我们要思考如何细化，即参考引导，深化细节。第三类案例，主要解读《公共图书馆业务规范》里没有描述的业务工作。对此，我们要思考如何作业，即以问题和需求为导向，创新、探索发展等。

此外，还有三方面事项需要注意，一是图书馆的业务规范虽是推荐性的，而不是强制性质的，但我们在工作中应尽可能地遵循，因为这是图书馆行业对相关业务理论研究和实践经验的提炼总结，可借以用来提高图书馆发展的专业化水平，促进图书馆事业的高质量发展。二是一般的基础标准因其通用性与原则性，可以作为图书馆制定内部业务细化规则的指导。三是业务规范尚未涉及的内容不是禁区，可以大胆探索，为制定新的业务规范打下基础。

（讲座时间：2022年1月）

第十三讲
图书馆服务创新与效能提升

褚树青

【主讲人简介】

褚树青 浙江图书馆原党委书记、馆长，研究馆员。兼任文化和旅游部国家文化和旅游公共服务专家委员会委员。近年来主要致力于公共图书馆管理和服务创新研究。曾荣获"文化部优秀专家"称号。

创新是推动一个国家、一个民族、一个行业向前发展的重要力量，图书馆行业也是如此。通过创新寻求行业发展的解决方案，不断提升行业整体效率，是图书馆行业发展至今的一个重要法宝。

印度著名的图书馆学家阮冈纳赞曾说："图书馆是一个生长着的有机体。"创新在图书馆事业发展进程中具有重要作用。

为什么创新对当下的图书馆如此重要？国内外的图书馆又采取了哪些行动来推动创新、提升服务？未来图书馆的服务创新应该重点关注哪些方面？本次讲座将围绕上述问题展开进一步的探讨。

一、信息时代图书馆所面临的新挑战

为什么创新对现代图书馆的发展如此重要？一个很重要的原因就是信

息时代给图书馆带来了前所未有的新挑战。

（一）全球公共图书馆发展现状

在互联网未大范围进入社会生活之前，由于图书产业整体出版量不高，因此，作为拥有大量图书资料的机构——图书馆，自然成为群众日常进行知识获取的最为重要、最为便捷的平台。但是伴随着互联网的迅速发展，人们获取信息的方式逐渐增多，因而对图书馆的依赖性也日益降低。

以英国、美国、北欧为例，通过收集、查阅以上国家和地区关于图书馆服务方面的调查数据及分析报告，不难发现，其相关服务数据呈现下降趋势，这也进一步说明当下全球公共图书馆共同面对着发展挑战。

根据英国特许公共财政和会计学会在2010—2019年的调查数据（不包括北爱尔兰），英国目前仍处于开放状态的图书馆分馆共计3583个，相较于上一年减少了35个。自2010年以来，共有773家（近1/5）图书馆分馆关闭。在过去10年中，有关图书馆的财政支出下降了29.6%。2009—2010年度，英国在图书馆方面的支出超过10亿英镑；但在2018—2019年度，则降到7.5亿英镑以下。从以上数据来看，公共图书馆发展情况不容乐观。

美国博物馆和图书馆服务协会于2022年7月发布了有关公共图书馆的调查数据和分析报告。2017财年以及2018财年报告的导言部分，列出了2008—2017年各指标的变化。其中，人均投入下降4.4%，文献流通下降10.3%，到馆人数下降17.5%，参考服务下降24.9%。当然也有部分数据呈增长趋势，如人均藏书量增长59.1%，推广活动数增长48.2%，参加推广活动人数增长35.5%，公共上网计算机数增加29.1%。但值得注意的是，公共计算机使用人数下降了31.6%；每25000人拥有图书馆员数下降了7.8%，2017年这一数据为11.4%。从这个方面看，传统图书馆的主要数据全部呈下降趋势，包括到馆人数、参考服务、文献流通等。

即使是在国际公认图书馆事业发展较好的北欧地区，我们依然能够观察出公共图书馆当下的发展危机。根据芬兰教育和文化部的统计数据，2007—2017年，芬兰图书馆数量从895个下降至737个。居民人均图书馆访问量从10.9次/年降至9.1次/年，人均年借阅量从19.2本降至15.5本。

以上数据为新冠疫情暴发前图书馆正常服务状态下的数据。可以预见的是，新冠疫情防控期间的服务数据会有更大幅度下跌。

通过对以英国、美国以及芬兰为代表的图书馆服务数据的考察，我们可以看到，当下全球图书馆的传统服务都处于下降的态势，其发展面临着新的挑战和困境。

（二）互联网发展对图书馆服务效能的影响

1969年被认为是互联网诞生的元年。随着网络时代的到来，全球图书馆经历了历史上最深刻的转型。有人将其描述为图书馆的生存问题，有人称之为图书馆对未来发展方向的选择，有人则将其比喻为图书馆发展到了十字路口，甚至有人开始讨论图书馆的去留问题。"图书馆消亡论"在20世纪后半叶成为一个主流观点，在这一背景下，我国也关闭了部分公共图书馆，或是将其与高校图书馆合并。

不难发现，由于互联网技术的不断发展，人们获取信息的途径变得更加多样，对图书馆的需求变得不那么迫切和唯一。随之而来的是替代产品的兴起，百度、谷歌、咪咕阅读等终端平台的出现使得人们通过一部手机便能够轻易解决人与图书馆之间的距离问题。尽管近年来有许多图书馆也相继开发出属于自己的网络服务平台，但在技术层面仍处于较低水平，不能适应社会发展的信息化需求，自然也就未能成为大众的首选。

以下数据可以作为证明。2018年12月，全国网民规模为8.29亿人，其中搜索引擎用户规模达6.81亿，占网民整体的82.2%。然而公共图书馆网站的访问量却在近三年呈连续下降趋势，其中省级公共图书馆在2017年的网站访问量比前年下降22.42%。由此可见，图书馆的信息功能正在逐渐弱化与边缘化。

在信息功能被弱化的背景下，一段时间内，图书馆的发展趋向于突出其休闲功能，即把图书馆作为一种娱乐中心。但在实际运行过程中仍然面临许多问题。一方面，就文化产业而言，当下可供大众选择的娱乐方式越来越多。书店、文化馆、博物馆、美术馆等机构，都能够提供与图书馆类似的各类文化活动，如讲座、沙龙、展览等。总体来说，图书馆不是唯一的选择，也不是首选。另一方面，更多的行业跨界到图书馆领域。例如，书店增加了借阅服务；电商平台提供价格低廉的海量电子书阅读包月服务；数字传媒公司提供电子书下载、阅读以及互动服务；机场、车站、酒店、餐厅等公共场所，面向社会公众提供免费借阅或低价租阅图书服务；商业公司提供部分图书馆业务外包，甚至提供图书馆整体管理运营外包服务。以上跨界模式的出现，使得图书馆的服务效能进一步萎缩。

（三）新冠疫情对图书馆服务效能的影响

虽然上述影响因素都发生在新冠情之前，但疫情的暴发显然加剧了效能萎缩的趋势。新冠疫情防控期间的卫生要求，使得图书馆的到馆量、流通量急剧下降。图书馆面临的压力主要来自资金、核心业务转型、线上/线下服务规划等。

第一，关于资金的问题。新冠疫情的全面暴发，导致国内外经济社会受到严重影响，给各种形式的公共支出都造成了巨大压力，图书馆服务也是如此。众所周知，对图书资料定期进行更新是图书馆的重要职能之一，在疫情防控期间也不例外。但购买图书的行为并不能直接转化为良好的借阅率。相关数据已经表明，疫情防控期间，出现零借阅率的图书馆不在少数。这体现了图书馆服务效能的低下，经费和资源利用效率也是极低的。

第二，关于核心业务的转型问题。图书的编目工作是文献资料进入图书馆的重要程序之一，传统的编目技术已不能满足当下的需求。在信息化技术高度发展的新时期，需要建立更加数字化、智能化的图书馆编目制度。也正因如此，这一项核心业务也被许多专攻信息技术的商业公司跨界承包，导致部分图书馆业务人员脱离了原有的核心业务。

第三，关于线上/线下服务的全新规划问题。新冠疫情相关新闻引发了社会距离问题，为了避免病毒大范围传播，大众一方面不再主动选择到图书馆获取信息，另一方面也难以参与图书馆举办的线下活动。基于此背景，图书馆必须重新思考线上服务和线下服务的价值，也必须重新设计线上服务和线下服务的具体内容与呈现方式，以适应大众的相关需求。

综上所述，图书馆面临的挑战不仅仅是简单的资金问题，而是整个社会转型下对图书馆提出了不断创新的要求，需要图书馆以更能提升服务效能的具体举措来应对社会的发展。

二、国际图书馆领域的探索

如前文所述，图书馆是一个不断生长着的有机体，创新是图书馆与生俱来的天性。危机和挑战一直在促使世界各地的图书馆重新思考自身的服务价值：我们需要给公众提供什么样的服务？我们的服务能给公众带来什么？为此，针对图书馆服务的一系列重新定义被提出并付诸实践。下面，我们将从理论入手，结合相关图书馆建设的案例，对当下图书馆的服务转型，尤其是在疫情后全球公共图书馆在相关领域的探索进行阐述。

（一）重新定义图书馆的价值

1. "第二起居室"概念

20世纪90年代，荷兰图书馆学家、鹿特丹市立图书馆馆长舒茨（Schuitz）提出了"第二起居室"的概念。他把图书馆比喻为市民的第二起居室，并以此来比喻公共图书馆和市民的关系。在图书馆消亡论兴起的时间节点，舒茨提出的这一观点，立即引起了全球图书馆人的呼应。在传统观念中，图书馆被定义成一个供人学习、研究和阅读的地方；但舒茨的解释形成了一种新的观念，即：当人们走进图书馆时，可以像走进客厅一样随意，其进入图书馆的目的不仅仅只有看书，也可以是会会朋友，甚至是发发呆。

尽管互联网的发展为人们提供了网上交流的渠道，但人们仍迫切需要有一个公共实体空间，而公共图书馆理应承担起此项功能。"第二起居室"将公共图书馆定义为与公众日常生活密切相关的、不可或缺的空间，为人们解决网络背景下图书馆如何定位的问题提供了非常重要的理论依据。由此，作为"第二起居室"的图书馆，开放性和舒适性是其空间的一个显著特点。

这一理念引发了图书馆的服务转型，其旧有的严肃形象被一种休闲、娱乐且具备生活气息的形象所代替。与此同时，如何凸显图书馆整体空间的舒适性，更好地展现无障碍服务及开放性服务，成为图书馆研究的重要内容。

2. "第三空间"概念

1989年，美国社会学家雷·奥登伯格（Ray Oldenburg）在其撰写的《绝好的地方》一书中提出了"第三空间"的概念。作者将社会空间分成三个层次，分别是家庭空间、工作空间和第三空间。作者将"第三空间"定义为除工作空间和家庭之外，一个城市中人们最愿意去的地方。"第三空间"的特点表现为让人极度舒适且流连忘返。具体来说，作者认为一个城市当中的公园、咖啡馆、酒吧、影剧院、图书馆、美术馆等，都可看作是"第三空间"。

在此概念中，我们可以发现，城市文化的吸引力往往取决于"第三空间"的丰富性。"第三空间"发育得越完善，人们就越能从中体味更多样的文化内容。

该概念的提出，为打造更具吸引力的图书馆提供了理论依据，也引起了图书馆界人士的热烈讨论。2009年8月，在意大利都灵的国际图联卫星会议上，有人提出，倘若可以建设出一个可以使人忘记年龄、性别、职业、出身以及等级、民族等诸多因素，让人流连忘返的图书馆，人们在场所内还可以自由地消遣、放松、学习、交流、思考，那就意味着，无论互联网如何发展，图书馆都不会消亡。

"第三空间"概念进一步引发了图书馆新功能的拓展，即不仅需要开放和舒适，而且要让人们喜欢和流连忘返。毫无疑问，"第三空间"成为一个广受认同且被引入图书馆领域的重要理论。

3. 空间概念

早在21世纪初，丹麦皇家图书馆情报学院便成立了一个专门研究未来图书馆的小组，该小组提出了一个关于未来图书馆的模型（见图1）。在这个模型中，研究者主要描述了图书馆所包含的四个空间，即学习空间、灵感空间、交流空间、表演空间。四个空间互相交叉重叠，共同围绕着两个轴，其中一个轴支撑着个人目标、洞察力、理解力的实现，另一个轴则鼓励公民的自主性与个性。在模型中，一方面，图书馆以丰富的资源帮助用户在不断变化的环境中自主处理问题；另一方面，它鼓励创新，以使用户在激烈的变化中获得解决问题的方案。

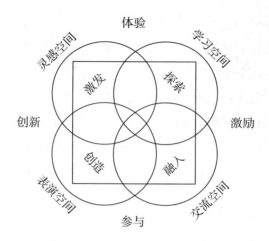

图1 丹麦图书情报研究者提出的未来图书馆模型

该模型最终成为21世纪北欧图书馆服务转型的一个重要的指导原则。这四个空间并不是物理意义上的具体的空间，而是指在图书馆物理空间和网络空间中实现的可能性。2019年8月IFLA发布的《0—18岁儿童图书馆服务指南》的修订版中，该模型概念再次被引用。IFLA认为，该模型可以作为发展甚至重塑图书馆的工具，也可以作为将图书馆的角色传达给当地政策制定者的工具。虽然距离"四个空间"理论的提出已有20余年，但直到今天，当我们探讨公共图书馆应该如何为公众服务的时候，这一重塑图书馆未来的模型概念仍具有借鉴意义。

（二）不同国家在公共图书馆领域的探索与实践

相关理论模式的提出，为推动全球公共图书馆事业的发展起到了良好的指导作用。不同国家和地区的图书馆主要围绕空间重构、功能拓展、服务融合等方面开展了积极的探索与实践，也更加强调其在开放性、多业态及交流功能方面的创新诠释。

1.英国：伦敦新公共图书馆概念创意店

英国伦敦的新公共图书馆始于哈姆雷特塔区，当地教育程度较低，居民对图书馆的使用程度并不高；但当议会决定撤掉该区所有图书馆时，却又遭到了当地居民的反对。这一矛盾现象，使得当地政府倍感困惑，为此，政府就"什么是21世纪的图书馆"这一问题，向广大市民征求意见。

在反馈的调查意见中，居民们普遍认为，图书馆是一个重要机构，具有存在的意义；但当前图书馆的服务模式跟不上时代的潮流，希望政府能够引导建立一个可供居民上网、读书、看报、听课、聊天的公共空间，充当"社区俱乐部"的角色。根据这一需求，当地政府将图书馆与成人教育、购物中心、才艺活动中心、信息中心等融合在一起，建立了一个复合式的公共空间。

新的公共图书馆受到了广大居民的喜爱，以至于一个图书馆已经不能满足大众的需求，政府又连建了多家类似的图书馆。管理服务理念的调整，使得一个门可罗雀的图书馆变成了一个备受好评的图书馆——图书馆有了全新的服务内容，完成了在互联网背景下的改造。这种转型思路，值得国内许多县区图书馆或是一般城市图书馆、地级市图书馆借鉴。

2.美国：西雅图公共图书馆

美国西雅图图书馆被称为美国最好的图书馆之一，由著名建筑师库哈斯设计。该建筑不仅获选为2004年《时代》杂志的最佳建筑奖、2005年美国建筑师协会的杰出建筑设计奖，还赢得了《纽约客》杂志的高度赞誉，被称为"本时代修建的最重要的新型图书馆"。

它由11层楼高的网状钢结构与玻璃结构组合而成，其建筑外形象征着西雅图周遭的山脉错移和河流转折。西雅图公共图书馆的特殊建筑造型与空间配置的概念，是设计者对当代图书馆所需要承担的社会性职能与知识开放的一系列研究的具体实践。设计者坚信：当代的图书馆需要从传统的以收藏图书为主要职能转变成以书籍与空间交流为主要职能。由于职能的转变，图书馆必须改变传统单一的空间模式，在建筑空间上提供社交的职能；突破纸本书籍流通的障碍，确保各种信息获取方式的平等。西雅图图书馆在各种职能与空间的垂直分布上，以五个区的空间架构布局建筑，各自服务于自己的区位，取得了很大的成功。可以说，西雅图图书馆是现代公共图书馆发展史上的一座里程碑式的建筑。

从这个案例我们可以发现，在互联网背景下，图书馆需要成为更具个性、更具职业特点、更加开放、更加多元、更加能够代表城市形象的公共空间。

3.丹麦：奥尔胡斯图书馆

奥尔胡斯是丹麦的第二大城市，奥尔胡斯图书馆耗费20多年的时间设计后成功建设。2015年建成开放后便获得了IFLA的年度公共图书馆奖。

图书馆呈七边形结构，建造在一个冰片形的广场上，广场可用于举办各类户外活动。4层楼的建筑中除了顶楼作为办公室，一、二层则打造了多元互动空间，鼓励民众交流互动。其总面积为18000平方米，还附有约10000平方米的合作伙伴预留空间。所谓"合作伙伴"，就是跟社会的方方面面进行合作，以此来丰富图书馆服务的多样性。开放式的设计，让图书馆与休息大厅结合，配有众多的座椅、沙发供人坐下来交流与阅读。图书馆还设有儿童剧院、交流活动区域、DVD和游戏区、书和杂志区、活动区、展览区、咖啡厅和饭店，致力于打造以阅读为核心的市民公共生活新空间。

在奥尔胡斯，人们更多地将图书馆称为"媒体空间"。具体而言，就是将图书馆打造成一个公共中介，这里除了能够让读者获取各种知识和信息外，也为社会机构与市民交流创造了平台。奥尔胡斯图书馆主办的"Next Library"会议已经成了一个探讨未来图书馆发展的重要平台，国际上著名的图书馆馆长们受邀在此发表演讲，共同探讨21世纪新型图书馆的发展方向。

4.日本：岐阜市图书馆

2015年开放的日本岐阜市图书馆，也将自身定位成"媒体中心"，这也说明将图书馆打造为一种公共空间是全球范围内的大趋势。该媒体中心包括了市立中央图书馆、市民活动交流中心、多文化交流广场以及市民展览馆等，是一座综合性的文化设施。设计者伊东丰雄将其定义为集知识、信息、休闲、娱乐等多种文化功能为一体的建筑。

该中心最具特色的部分是位于二层的阅览区。这里被设计成一个不设墙的开放空间，通过11个直径8—14米、倒扣漏斗形状的大型灯罩，来划分不同的功能区域，如青少年专区、儿童图书专区、艺术类图书专区、文学类图书专区、乡土资料专区等。这些漏斗状灯罩不仅具有美观和分区的功用，还可以通过这个形状同上部通风口相组合，进而起到促进空气流动的作用，实现了场所内自然通风和采光的双重效果，很好地体现了"绿色图书馆"的理念。由此，岐阜市民将其称为"大家的森林"，认为图书馆给人以亲切、温暖、自然、舒适的体验感觉，同时又功能"林立"，提供各种文化服务，是一个真正的文化中心、信息中心、学习中心、阅读中心、交流中心。

5. 芬兰：赫尔辛基中央图书馆

在赫尔辛基的中央图书馆中，只有 1/3 的空间用于保存图书，剩余空间同样用于打造丰富多元的服务功能。这座图书馆总共有三层，其中第一层空间将城市广场延伸到室内空间中；第二层空间设置了一系列用于容纳更多服务功能和配套设施的房间；顶层空间则设置为安静的开放式阅览室。这一设计理念，符合当下人们越往上走越安静，越往下走越热闹的服务需求。

该图书馆的设计目标是搭建一座栖居的桥梁，内部结构没有柱子，所有空间均围绕着两个巨大的钢拱结构排布。图书馆里面不仅有餐厅、酒吧和电影院，还设有各种工作坊，供公众免费使用各种机器进行创作。此外，还尝试拓展了两个新的公共空间：提倡联合办公的城市办公室和为音乐爱好者提供的音乐图书馆。

可以说，设计师深谙公共生活，极具思想及创造力，并将理念化为实践，其核心宗旨就是与公众分享知识。

6. 加拿大：卡尔加里新中央图书馆

中央图书馆是卡尔加里市自 1988 年冬季奥运会以后规模最大的公共投资项目。这个以知识文化创新为中心的建筑，开启了城市生活新篇章。

这一建筑处在非常复杂的城市环境中，一条全线运营的轻轨交通线沿着半月形的弯路从地上到地下横穿基地，将市中心和东村隔开。为了呼应基地环境，建筑师将图书馆的主入口设在了轻轨线旁边。阶梯从各处缓缓向图书馆中心延伸，人们在各个方向都能与图书馆产生互动。露台上的户外圆形剧场为人们提供了小憩之地。建筑设计呼应了当地的景观特色，将卡尔加里的山脉和草原引入图书馆视线，还在图书馆广场周边的街道上栽种了一排排榆树和白杨。这种设计方式，使得人们坐在图书馆中，也可以看到城市景观和火车飞驰而过的场景。

传统的图书馆设计理念认为安静是最重要的考虑因素；但卡尔加里图

书馆的建成，颠覆了这一传统理念。整个图书馆的设计涵盖了由动到静、从有趣到严肃的各种元素：底层设有两个咖啡馆、一个青少年中心、一个儿童空间和一个囊括320个座位的剧院；顶层则是大阅览室，一个被木质家具环绕的传统图书馆空间。换言之，它把过去与现在、传统与创新交织在一起：最上面是传统设计，最下面是现代设计。

7.挪威：奥斯陆新中央图书馆

挪威奥斯陆新中央图书馆于2020年7月开放，共6层，13500余平方米的空间容纳了图书馆、办公室、餐厅、影院、儿童区、私密阅读间、手作区等功能空间。透过图书馆的玻璃，能欣赏到美丽的海滨风光。

该建筑基于"第三空间"概念设计，将工作空间、家庭空间和"第三空间"融为一体，旨在打造一个免费的公共区域，用于对话、讨论、共享、学习、阅读，希望为人们提供一个可以获得快乐的场所。

该馆馆长曾介绍说，希望我们这座图书馆给大家带来一种置身于家里客厅的感觉。图书馆的设计巧妙地将公共空间与私密空间、公共空间与家庭空间融合在一起，通过软装营造一种极具亲切感的图书馆氛围，让人感到舒适。

上述7个不同国家的图书馆案例，都呈现出公共图书馆服务趋于更加丰富有趣、更具多元文化包容能力的发展方向。其指向性经验就在于"创新"二字。只有提出一种新的理念，在既有的理论和实践经验中不断进行创新，才会打造出符合大众需求受大众喜爱的公共空间，才能保证图书馆的实体功能在互联网等因素的影响下仍持续存在。

（三）疫情对图书馆服务模式转型的影响

如前文提到的，新冠疫情的暴发对全球的图书馆事业都造成了巨大的影响。为此，不同国家和地区也都在积极调整原有的服务方式，构建新的模式以推动图书馆事业的发展。

1.构建无接触配送方式

疫情对图书馆带来的重要影响之一就是实体图书馆的关闭，借阅服务随之停止。为此，国外部分图书馆做了一些探索，提出通过各种手段来实现图书的无接触配送。这种做法借助了外卖的概念，可以理解为"图书馆外卖"。

具体的实践方式有"路边取书"、无人机配送和户外图书集市等。"路边取书"即鼓励用户步行或是开车自行前往指定地点取回图书。考虑到天气原因和社交距离，也有图书馆尝试在馆内安装了类似于肯德基、麦当劳一样的"外卖窗口"，供读者取书。无人机配送利用了高科技装备以避免病毒的传播，且能够有效地解决市中心与郊区之间的距离问题；无人机派送也在无形之中提升了图书馆在市内的形象。举办户外图书集市，将图书阅览的场所从馆内搬到馆外，如图书馆大楼周边的区域、城市广场、公园等公共空间，以减少病毒的传播。

2.拓展数字化服务类型

受疫情影响，图书馆的主要服务都依托线上平台开展，因此，结合疫情期间的公众需求，拓展数字化服务的类型也是图书馆服务转型的重要选择之一。就国内而言，抗疫期间曾有长三角图书馆联合起来为武汉图书馆提供数字服务。国外同样也有一些做法具有参考价值。

比如有的城市图书馆通过在线服务，将公共卫生问题纳入图书馆的服务范畴，以满足居民的就诊需求。居民不需要亲自到医院，只需要访问图书馆网站就可以获得与疫情相关的信息或是有关疾病的治疗方案。这种远程医疗服务，拉近了图书馆与居民之间的交流，也提高了图书馆的线上访问量，带动了其他服务。此外，有的图书馆还拓展了就业帮助的形式，设计了"袋子里的招聘会"等；也有图书馆加强了在数字化馆藏方面的开发，提供更加丰富的学术服务内容。

图书馆一直在强调要推动数字化转型和变革，而疫情的暴发客观上促成了数字化服务的发展，各种内容得以尝试并推广。这些新的服务类型使得图书馆在疫情防控期间丰富了自身的工作内容，继续发挥了相应的社会职能，加速了图书馆数字化发展的趋势。

3.共建共享数字资源

在疫情防控期间，图书馆也更加注重数字资源的共建共享。众所周知，再大型的图书馆也无法提供公众所需的所有资源，因此合作是图书馆发展的必由之路。

HERMES项目就是一个疫情防控期间图书馆共建共享数字资源的成功案例。该项目促成了来自荷兰、意大利、土耳其、黎巴嫩和西班牙的5个图书馆组织之间的合作伙伴关系。所有合作伙伴都参与计划的培训和传播活动，并致力于实现所有项目的产出。由于合作伙伴位于不同的地区，参与不同层次的资源共享实践面临不同的困难，他们对资源共享的看法也有所不同。所以，在国际图联的指导下，通过对现有资源共享的系统、网络和指南进行全面审查，合作者的不同观点得以相互补充。

这个案例为我们思考我国图书馆，尤其是区域内图书馆的合作模式问题提供了思路。在以往关于数字图书馆的研究中，人们重点关注打破时间、空间的限制，期望在任何时间、任何地点都能享受图书馆的服务；随着全球化的推进，这种突破的范围变得更加广泛，其责任也需要由更多的合作者共同承担。因此，做好区域内图书馆资源的共建共享工作，是一个长期的任务。

4.发展用户数字技能

数字化时代同样意味着需要进一步提升用户的数字技能。只有使用者具备了基本的数字技能，图书馆的数字化服务才能取得成效，也才能在根本上实现服务于人的目标。疫情防控期间，由于实体服务的弱化，人们不得不通过线上服务来满足各种各样的需求，这时便出现了老年人在使用智能设备过程中的障碍问题。多数老年人在之前的生活中较少接触和使用智能手机、互联网产品等，也不具备相应的操作能力，因此在疫情时就会出现出行困难、购物困难、社交困难等一系列问题。英国利兹图书馆为此打造了"Digital 121"项目，这是一个专门支持用户提升数字素养的项目，确保他们能够正常使用相关数字服务产品。

5.提供免费的Wi-Fi服务

除了共建数字资源和提升数字技能以外，想要更好地发展图书馆的数字服务，还需要做好基础设施建设工作，最重要的就是提供免费的Wi-Fi服务。目前，国内图书馆基本都已实现免费提供Wi-Fi服务，但国际仍把其作为一个重点来落实。这也从侧面反映出我国图书馆在数字化发展方面的优势。基于此，我们应该进一步总结我国优秀的服务案例，以推广至全球，形成我们的影响力。

6.馆员角色多元化

疫情下的图书馆服务转型，也需要关注到图书馆馆员的角色定位。国外图书馆对此进行了总结，认为馆员的角色应该更加多元化，如作为疫情热线的工作人员、紧急指挥中心的工作人员，也可以参与联合公共食品部门，为弱势人群提供食品；为临时收容所照顾无家可归者；参与抗疫前线工作人员紧急托儿中心等一系列工作；还可以在口罩等防疫用品缺乏时，为卫生部门打印 3D 口罩；等等。

从这些案例中可以发现，在新冠疫情防控期间，全球的图书馆人都在积极参与城市的关键服务；图书馆馆员的角色确实类似于社区工作者，是城市当中的多面手。在后疫情时代，公共图书馆依然可以向社会提供类似的角色和服务，以更好地适应社会的发展，在新形势、新环境中提炼出新的服务理念和服务内容。

三、我国公共图书馆的服务创新

与国外公共图书馆一样，我国的公共图书馆也面临着同样的发展环境，同样经历了从迷惘到探索，到积极转型、创新发展的过程。我将国内公共图书馆的服务创新归纳为以下四个方面：

（一）公共精神的回归与弘扬

公共性是公共图书馆的本质属性，公平共享是公共图书馆从诞生之际一直延续至今的精神本质和核心。在我国图书馆创新发展的过程中，首先必须提及的就是回归公共精神的本质，并将其进一步弘扬。

《公共图书馆宣言》作为当代图书馆发展史上最为经典、权威的文献之一，于1949年首次面世；又在1972年和1994年进行了两次修订。它既是公共图书馆产生、发展的历史产物，也是规范指导公共图书馆的原则方针，表达了国际社会对公共图书馆的基本立场。它指出，公共图书馆的服务以平等利用为基础，不分年龄、种族、性别、宗教、国籍、语言和社会地位，向所有人提供平等的服务。

《公共图书馆宣言》不仅在历史上起到了重大的作用，在当今社会仍然具有强大的生命力和重要的现实指导意义。正是以此宣言作为基础，才产生了21世纪初国内图书馆关于公共精神回归的运动和服务。

2005年1月，《图书馆建设》杂志开设了"走向权利时代"专栏。2005—2006年，《图书馆建设》共计发表图书馆权利主题论文43篇，成为这一时期发表该专题论文最集中、最多的专业刊物。此后，图书馆权利研究大热。在2000年以后，国内沿海地区的图书馆已经开始在推行免费开放服务、践行公共图书馆精神方面有所创新，正是得益于这些实践。正因为无论是理论界还是社会层面都开始关注这一主题，进而推动了我国公共图书馆走向全面免费开放的时代。

2011年，文化部、财政部发布了《关于推进全国美术馆公共图书馆文化馆（站）免费开放工作的意见》。同年3月，财政部发布了《关于加强美术馆 公共图书馆 文化馆（站）免费开放经费保障工作的通知》。国家层面的政策保证，使得我国公共图书馆在发展的大政策、大目标方面，与国际图联和联合国教科文组织发布的《公共图书馆宣言》等保持一致，为我国图书馆事业在全球业界赢得了良好声誉。2016—2017年，《中华人民共和国公共文化服务保障法》与《中华人民共和国公共图书馆法》相继通过，代表着我国公共图书馆事业发展步入新的时代。

21世纪以来，在我国公共图书馆从业人员的不懈努力下，我国图书馆事业无论是在工作内容、服务转型，还是在理论诠释方面都有了长足的进步，不仅获得了国内读者的认可，也得到与国际图书馆平等对话的机会。而这些方面的成功，可以说其起点就是公共精神的回归与弘扬。

（二）以总分馆制为基础，全面推进公共图书馆服务体系

2000年之后，我国在图书馆发展过程中的一个主要探索方向，就是以总分馆制为基础的公共图书馆服务体系建设的全面推进。即以政府为主导，以普遍均等服务为目标，推动公共图书馆服务向基层延伸，构建覆盖城乡的公共图书馆服务网络和"15分钟文化圈"，不断提升服务效率。这项工作取得了很大的成功。

体系建设的探索，兴起于沿海地区和一线城市的公共图书馆，如上海、北京、深圳、东莞、佛山、苏州、杭州、嘉兴等。上述地区均进行了非常积极的实践，形成了各具特色的总分馆模式，也逐渐达成了从政府到

社会的统一认识，即：一个城市不仅必须有一座图书馆，而且图书馆必须是一个体系，必须跟学校一样遍布城乡，呈现网状分布。

2006年9月，《国家"十一五"时期文化发展规划纲要》第一次明确提出，县（市）图书馆逐步实行分馆制，形成统一采购、统一编目的图书配送体系。2015年1月，中共中央办公厅、国务院办公厅印发《关于加快构建现代公共文化服务体系的意见》，明确要求以县级文化馆、图书馆为中心，推进总分馆制建设。2016年12月，文化部、国家新闻出版广电总局、国家体育总局等五部门共同出台《关于推进县级文化馆图书馆总分馆制建设的指导意见》。2017年11月，《公共图书馆法》提出，因地制宜建立符合当地特点的县级公共图书馆总分馆体系，是县级人民政府主导的一项法定任务。

以上政策的持续出台表明，新世纪以来，我国图书馆事业的创新与发展，很重要的一个内容就是总分馆制的建设。

（三）积极推动空间改造转型

随着我国公共图书馆事业的发展，人们更深刻地认识到，公共图书馆的功能将越来越倾向于为用户提供高质量的空间；图书馆的建设必须能够吸引人进来，并让人喜欢。与全球各地的公共图书馆一样，我国的公共图书馆也在积极推动空间转型，为公众打造更加丰富、多元、有趣、方便、快捷的公共图书馆服务。

以杭州图书馆为例，在空间设计方面，严格遵循以人为本的原则，践行大开架、大流通、大服务的理念。通过家居式的设计，将借、阅、藏一体化，营造人在书中、书在人中的环境。在杭州图书馆，读者可以自由穿行，不需要借书证和押金，只要有身份证就可以在馆内获得各种服务。杭州图书馆的定位是"平民图书馆、市民大书房"，其强调的是将图书馆设计成市民的大书房，希望"大书房"与市民家中的"小书房"相连接。因此，整个借阅方式更加开放：除了免证、免押、免费以外，还增加了单人次借阅的数量，一张身份证可借20册图书。由此推算，一个三口之家的借阅量在60册，基本可以满足一个家庭的小书房载量。

再如广州图书馆。广州图书馆建在珠江新城的CBD，处于广州城市新中轴线和珠江景观轴线交汇处，面积98000平方米。在空间设计方面，图书馆展现出开放而非封闭的特点，将"交流"设定为图书馆的主要功能；并强调以用户为中心，关注用户对舒适、安全等需求的感知与体验；再加上灵动的设计、多元的活动、开放的馆藏，使得整个图书馆非常具有吸引力。

再如太原市图书馆。这是一个旧馆改造的成功案例。在空间改造的过程中，强调唤醒读者到公共空间体验的愿望，强调图书馆与环境的关系。因此，馆外大面积的园林景观与馆内阅读空间完美呼应，内部空间设计秉承书宅大院、中式风格的总基调，与太原的山西文化相融合，打造大空间和谐、小空间温馨的阅读环境。在此设计理念下，图书馆服务注重人文、人性、人本，为读者提供便捷、愉悦的阅读体验。2018年，全新开设马克思书房，更是将学习研讨、展览展示、数字阅读和趣味活动融于一体。这一个性化服务的推出，使其成为太原红色阅读系列活动的重要阵地。

即将要开馆的上海图书馆浦东新馆，也对图书馆空间建设有一个全面的诠释。如吴建中馆长所强调"三代图书馆理论"，第三代图书馆就是以人为本，注重人的需求，强调可接近性、开放性，生态环境和资源融合；并致力于促进知识流通、创新交流环境，注重多元素养和激发社群活力。在这种理念影响下的浦东新馆，将是一个激扬智慧、交流创新、共享包容的知识交流共同体。

最后一个例子是海口云洞图书馆。该图书馆被英国《泰晤士报》称为"2021年最期待落成的建筑作品"。云洞图书馆是大型国际公共艺术项目，包含图书馆和市民活动空间等配套设施。建筑南侧的图书馆内含可以藏书万本的阅读空间及多功能影音区，向公众免费开放；北侧为提供其他公共服务的场所，包括咖啡厅、公共卫生间、无障碍卫生间、淋浴间、母婴室、公共休息区及屋顶花园。

除上述案例以外，国内还以主题图书馆的方式积极推动空间转型。所谓主题图书馆，就是通过特定领域的专长和服务来满足人们对专利知识和专门主题信息需求的图书馆，有利于弥补综合性图书馆在服务对象、服务内容、服务方式等方面同质化的缺陷，以此来满足公众多层次、精细化的文化需求。在公共图书馆服务体系中，主题图书馆因为其馆藏和服务的特殊性，有着重要且不可替代的作用。

在图书馆事业较为发达的欧美国家，有众多主题图书馆建设的成功案例。如纽约公共图书馆系统中就有表演艺术图书馆、黑人文化图书馆、人文和社会科学图书馆、工商图书馆四个主题图书馆。在我国的主题图书馆建设中，杭州图书馆起步较早、规模较大，可以说是比较有代表性的。从2006年筹建印学分馆开始，杭州图书馆在2007年建成了盲文分馆，2008年建成了音乐分馆、棋院分馆，2012年建成了佛学分馆，2013年建成了生活主题分馆，2015年建成了科技分馆、电影分馆、运动分馆，2016年建成了环保分馆，2017年建成了城市学分馆，2018年建成了茶文化主题分馆，目前形成了一定规模。除了杭州图书馆以外，温州市的城市书房、北京西城区的特色阅读空间、上海虹口区的菜场书屋、上海嘉定区的"我嘉书房"、江苏江阴市的三味书咖、江苏张家港市的图书馆驿站、江苏扬州市的24小时城市书房、安徽铜陵市的码头书屋、深圳罗湖区的"悠·图书馆"、浙江台州市的和合书吧、浙江衢州市的南孔书屋、浙江嘉兴市的红船书院等，都有主题图书馆的影子，使得"人人享有图书馆，图书馆服务融入百姓生活"的梦想变成现实，有效地推动了各地高效、便捷的公共图书馆服务体系和"15分钟文化圈"的构建。这是公共图书馆在新的时代背景下，对基层图书馆建设和服务的创新，对提升公共图书馆的社会形象、赢得更广泛的社会认可，有着重要意义。

（四）现代技术的多维运用

国内图书馆的服务创新还表现在应用现代技术方面，比如自动化系统、数字图书馆建设、RFID技术带来的智能化管理等，再比如创客空间、移动应用、在线学习、数字出版、新媒体平台等。所有这些现代技术的运用，都持续推进了图书馆的自动化和数字化发展。

借助于上述技术，图书馆进一步重组了业务流程，创新了服务方式。比如可以在书店进行借阅的"你点书我买单"服务，通过这种模式，图书馆下放图书采购的权力给读者，外借服务转移到了书店的前台，实现了公共文化服务与群众需求的精准对接。

四、新环境下如何进一步突破

通过阐述对图书馆现状，以及总结国内外创新发展的模式，我们可以对当下图书馆事业有一个较为明晰的了解。当然，面对新环境和新形势，我们仍需不断突破和创新。我们要正视目前所面临的问题：区域间的发展不平衡，共享不充分，服务质量不高等。

第一是区域发展不平衡。以浙江省为例，虽然整体上看，浙江省的公共图书馆事业处于全国领先位置，但是省内城乡间、地区之间发展不平衡的问题仍然存在。地区间的藏书量、外借量、经费、人员等差距还较大，造成公共图书馆为读者提供服务的条件也存在较大差距。相应地，读者得到的文献保障和需求满意度之间的差距也在拉大。

第二是服务能力、服务效能和现代社会不匹配。在互联网和各种新技术迅速发展的背景下，人们希望可以享受更加方便、快捷的服务。在跟上智能时代的发展步伐方面，图书馆虽已有了一些进步，但跟其他社会机构相比还显得有些滞后。

第三是服务质量离公众的期待还有距离，如：读者的想法未能得到适时的满足；部分业务设计的目的在于满足如何进行管理，而非进行服务。

为解决上述问题，我提出以下建议：

首先，要以创新求生存和发展，需要重视基于公共理念的包容性发展。人与人之间的不平等并没有随着社会的发展而消失，反而在新的环境下产生了一些新形式的不平等。为弱势人群服务，为多元人群服务，让公共图书馆服务惠及每一个个体，对图书馆来说是尤为重要的。例如，浙江省针对本地人与外地人的借阅问题，将全省的公共图书馆联合起来，用信用取代原来的借书证和押金，使用"身份证+信用"的模式，打破传统借书证只能服务于本地人的弊端，让本地人与外地人通过信用获取相应的服务。所以说，为多元人群服务，为弱势人群服务，永远在路上。再如，完善对老年人和盲人的服务。大部分老年人不会使用智能设备，这就需要图书馆与相关机构合作，开发技能培训的服务，解决老年人难以享受数字化服务的难题；盲人作为弱势群体，在使用图书馆功能的过程中往往会遇到更多的困难，这就需要图书馆在空间设计、服务特殊化方面进行更深层次的探索，为盲人读者提供更便捷的服务方式。

其次，要加强跨区域、跨机构合作。随着资源的数字化，谈论本地馆藏不再那么重要，重要的是全球资源的普遍获取。这意味着，图书馆需要联合起来，其馆藏资源也需要联合起来，这样有利于应对搜索引擎的挑战，也体现了图书馆存在的重要价值。所以我们应该重视图书馆及馆藏跨越地域、国界的重要性，意识到全球用户都能够访问本馆资源的重要性。

浙江省做了一些基于共享理念的一体化发展尝试。一是从总分馆到省域一体化，在县级图书馆和地级市图书馆总分馆建设的基础上提出省域五级图书馆服务体系建设，也就是说，省馆是全省的中心图书馆，地级市馆是区域内的中心图书馆，县馆是本县区域内的总馆。二是成功搭建全省文献信息资源共建共享平台，实现了全省资源的大整合，使得全省资源利用最大化，真正做到了深度互联、数字赋能、一键通达。除此之外，还推进了长三角地区的战略合作，与国内多家图书馆实施协同发展战略。在国际方面，深度携手OCLC机构，省内所有图书馆全部加入OCLC，将书目数据上传至WorldCat平台，使得全球用户都可以检索到浙江省所有图书馆的资源。

公共图书馆还可以与不同行业和机构有机结合，比如博物馆、美术馆、影院、商场、健身房、市政机构等，建立综合性的公共空间，在图书馆的文化功能之外，兼具其他设施和机构的服务功能。一方面可以提供更加多样化、更有特点，并且能够满足更多人群的服务；同时，对公共图书馆和各个机构来说，各方可以共享空间、建筑系统和后勤保障系统，可以降低施工及运营成本；对于公众来说，可以享有更加便捷和多样化的服务，减少出行时间，节约交通成本。例如，图书馆＋剧院，图书馆＋电影院，图书馆＋妇幼保健所，图书馆＋博物馆，图书馆＋书店等，都是可以尝试的方式。

最后，基于"智慧"理念的技术应用很重要。图书馆的技术应用，要从简单汇集各个应用、各种技术的"小聪明"向更高层面的泛在化、融合化"大智慧"方向发展。

　　毋庸置疑，数字和"智慧"对未来公共图书馆服务的发展至关重要。重中之重是公共图书馆的智慧化建设和智慧化服务要和智慧城市建设同步，要积极融入智慧城市生态圈，力争实现智慧图书馆与智慧城市的协同发展。脱离了智慧城市，图书馆就没有办法实现真正的智慧服务。因为"智慧"要求物物相连、人物相连，也包括城市与城市间的相连，与城市方方面面及各种空间的相连。所以，"智慧"是一个体系，而不是一个单独的个体。

　　在互联网背景下，彰显公共图书馆的社会教育属性也同样重要。未来知识社会的发展，取决于人们的教育水平和创造力，终身学习将变得更加重要。公共图书馆有必要将社会教育这一天然职能提升到更加重要的位置，进一步深化社会教育服务，打造学习市场。这就要求我们需要进一步把握大众对图书馆的需求，打造出真正满足各类人群学习要求的社会教育内容，并使大众满意。

　　在结尾，我想再次强调的是：图书馆是一个不断发展的有机体，但是不论图书馆如何发展，其目的都是要满足用户不断变化的服务需求。图书馆人需要时刻关注到这种趋势，不断创新服务方式、提升服务效率，在满足公众需求的同时，推动公共图书馆事业的高质量、可持续发展。

（讲座时间：2022年6月）

第十四讲

图书馆重大公共事件应急管理

柯　平

【主讲人简介】

柯　平　图书馆学博士，教育部长江学者特聘教授，南开大学信息资源管理系博士生导师，南开大学图书情报专业学位（MLIS）中心主任，兼任中国图书馆学会学术研究委员会副主任、全国图书馆标准化技术委员会副主任等。主要研究方向为图书馆管理、知识管理与信息咨询、公共文化服务、文献目录学等。出版著作《图书馆知识管理研究》《图书馆战略规划研究》《图书馆组织文化:CIS、形象设计与文化建设》等。曾任郑州大学、南开大学图书馆馆长、副馆长，图书馆学系主任；中国图书馆学会志愿者行动主讲教师；全国高校图工委新馆长培训班主讲教师；国家社会科学基金重大项目"促进我国基本公共文化服务标准化与均等化研究"首席专家；在第六次和第七次全国县级以上公共图书馆评估定级标准研制专家组分别担任组长和副组长。

本讲分为八个部分：第一，重大公共事件对图书馆管理的影响；第二，图书馆应急管理与安全管理、危机管理；第三，图书馆应急管理的政策法律依据；第四，图书馆应急管理过程；第五，图书馆应急准备；第六，图书馆恢复开放；第七，图书馆员健康管理；第八，图书馆行业组织在应对公共事件中发挥的作用。

一、重大公共事件对图书馆管理的影响

在世界图书馆发展的历史长卷中，战争、特大自然灾害、事故灾难等摧毁图书和图书馆的惨痛画面有很多。这些事件对人类文化的传承与发展带来了极大的不利影响。

下面我举一个曾经发生在图书馆的灾难。有一本书，书名叫《永恒的图书馆》（ *Patience & Fortitude：The Roving Chronicle of Book People，Book Places，and Book Culture* ），记载了1986年4月29日洛杉矶火灾对图书馆的影响，也记载了1996年波士顿图书馆的水灾。波士顿图书馆水灾事件发生后36小时，冰箱式的拖车就赶到了现场。这个时候图书管理员在做什么？他们在奋力抢救受灾的图书，虽然没有人受伤，但是仿佛能看到一批"医务人员"在紧急处理"流血事件"的现场。

在这种重大的灾难面前，图书馆员发扬了勇敢的精神。但仍有不计其数的图书被摧毁，包括100万卷的缩微胶卷，让图书馆员非常痛心。

今天，我们主要讨论怎么样在这种重大事件当中，发挥图书馆的作用，以及图书馆如何做好应急管理，以尽可能避免或减少重大事件对图书馆的影响。

1.突发事件

重大公共事件对图书馆管理的影响，涉及一个重要的概念——突发事件。目前来说，我们使用的概念，大部分是《中华人民共和国突发事件应对法》里的定义。所谓突发事件是指：突然发生，造成或者可能造成严重社会危害，需要采取应急处置措施予以应对的自然灾害、事故灾难、公共卫生事件和社会安全事件。按照社会危害的程度、影响范围等因素，自然灾害、事故灾难、公共卫生事件分为四级：特别重大、重大、较大和一般。

2.突发公共事件

"突发事件"也称为"突发公共事件"，在"突发事件"里面加了"公共"两个字。在《国家突发公共事件总体应急预案》当中，突发公共事件是指突然发生紧急事件。

重大突发事件，具有极端小概率、巨大破坏性、高度复杂性和难以恢复性这样的特点，对国家经济、社会发展和人民群众安全影响特别重大。如果是发生在图书馆的重大突发事件，对图书馆的影响也非常大，我们刚才已经举了国外重大火灾、水灾这样的例子。

总体来说，有的突发事件对图书馆有宏观的影响，整个图书馆事业都会受到影响，如影响着图书馆事业规划的制定与实施。有的是中观的影响，如预算、拨款、利益相关者等都会受到影响。以利益相关者为例，图书馆的供应商，像出版社、书店；还有像知网这样的数据公司都会受到影响，如突发事件发生后无法送货、业务联系中断甚至中止合同等。有的则是微观影响，像图书馆的人、财、物、资源、空间，各个要素都不可能正常运行。

从时间来说，有短期的影响，像图书馆直接无法开放；还有中期的影响，就是图书馆的一些目标不能立即实现，计划也会受阻；当然也有长期的影响，比如图书馆的发展远景和发展方向。

3. 新冠疫情对图书馆管理产生的影响

新冠疫情作为重大公共事件，对图书馆的影响可分为四个大的方面：第一个是对空间的影响；第二个是对资源的影响；第三个是对服务的影响；第四个是对管理的影响。

我们今天着重讲对管理的影响，因为空间、资源等都涉及管理的问题。

（1）空间管理。受疫情影响最大的是空间管理。图书馆空间的安全性受到了挑战。

（2）资源管理。从资源方面来说，图书馆的资源建设、地方文献建设也都受到很大的影响。因为我们的"上游"（文献信息生产）受到影响了，图书馆的利益相关者（政府、图书馆供应商等）也受到影响了。

（3）读者与服务管理。疫情对读者与服务管理的影响。对读者来说，他的心理、他的安全需求、他的信息行为，都会随着疫情产生变化。

（4）运营保障与行政管理。疫情对运营保障与行政管理也有影响，它直接影响到图书馆的经费（拨款削减、运行费比例调整、缺乏应急经费等）、图书馆的人员（人员安全、人员管理、岗位调整等）、图书馆的办公

（办公系统、管理制度、后勤保障等）各个方面。

（5）馆员与组织文化。新冠疫情对图书馆还有哪些影响？还涉及馆员和组织文化方面，对我们的馆员的心理、馆员的安全意识、职业保障都会有影响。

（6）战略管理。2020年疫情暴发时，正处于"十三五"规划实施末期，同时到了应当做"十四五"规划制定工作的时候。可是疫情直接影响到图书馆"十三五"规划的完成，也影响到了"十四五"规划的制定工作。

二、图书馆应急管理与安全管理、危机管理

图书馆人对安全管理比较重视，对危机管理也不陌生，但通常并不真正了解应急管理。应急管理既是图书馆实践界，也是图书馆理论界的一个全新领域。图书馆安全管理不等于应急管理，图书馆危机管理也不等于应急管理。

1.《中华人民共和国公共图书馆法》

《中华人民共和国公共图书馆法》（以下简称《公共图书馆法》），于2017年11月4日通过，2018年1月1日起施行。《公共图书馆法》有四条内容涉及图书馆的安全管理。

第十五条讲的是设立公共图书馆应当具备的条件，其中提到了安全保障设施、制度和应急预案。所以如果哪一个公共图书馆没有应急预案，那就是没有落实《公共图书馆法》。

第二十八条特别强调了公共图书馆应当配备防火、防盗设施，而且要对古籍和珍贵的易损文献采取专门保护措施。

第二十九条强调公共图书馆应当定期对设施设备进行检查维护，确保正常运行。

第四十一条中提到，政府设立的公共图书馆应当加强馆内古籍的保护。

这几条都是针对公共图书馆的安全设备、安全措施、安全制度、安全运行的保障提出的，其中也特别强调了古籍的保护。所以图书馆界应当高度重视安全管理。事实上很多图书馆最近几年加强了安防，特别是在防火、防盗这方面。

2.安全管理的"冰山理论"

安全管理领域有一个"冰山理论",这是一个隐喻,就是讲一个人的"自我"像一座冰山,我们能看到的只是表面很少的一部分(行为),而更大部分的内在世界却藏在更深层次,不为人所见。图书馆的安全就是这样,存在着很多隐患,人们看到的是一些表面的隐患,更多的是看不到的。像实体的安全方面,设备、建筑、人员、资源都有涉及安全管理的问题。

图书馆的馆址选择、建筑设计、馆舍布局,都应该考虑安全问题。大家都知道像火灾、水灾很危险,对图书馆危害极大,但是很多人没有意识到温度、湿度、光照这些自然因素也存在安全隐患。

按照安全管理的"冰山理论",图书馆要特别重视细节,不仅要重视"冰山"上面的部分,而且要重视"冰山"下面的部分。

3.做好图书馆安全管理和危机管理是图书馆应急管理的基础

(1)图书馆安全管理与应急管理的关系

图书馆的安全管理(Safety Management)不等于应急管理(Emergency Management),我们对二者做一个比较。

从对象上来说,安全管理的对象是图书馆的空间、设施、设备、文献资源、人员等,而应急管理的对象是图书馆——重大突发公共事件承灾的载体。

从内容上来说,安全管理要保障图书馆各要素的安全运行,而应急管理是专门针对重大突发公共事件的。

从时间上来说,安全管理是日常要做的工作,所以安全管理就是日常管理当中的重要工作;而应急管理是突发阶段需要做的工作。

从人员和组织上来说,图书馆有专人每天负责安全管理,图书馆从馆长、各部门一直到小组,到每一个图书馆的空间,都有人负责安全问题,是一种纵向的结构;但是应急管理不一样,是临时抽调人员,它采取的组织结构是横向的、扁平化的。

从形式上来说,安全管理是常规的管理,而应急管理是非常规的管理。

(2)图书馆危机管理与应急管理的关系

我们再看一下危机管理(Crisis Management),前几年这在图书馆界也颇受重视。危机管理,和我们今天讲的应急管理也存在一些区别。

从对象上来说，危机管理是针对由意外事件引起的危险和紧急状态，而应急管理是专门针对重大突发公共事件的。所以从这个方面来看，危机管理的范畴比较大，而应急管理比较特指。

从内容上来说，危机管理涉及危机的干预、危机的处理、危机的识别、危机的隔离、危机的决策；而应急管理要针对重大突发公共事件进行事件前、事件中、事件后全过程的管理。

从领域来说，危机管理的应用领域很广，有企业、政府，还有社会组织，包括图书馆在内，几乎所有的机构都可以用到危机管理；而应急管理主要针对跟社会密切相关的组织部门。

从对危机和灾难的态度来说，危机管理认为：危机是可以避免的，所以采取一种方法叫危机公关，来解决危机的问题，尽可能地减少或者是避免危机的负面作用，减少影响。这是危机管理对危机的态度。应急管理则认为：重大的危机、重大的灾难不可避免，就像疫情一样，谁也无法阻止，哪个国家也不能避免。那么在这样的情况下，所采取的措施不是危机公关，而是主动地应对。

4.公共安全的"三角形理论模型"

在公共安全领域有一个著名的"三角形理论模型"（见图1），这是清华大学的范维澄院士提出来的，他有一本著作叫《公共安全与应急管理》，讲明了公共安全和应急管理的关系。在公共安全当中有三个最重要的要素：一个要素是突发事件，比如2003年的"非典"，2008年的汶川地震，2020年的新冠疫情；第二个要素是承灾的载体，这是突发事件的对象；第三个要素是针对突发事件采取的一些措施、方法，这就叫应急管理了。

图1　公共安全的"三角形理论模型"

这样三要素就形成了公共安全的全部内容。图中中央部分是强调灾害有三个要素：跟灾害相关的物质要素、能量要素和信息要素。

应急管理一般有两种模式：一种是计划准备型，这种是事先主动的、长周期的应急管理模式；另一种是紧急启动型，这是在事后被动的、短周期的应急管理模式。

从图书馆的角度来说，图书馆的重大公共事件应急管理，应当采取前一种——主动的模式。而目前就实际情况来看，很多图书馆是在事后才对公共事件开始反应，在事后进行应急管理，也就是紧急启动模式。希望每一个图书馆在今后都有这样的意识：用计划准备型的模式来应对突发事件。

三、图书馆应急管理的政策法律依据

在法治化的环境下，图书馆必须依法办馆。

那么针对这一次的新冠疫情，有哪些重要的法律可以作为我们的依据呢？

1.《中华人民共和国突发事件应对法》

《中华人民共和国突发事件应对法》于2007年由第十届全国人民代表大会常务委员会第二十九次会议通过并施行。这部法律当中第十一条规定：公民、法人和其他组织有义务参与突发事件应对工作。这就包括了图书馆。图书馆的依据就是这一条，不管是哪一种类型的图书馆，都是属于"其他组织"，都有义务参与突发事件应对工作。根据这一条，每一个读者、每一个馆员也都是有义务的。

第二条规定：有关人民政府及其部门为应对突发事件，可以征用单位和个人的财产。这里涉及一个重要的概念叫"行政征用"。但是征用之后政府会归还，如果有损失，政府也会补偿，这就是法律依据。

2.相关法律

相关的法律有很多，像《中华人民共和国防震减灾法》（1998年3月1日起施行）。2008年汶川地震的时候，图书馆的工作要用到的法律依据就是它。

新冠疫情是公共卫生事件，还会用到《中华人民共和国传染病防治法》（2004年12月1日起施行）。当中的第二条强调，国家对传染病防治实行预防为主的方针，防治结合、分类管理、依靠科学、依靠群众。国家依法来应对突发事件，而且把传染病分为甲类、乙类和丙类。新冠疫情属于乙类传染病。我们要掌握法律知识，我们的工作要有法律依据。

还有《突发公共卫生事件应急条例》（2003年5月9日起施行），也针对公共卫生事件做了一些规定，这些也是我们工作的法律依据。

相关法律还有《国家突发公共事件总体应急预案》，这是2006年1月8日实施的。这个预案当中强调了公共事件分为四大类：第一类是自然灾害；第二类是事故灾难；第三类是公共卫生事件；第四类是社会安全事件。这四类事件对图书馆都会有影响。

公共卫生事件的影响更大一些。2003年的"非典"和2020年的新冠疫情给大家的印象非常深刻。请大家注意，公共卫生事件不仅仅指传染病疫情，还包括群体性不明原因疾病、食品安全和职业的危害，比如像疯牛病这些重大的动物疫情，以及其他严重影响公众健康和生命安全的事件。

社会安全事件，包括经济安全事件，还有涉外的突发事件等。

图书馆界，不仅要应对公共卫生事件，还要同时应对其他的三类公共事件。现在一些图书馆只有针对公共卫生事件的预案，没有针对自然灾害、事故灾难和社会安全事件的预案。我建议图书馆界应该按照这四类分别去制定图书馆的应急预案，这样更有针对性。

相关法律有《国家突发公共卫生事件应急预案》，这是2006年2月26日实施的。这里面讲到了要密切保持与事件发生地区的联系，及时获取相关信息。这对图书馆的要求很明确，图书馆要在突发事件中与当地有关部门保持密切联系。

在政策方面，习近平总书记在中央国家安全委员会第一次全体会议上，创造性地提出"总体国家安全观"。十九大报告也指出，要树立安全发展理念，弘扬生命至上、安全第一的思想。这也应该是图书馆做好应急管理的一个政策依据。

其他的政策依据，像《企事业单位复工复产、疫情的防控措施指南》（国务院应对新型冠状病毒感染肺炎疫情联防联控机制于2020年2月21日印发），对图书馆的指导性非常强。《全国不同风险地区企事业单位复工复产疫情防控措施指南》(应对新型冠状病毒感染肺炎疫情联防联控机制于 2020年4月7日印发)，其中又进一步强调了分地区，低风险地区企事业单位，包括图书馆不得再设置障碍，不得再实施上岗前的隔离。对于高风险和中风险地区图书馆怎么做，企事业单位怎么做，都做了具体规定。

还有一个是《新冠肺炎疫情社区防控与服务工作精准化精细化指导方案》(民政部、国家卫生健康委2020年4月14日印发)。其中特别强调了要做好恢复图书外借、归还等服务工作，这对图书馆的总分馆建设、总分馆服务以及社区图书馆公众服务工作有直接的指导意义，这是我们的政策依据。

四、图书馆应急管理过程

图书馆应急管理是指图书馆为应对重大突发公共事件，通过有效的预防和处理措施，最大限度减少重大突发公共事件对图书馆产生的负面影响而进行的管理。这就是图书馆应急管理的界定，这个问题也是我这次讲课的重点。

应急管理过程是怎样划分的呢？从理论上来说，应急管理有两种划分方式：一种是按照突发公共事件的处置来划分，可以分为预警期(预防事件的发生，尽可能控制事态发展)、爆发期(及时控制突发公共事件并防止其蔓延)、缓解期(降低应急措施的强度并尽快恢复正常秩序)和善后期(对事件处理过程进行调查评估并总结经验)四个时期。另一种是按照突发公共事件发生的阶段来划分，分为事前阶段(事件前的阶段)、事中阶段(事件发生过程中的阶段)、事后阶段(事件后的阶段)。

图书馆的应急管理是按照三个阶段来做的：事件发生前、事件发生中和事件发生后。在突发公共事件之前，主要是做预警的预备；事件当中，是快速反应和恢复重建。

事件发生前，图书馆应急管理以常规为主，做好常规工作，以应急为辅，做好应急的准备和预备工作；在事件发生时，图书馆以应急为主，常规转辅；到了事件发生之后，重点是常规恢复，应急转辅。在这个过程中，应急从次要变得主要，事后又变成了次要。

下面我从三个阶段分别来做讲解。

1.重大公共事件发生前的应急管理

第一个阶段是重大公共事件发生的前应急管理，主要做好以下工作。

（1）应急准备

在这个阶段事件还没有发生，图书馆要调整原有的应急预案，并且及时更新。过去图书馆也有应急预案，但是随着形势的变化，环境的变化，还有新的政策出来了，图书馆就要调整。

《中华人民共和国突发事件应对法》（以下简称《突发事件应对法》）里强调：所有单位应当建立健全安全管理制度。公共场所和其他人员密集的场所，比如图书馆，应当制定具体的应急预案。一旦有新的政策出台，图书馆就要检查自己已有的应急预案，要及时调整。

（2）应急培训

应急培训包括"读者应急知识教育"和"馆员应急培训与应急演练"两项工作。

《突发事件应对法》里特别强调了各级各类学校要把应急知识教育纳入教学内容，要对学生进行应急知识教育，培养学生的安全意识和自救互救的能力。

对读者的应急知识教育，是公共图书馆、高校图书馆、专业图书馆及其他各类型图书馆的一项重要内容。我们以前在这方面重视不够，今后应该加强。

图书馆要做好馆员的应急培训和应急演练工作。这也是以前图书馆管理的一个薄弱环节。馆员普遍缺乏应急知识，没有做过应急培训，也没有做过应急的演练。

（3）应急管理平台的建设与维护

图书馆要做好应急管理平台的建设和维护的工作。图书馆应急管理，涉及三个平台。

一个是馆内应急管理平台。馆内的应急管理平台，就是图书馆集成系统、图书馆管理系统的一个组成部分，应该加强。

二是地区应急管理平台。一个省、一个市、一个县的公共图书馆、高校图书馆，各类型图书馆，它是一个体系，应该有地区的应急平台。

三是全国应急管理平台。建议国家图书馆、中国图书馆学会牵头，来建立全国性的图书馆应急管理平台。

有了馆内的、地区的、全国的这三级平台，一旦有公共事件发生，这三个平台同时启用，就是我们应急管理的有力支持。

（4）前信息服务

这里的前信息服务指突发事件发生前开展的信息服务。图书馆要面向普通读者开展应急科学的传播服务，提升读者的科学素养；要面对学者和研究机构，提供突发公共事件的科研信息服务；要面对政府决策部门提供突发公共事件的相关资料或者是开展定题情报服务，做支持决策的信息服务。

2.重大公共事件发生中的应急管理

刚才讲的是事件前的应急管理。第二个阶段是事件中的应急管理。

（1）启动应急预案

启动应急预案主要有四项工作。

第一项工作是要启动应急预案，加强组织领导。

当然我们也看到，有些地方还是做得不错的。如新冠疫情防控期间，武汉图书馆是1月17日启动的应急管理，新疆图书馆也启动得比较早，所以我们的一些图书馆还是及时作出了反应。

但是从应急管理的角度来说，我们还应该提前，按照政府的应急响应，及时采取行动，在政府应急响应之前就要做好各项准备——就是前面讲的第一个阶段应该做的工作。在准备阶段，要建立应急领导小组和执行团队。这个执行团队非常重要，它是一个扁平化的组织，图书馆要抽调精兵强将组织这样的队伍，分工上岗，明确责任；然后要发动全体馆员，进行总动员。

第二项工作是临时闭馆，暂停部分服务。

突发公共事件发生了，图书馆怎么办？首先是要依法依规闭馆，不能盲目地闭馆。一听说发生重大事件就闭馆了——这是没有依据的，是盲目的。图书馆的闭馆也好，暂停部分的服务也好，都要依法依规，要有政策依据，要有上级的许可才能做出这样的行动。

临时闭馆，要特别注意：要关闭的是哪些区域？暂停的是哪些服务内容和形式？是什么样的时间？做什么样的调整？这些都是图书馆要明确的内容。事实上，疫情发生之后，没有哪个图书馆的服务完全停止过，我们大量的线上服务还都在进行。图书馆暂停的是部分服务，关闭的是部分区域。所以今后大家在做图书馆工作的时候，要注意政策法律的表述，要注意到专业用语的准确性。

这里可以看到，在公共卫生事件当中，图书馆做的工作都是临时关闭、暂停部分服务。高校也是一样。我这里举复旦大学和南开大学的两个学校的图书馆在"非典"时期的例子。复旦大学在2003年4月22日就已经采取了一些措施：只准本校人员进馆，其他的不能进馆，同时停止了对外接待的工作。那个时候图书馆的线下服务没有停止，读者照常借书。南开大学也是一样，2003年4月28日采取了馆内加强防控和领导昼夜值班等工作措施（当时我是南开大学图书馆的副馆长，参与了这项工作，经历了整个过程），图书馆的线上服务、线下服务都没有停止过。当然2003年的"非典"跟2020年新冠疫情的形势不太一样，当年没有这么严重，但是当年采取的一些措施都是符合应急管理要求的。

第三项工作是要对接相关组织（利益相关者）。

疫情发生以后，图书馆要和上级主管部门及时联系，和政府的应急管理部门、公安、疾控部门及时联系；还有其他的相关部门，包括我们的利益相关者，比如我们图书馆的供应商，都要及时联系。事件发生了，供应商要送书，要给图书馆送设备，那图书馆能不能让他们送，这符不符合防控要求？这些都要及时沟通、及时联系、采取措施。

第四项工作是检查落实。

在做好以上工作基础上，还要做好检查落实的工作，包括检查应急物资的落实情况，各种应急物资是否到位；检查应急岗位落实的情况，各个应急岗位是否到位；检查设施设备与周边环境的情况，设施设备是否安全，图书馆周边的环境怎么样。

就像疫情防控期间急需大量口罩，有些公共图书馆急缺口罩。但是近年一些图书馆的经费缩减，怎么办？在疫情防控期间，图书馆的这些应急资源是否能落实，是一个重要问题。

（2）社会宣传和读者教育

图书馆开展社会宣传和读者教育工作要根据《中华人民共和国突发事

件应对法》，根据本馆突发事件的应急预案，以及其他相关的政策法律，图书馆要做好以下四项工作。

第一项工作是做好社会宣传。图书馆要和新闻媒体部门一样，加强宣传工作；图书馆有责任告知读者相关知识，有责任参与到突发事件当中去。

第二项工作是做好信息素养教育。这是图书馆的重要工作，也是图书馆的特长。图书馆应该做的最重要的服务之一，就是对读者进行信息素养教育。往往重大事件一发生，就会谣言四起，就像这一次疫情一样，虚假信息、造谣传谣，还有阴谋论，各种各样的负面的信息在网络上蔓延，影响我们老百姓的安全、心理。那这个时候图书馆就应该发挥作用，就要做好信息素养教育，使读者能够辨别什么是虚假信息，提高读者和公民的辨别信息的能力，要让公民善于检索信息、善于分析信息、善于获取权威的信息。

第三项工作是做好健康教育，这是我想特别强调的。最近这两年在国际上，健康教育成为图书馆工作的重要内容。为读者开展健康教育，就是一项图书馆服务。图书馆，特别是公共图书馆，要大量地开展健康讲座。图书馆可以把一些医生请到图书馆来，为读者进行健康教育，解答读者的健康问题。

第四项工作是做好法治教育，这也是我特别要强调的。在应急管理当中，图书馆要强调法治教育。很多老百姓不知道哪些是虚假信息，无形当中就做了传谣的人。所以不懂得法制、没有法律意识，这是非常麻烦的一件事。法治教育是公共图书馆的责任，也是高校图书馆的责任。今后要加强读者的法治意识，要开展法律知识的培训，特别是要让读者掌握突发公共事件的相关法律。在疫情防控期间，哪些能做、哪些不能做，法律都做了明确的规定；可是很多读者不知道，无形当中可能就会做出违法的行为。

（3）应急信息服务

信息服务是图书馆服务的重要内容。在事件发生当中，图书馆的服务要有重点地去做，主要有以下四项重点工作。

第一项重点工作是要做好权威应急信息多渠道发布。

要发挥图书馆的网站、多媒体平台以及社会信息平台的作用，通过多个渠道发布权威的应急信息。我们要形成这样的一种意识，老百姓看到自媒体当中的很多信息，不知道真假，怎么办？这个时候读者会找图书馆，因为图书馆不会发虚假的新闻，图书馆发布的信息的渠道都是权威的。这一次很多图书馆在这方面做得不错，像武汉图书馆、厦门市图书馆等公共图书馆，一些高校图书馆也做得很好，特别是发挥了微信公众号的作用，为读者提供权威信息。

第二项重点工作是要做好舆情引导和舆情信息服务。

第三项重点工作是要做好应急参考咨询和数字咨询服务。

这是每一个图书馆都应该加强的工作。图书馆可以做网络咨询。事实上很多图书馆已经做了，但是这方面还有需要加强的地方。电话咨询就是图书馆缺乏的，很多图书馆没有电话咨询，图书馆的电话全是办公电话，没有专门为读者服务的电话。

再就是参考咨询的发展趋势是实时咨询和合作咨询，在这两方面图书馆要加强。像广东省立中山图书馆，他们建立的公共图书馆的咨询平台，做得很好，有很多图书馆参加，发挥了实时合作的作用。这在疫情当中特别重要。

第四项重点工作是要做好应急科研信息服务，这方面高校图书馆和科研图书馆做得很好。只有少数公共图书馆做了，像桂林图书馆，它启动了科技查新，专门为医务人员和复工的企业做应急科研知识服务。

（4）阅读推广和阅读疗愈

第一，关于突发事件中的阅读推广工作。

阅读推广是图书馆服务当中的首要内容。新冠疫情防控期间，公共图书馆、高校图书馆等各级各类图书馆，在中国图书馆学会的号召之下，开展了"阅读抗疫，全国图书馆人在行动"的活动，我觉得是做得最好的，充分发挥了图书馆的作用。抗击疫情，推广阅读，发挥了图书馆的特长，发出了图书馆的声音，作出了图书馆的贡献。相比较而言，线下的阅读推广是有限的，但是也有一些图书馆行动起来了：有的图书馆采取送书上门的措施；有的采取网上选书然后快递送书等措施，努力地去做线下的阅读服务、借阅服务。线上这一部分应该说是做得比较成功的，各个图书馆都想方设法提供线上服务。

我特别关注的就是一些县级图书馆怎么样。县级图书馆群体庞大，它们做得怎么样呢？有一些县馆做得非常好，当然也有一些县馆关闭了，线上的部分做得非常少，线下基本上是零，阅读推广的作用没有发挥出来。今天特别要提到的是陕西的神木市，这是个县级市，我到过神木市图书馆，是全国最美的基层图书馆之一。2020年3月11日，他们做了阅读剪纸的活动，结合当地的实际，同时开展了图书馆特色的阅读推广活动，效果非常好。我们看这张剪纸（见图2），这是图书馆的一个普通读者做的，是战"疫"中护士的写照，写的是"待到春暖花开时"，非常好。有的人认为，阅读推广就一定是让读者多读书。其实，疫情中阅读推广，除了提供纸质阅读和数字阅读的书目信息、推文和视频推送，还应当通过宣传画、标语、讲故事等多种方式，激发读者对疫情"前线"的关注，增强读者战胜困难的信心。图书馆做出这样的阅读推广活动，就有相当的水平。

图2　神木市图书馆的战"疫""剪"影

第二，关于突发事件中的阅读疗愈工作。

英国作家毛姆（W. Somerset Maugham）在《读书随笔》（*Reading Notes*）中讲到了"阅读是一座随身携带的避难所"，专门有一本书以这句话作为中文书名，即《阅读是一座随身携带的避难所》（罗长利译，北京联合出版公司2017年版），图书馆的人应当看看。

在图书馆的应急管理中，阅读疗愈是一项特别重要的服务。在疫情中的武汉，武汉市图书馆、湖北省图书馆，还有武汉的一些高校图书馆，都积极行动起来了，为方舱医院建立方舱图书室，建立方舱阅读空间，很好地发挥了阅读疗愈的作用。在方舱医院，病患通过阅读来提高内在修养与坚强意志，这对于增强免疫力、增强战胜疫情的信心，都有极大的帮助。

（5）应急社会救助

以2020年新冠疫情为例，疫情当中急缺物资，武汉图书馆就为他们的社区提供了口罩、手套、护目镜这样的一些物品。深圳市抽调了市、区两级3万多名干部下沉到社区，宝安区图书馆馆长周英雄，也成了社区疫情防控的"网格长"。我们很多基层图书馆的馆长，都战斗在一线，发挥了很好的作用。

具体来说，图书馆所做的应急社会救助工作如下：第一是要利用空间资源，提供庇护服务；第二是利用信息资源为弱势群体提供信息援助；第三是利用人力资源提供应急服务。图书馆有志愿者群，这是一个广大的群体。我们馆员自己也可以成为志愿者，征集社会物资，提供应急的社会救助。在武汉抗疫中，有的图书馆员就去开车接送护士，有的图书馆员去帮助运送物资，发挥了很多很好的作用。有很多先进的事迹，我觉得值得图书馆去总结，值得表彰。

（6）应急情报服务与决策支持

在突发事件中，图书馆要以传统服务为基础，以现代服务为依托，以专题服务为支撑，重点做好应急情报服务与决策支持。

科研类图书馆、专业图书馆，像中国科学院文献情报中心，他们积极行动，特别是中国科学院武汉文献情报中心，专门成立了新冠科技进展监测与情报调研攻关组，为省政府、科研部门提供了决策的情报支持。

在这个时候，图书馆可以开展很多的应急专题服务，比如编辑专题要报，做信息的萃取，做一些史料的挖掘，包括对海外的报纸进行编译报道。这些都是重要的情报工作，是对图书馆的一个比较高的要求。

3.重大公共事件发生后的应急管理

到了事件发生之后，也就是应急管理的第三个阶段。公共图书馆、高校图书馆等各类型图书馆在这一阶段应该做些什么？

（1）后阅读疗愈

事件刚刚过去，很多人心有余悸，还有很多人有心理创伤没有康复。那么，我们图书馆重点工作应该放在哪里？第一是要针对治愈患者进行阅读疗愈服务。这些人刚走出医院，他们的阅读疗愈变得特别重要。第二是针对遇难者家属进行阅读疗愈服务。第三个是针对医护人员进行阅读疗愈服务。第四是针对普通群众进行阅读疗愈服务。

我记得汶川地震发生后，很多图书馆都积极做了阅读疗愈的工作。很多图书馆参与了心理治疗、心理康复的过程，帮助那些受难者渡过难关，尽快恢复身心健康。

总而言之，在事件发生之后，图书馆开展线上、线下多途径的疗愈服务。这应该是我们的重点工作之一。

（2）后信息服务

在2020年新冠疫情当中，太原市图书馆、东莞图书馆、山东省图书馆、杭州图书馆、首都图书馆、贵州省图书馆等，都提前启动了征集抗击疫情的地方资料的工作。事件发生后的信息服务，我们要做的重点工作是：第一是要开展周期性的应急科学素养教育；第二是要做好突发事件相关资料典藏，保存社区记忆；第三是要深入社区，支持社区恢复和发展。这些工作都是我们图书馆结合信息服务应该加强的地方。

（3）后大数据分析

这里的后大数据分析，指突发事件发生后所进行的大数据分析。图书馆应该加强事件的大数据分析、医药的大数据分析、相关社会的大数据分析。特别是医药的大数据分析，包括突发事件中医药生产数据、医药发放数据以及医药使用数据的分析与可视化。有一些医学院校，还有一些专业的医学图书馆，他们做了这项工作。其他的图书馆也可以参与。

五、图书馆的应急准备

应急准备是整个应急管理中的重要环节。它和灾害准备不一样，灾害准备是为了减灾，是提供被动保护，而应急准备是提供主动保护。所以我们把刚才讲的三个阶段中的应急准备这个环节再强调一下。

图书馆在应急准备上需要做哪些工作呢?

第一项工作是要学习应急管理知识。在应急管理的过程中，我们缺乏的就是应急管理的理论和方法，要通过学习及时补充相关知识。

第二项工作是要做好应急准备的规划。

第三项工作是要构建应急的组织架构和运行模式。

第四项工作是做好应急物资准备。例如，图书馆准备口罩，既要准备给工作人员使用的口罩，也要准备给读者使用的口罩，涉及数量、型号。

第五项工作是做好应急预案与培训演练。在做应急物资准备的基础上，图书馆还要检查应急预案。应急预案是根据应急的整体规划做的专门的预案，实际上是操作性很强的一个方案，还应该有培训的演练。

第六项工作是做好应急准备能力评估。这一工作可以由图书馆自评，也可以由上级主管部门或图书馆行业组织进行评估。评估能够帮助图书馆做好应急准备工作，提升应急准备能力。

六、图书馆恢复开放

突发事件结束后，图书馆面临的是恢复开放的问题。如何科学有效地恢复开放，是图书馆重大公共事件应急管理的一个重要环节。

以2020年新冠疫情为例。文化和旅游部公共服务司于2020年2月25日下发了《公共图书馆、文化馆（站）恢复开放工作指南》，这个文件可以指导所有的公共图书馆开展恢复开放的工作。这里要特别讲一下，图书馆界围绕恢复开放也做了积极的工作，各个地方也都采取了行动。做得最好的，我觉得应该是广东。广东省立中山图书馆和广东省图书馆学会，在2020年3月5日就推出了《广东省公共图书馆恢复开放工作指南》，这个指南非常具体，而且非常有价值。它讲到了每日对读者归还的文献进行消毒处理上架的问题；讲到了在公共区域要设置口罩专用回收箱，做好垃圾箱清洁和垃圾分类管理工作；还讲到了各类消毒用品和设施的安全使用，避免因消毒过程产生氯气、臭氧的中毒事故，避免紫外线灯造成人员伤害及避免酒精消毒造成的火灾事故。

那么图书馆在恢复开放当中要注意哪几个问题？

（1）开放时间

每个图书馆要计算一下，恢复开放之后，本馆的周开放时间是多少？——当然可能比常规的少，减少了多少？根据《中华人民共和国公共图书馆法》"公共图书馆在公休日应当开放，在国家法定节假日应当有开放时间"的规定，那么应该思考，在公休日，本馆恢复了没有？在法定节假日，本馆是否有开放时间？这样一来，一旦恢复开放，开放时间就有了政策和法律依据。

（2）开放区域

图书馆要恢复开放，除了确定时间，还要确定区域。哪几个地方开放，哪几个地方暂时还关闭？这个区域占整个服务区域的比例有多少？自助图书馆要不要开放？有些图书馆已经恢复开放好长时间了，但图书馆自助区域没有恢复，没有维护，要说明原因。

（3）开放措施

各个馆条件不太一样，大部分是根据上级的指示精神来做。但是图书馆可以制定相关的制度，如开放的措施，相关的服务和管理办法。

（4）人数限制

恢复开放后，特别是在恢复开放初期，涉及对进馆读者人数的限制，要根据国家和本地区的政策来制订日总限额和分时段限额的具体方案并实施。

（5）其他限制

恢复开放后，有的图书馆考虑到少儿教育的安全问题，不允许少儿读者进馆。这个也可以理解，但有的图书馆就开展了少儿读者的进馆服务，也做得不错，所以不同图书馆做法也不一样。还有一些团体预约的限制，有的馆停止了，有的馆就没有，要结合当地和本馆实际，有方案、有依据地实施。

在恢复开放这个阶段，安全成为一个重要的问题。在安全的前提下，图书馆应该做得更科学，应该把服务做得更好。

七、图书馆员的健康管理

经过"非典"、新冠疫情之后，我们应当对图书馆员的健康予以重视，这是图书馆管理的一个薄弱环节，也是图书馆学研究当中的一块空白。我作为一个图书馆人，作为一个图书馆学的研究者，在疫情发生之后，我一直在想这样的一个问题：除了关注读者的安全与健康，也要关注图书馆员的安全与健康，各级各类图书馆这方面工作是否做到位了。以前我们没有重视这个领域，经过疫情之后，我们必须要重视了。为什么？不能保证图书馆员的健康，就不能保证图书馆的服务，特别是不能保证疫情之下较好地提供服务。

1.疫情防控期间图书馆员上班的健康

（1）上下班

具体来说，就是疫情防控期间图书馆员上下班途中的安全。对于上下班的健康问题，图书馆主要是提醒馆员做好安全防护。我们提倡步行、骑车、开车或乘坐出租车。当然在没有办法的情况下，可以采用公共交通。在有楼梯和电梯的地方，低楼层的馆员要尽可能地使用楼梯，不得不使用电梯的时候，要注意防护。

（2）办公室

办公室的安全也十分重要。一是要佩戴口罩，科学佩戴，连续佩戴四个小时必须更换；二是勤洗手，每一个馆员都应该掌握七步洗手法；三是保持安全距离，要注意馆员和馆员之间1—2米的安全距离，有的图书馆规定1.5米，有的图书馆规定1米，要结合实际确定，以确保安全为前提；四是使用电子文件和纸质文件，要尽可能采用电子的传递方式，避免同一纸质文件多人接触；五是注意桌面物品清洁卫生，馆员的办公桌面、物品，要及时地用医用酒精擦拭，下班的时候要擦拭，上班的时候也要擦拭，每天2—3次，进行消毒处理。

（3）回家

图书馆员回家后，家门口玄关的地方相当于一个隔离的缓冲区，外套、鞋、包、手机、钥匙链这些，都要用消毒液进行处理，比如用75%的酒精来擦拭，经处理之后带回家的东西就比较安全了。

图书馆员的这些做法既保证了自己的健康，也是为家人负责。

2.制作《图书馆员防疫指南》

疫情防控期间，有很多政府机关、企事业单位的办公室贴了"防控指南"，大家可以参考。但是我希望我们图书馆界应该做图书馆员的防疫指南，应该做图书馆员的健康指南。

3.日常健康

馆员的日常健康也不可忽视。疫情当中的健康当然非常重要，疫情过后，图书馆员的健康仍然应当受到重视。所以图书馆的馆长、书记、部门负责人及图书馆的上级主管部门，高度重视图书馆员的健康问题。这里面包含着几个重点领域：

（1）工作环境

图书馆员的工作环境会影响健康程度。图书馆学经常讲读者至上的理念，为贯彻这一理念，很多图书馆在实际工作中把图书馆最好的地方、最好的设施设备和条件给了读者，而把比较差的环境给了图书馆员，这样做是错误地理解了读者第一的基本原则。有的图书馆员工作场所阴暗潮湿，长期在这样的环境工作，必然会导致患湿疹、关节炎等疾病概率的增加。

有一些图书馆，有了经费就装修。装修也会带来一些损害图书馆员健康的隐患，比如说可能有甲醛，图书馆管理者要重视。我们都知道家里装修之后，要有几个月通风，要确保没有问题了，才能搬进去住。图书馆也是一样。有好多例子，曾经就有图书馆员因为在新装修的阅览室里工作，最后患病了。这会给我们的图书馆员带来极大的痛苦。

这几年是图书馆新馆建设的高潮期，新作的工作环境怎么样，也非常重要。所以在新馆建设中要考虑读者的健康，也要考虑馆员的健康。

（2）家具设备

家具设备的影响也很大。比如说有的图书馆给读者的家具设备都是比较好的，给工作人员用的设备却比较差，这会影响图书馆员的健康，要引起重视。有一些家具设备会存在有害物质超标或质量不高等问题。这种有损于健康的家具设备一旦进入图书馆，不仅损害读者健康，也损害图书馆员的健康。

（3）工作岗位

图书馆员的健康跟工作岗位也有一定的关系。例如，有些图书馆员的岗位需要长时间久坐在办公桌前，缺乏运动，重复性地保持身体蜷缩的状态，连续数小时重复过度地使用身体的某个部位，如敲击键盘、鼠标会导致腕骨疼痛的"鼠标肘"，长时间伏案工作会导致颈椎病、腰椎病，这种重复性的压力损伤（或重复性的运动损伤）被称为RSI症（Repetitive Stress Injury）。美国的研究图书馆协会（ARL）研究发现，美国的大学图书馆、研究型图书馆中，有3.1%的员工患有腕管综合征（Carpal Tunnel Syndrome，CTS）。因为馆内一些岗位需要馆员长期固定一个动作，如操作借还书设备、文献复制扫描设备等，时间长了就很容易患这种职业疾病。

（4）生活习惯

现在许多图书馆为做好读者服务，采取了中午不闭馆或者延长开放的措施，工作人员就需要轮流就餐，但许多图书馆并未解决图书馆员就餐的问题，导致图书馆员不能按时就餐或者饮食不规律等，这都会影响身心健康。这些生活习惯也会对图书馆员的健康产生影响。

（5）工作相关的精神压力

图书馆员在图书馆工作中产生的精神压力，因时因地因馆而异。至于产生压力的原因，大致可分为两类：一个是个人原因，一个是组织原因。个人的原因包括经济困难、家庭困难、身体患有疾病等，这些给图书馆员带来很大的压力、很大的精神负担。组织方面的原因，我们要特别注意。比如有一些单位情况很复杂，搞得馆员间的关系很紧张。还有一些角色的冲突和含糊问题——就是岗位不明确，今天叫馆员做这个，明天叫馆员做那个，使人无所适从，这也会给工作人员带来精神压力。还有一些原因如：上新技术，单位要缩编，以及有的单位天天搞改革，非常不稳定等。

图书馆要重视这两个方面，做好了才能保证馆员的健康。要加强组织文化，就是为了解决这个问题的，好的组织文化对减轻图书馆员压力有作用。

图书馆在做好图书馆员健康管理的时候，一方面要加强管理的要素，另一方面要从积极的方面去加强组织文化，加强组织建设。特别是要给馆员减压，要给馆员赋能。最近我已经跟很多图书馆强调"赋能"的概念了。图书馆只有从正面赋能，从正面去加强组织文化，让馆员有积极的态度，减少负面情绪，减轻精神压力，才能更好地保证图书馆员的健康。

八、图书馆行业组织在应对公共事件中发挥的作用

中国图书馆学会在抗击新冠疫情期间，充分发挥行业动员和组织协调作用，先后联合国家图书馆及有关机构，积极组织开展了"书香助力战'疫'，阅读通达未来——图书馆员业务能力提升"主题活动以及"驰援武汉，共克时艰——全国图书馆界捐赠疫情防控急需物资行动"。

在重大的公共事件当中，图书馆行业组织作出了两方面的贡献。

（1）理论及组织方面的贡献。中国图书馆学会发动图书馆学界积极参与。

（2）行业实践方面的贡献。各个地方图书馆积极探索，想了很多办法，有很多创新的举措，这些举措都是应急管理的重要内容。

理论和实践相互配合，中国图书馆学会在引领、指导、发动全国图书馆界应对新冠疫情方面，做了很多实实在在的工作，值得好好总结。我们应该积极做这样的工作，发挥行业协会的作用。

总的来说，中国图书馆学会在应对突发公共事件时，起到了一个示范、带动和引领的作用，行业组织的作用得到了充分发挥。

另一个案例，我讲一下国际图联（IFLA）组织。在2020年3月23日，国际图联主席克里斯汀·麦肯锡（Christine Mackenzie）和秘书长杰拉德·莱特内（Gerald Leitner）联合发表倡议，同时在国际图联的网站上专门开辟了新冠疫情相关的咨询服务，链接载有相关资源的网站和网页，来号召世界各地的图书馆积极参与抗疫。

国际图联主席和秘书长在倡议中讲到了，面对不确定的未来，我们对图书馆界的应对方式感到非常自豪。这是倡议书当中的最后一段话："Faced with an uncertain future，we are very proud of the way the library field is responding and know that we have the resilience, creativity and sense of service to continue to do the best possible for the communities that rely on us in these difficult times." 我觉得写得非常好。

这一段话中，请大家注意三个重要的概念：

（1）韧性（Resilience）。图书馆员是有韧性的，整个图书馆界是有韧性的，这是我们这个行业的特征。我们这个行业能够经历各种各样的磨难，就像我一开始讲到的，无论是战争，还是地震、火灾、水灾和各种疫情，图书馆都能够应对，因为我们有韧性。

（2）创造力（Creativity）。这是图书馆做得非常好的一个地方。图书馆最近这些年来都在做创新，全国各类型图书馆有大量的创新案例。我们始终保持创新性，保持创造力。为什么图书馆工作能做得这么好？为什么图书馆的服务水平、服务的效能越来越提高？就是因为我们的创造力。

（3）服务意识（Sense of service）。服务意识是图书馆员这个职业的特征。图书馆是信息服务行业，也是知识服务行业。现在图书馆的社会地位越来越高，图书馆对社会的贡献越来越大，就是因为我们强化了服务意识。

所以请我们所有的图书馆员，我们的各位同人一起，记住这样三个概念。在今后的工作当中，无论是面对疫情还是面对日常工作，我们都要继续保持我们的韧性、保持我们的创造力、保持我们的服务意识，要发扬我们图书馆的精神。

最后我要说的是，图书馆员这个职业之所以伟大，不仅仅是体现在平凡的日子，更体现在艰难的非常时期。今天讲的重大公共事件期间，尤其能够体现图书馆的伟大，能够体现图书馆员的伟大。我以今天的讲座，我以一个学者的身份，向全国图书馆人，向支持图书馆事业的所有人致敬！

（讲座时间：2020年5月）